從平城到洛陽

拓跋魏文化轉變的歷程

逯耀東 著

國家圖書館出版品預行編目資料

從平城到洛陽:拓跋魏文化轉變的歷程 / 逯耀東著.——二版一刷.——臺北市: 東大, 2019
面; 公分.——(糊塗齋史學論稿)

ISBN 978-957-19-3182-1 (平裝)

1. 北朝史

623.61　　108007522

——拓跋魏文化轉變的歷程

著作人　逯耀東
發行人　劉仲傑
著作財產權人　東大圖書股份有限公司
發行所　東大圖書股份有限公司
地址　臺北市復興北路386號
電話　(02)25006600
郵撥帳號　0107175-0
門市部　(復北店) 臺北市復興北路386號
(重南店) 臺北市重慶南路一段61號

出版日期　初版一刷　2001年1月
初版二刷　2002年9月
二版一刷　2019年8月
編號　E 610360
行政院新聞局登記證局版臺業字第〇一九七號

ISBN 978-957-19-3182-1 (平裝)

二版說明

逯耀東先生於學界享譽盛名，育才無數且著作等身。「糊塗齋史學論稿」集結《抑鬱與超越——司馬遷與漢武帝時代》、《從平城到洛陽——拓跋魏文化轉變的歷程》、《魏晉史學的思想與社會基礎》、《魏晉史學及其他》、《胡適與當代史學家》五種，是逯耀東先生在史學方面的作品，蔚為經典，值得一再細讀。

為符合現代出版潮流，此次再版除了調整內文間距及字體編排外，也重新設計版式與封面，讓讀者能夠輕鬆、舒適的閱讀。

編輯部謹識

序

當我還是個歷史學徒的時候，有個問題常縈胸際，那就是兩種不同類型文化接觸時，最初往往會出現一個文化的邊際。這個文化的邊際，對文化接觸後的衝突、調和與融合會發生很大的影響。雖然這衹是少年狂狷之念，但等後來接觸實際的資料，進行真正的研究時，仍然會隱隱浮現。從最初討論漢匈之間的甌脫，經過拓跋魏文化變遷的歷程，到最後對長城的探索，或多或少都有這種觀念痕跡。

不過，對於這些問題的探索與討論，往往都淺嚐即止。祇有這本書討論的拓跋氏部族進入長城後的文化變遷，比較具體。討論的範圍從太祖拓跋珪天興三年（西元四〇〇年），選擇平城建都，到高祖拓跋宏太和十七年（西元四九三年），為了遷都而規建洛陽，前後經歷近一個世紀。這一個世紀是拓跋魏文化轉變的重要時期。由最初胡漢雜糅的文化形態轉變開始，最後完全放棄自己的文化傳統，融於漢文化之中。討論和探索就環繞著這個主題進行，研究拓跋魏和漢文化直接接觸過程中，在不同階段所產生的不同的問題。不過，最後仍然無法得到肯定的結論。因為無法確定對拓跋部族本身文化而言，這種變遷的結果是圓滿或是悲劇性的。

這些問題是香港新亞研究所五年讀書與工作，與後來回到臺灣大學歷史系任教最初幾年相繼完成的。當年的新亞研究所確是魏晉研究的理想的環境，我的業師牟潤孫先生是治魏晉的，同時又有錢賓四先生與嚴耕望先生從旁引導督促，使我順利進入這個研究領域。這本書記載的是我在這個領域裡蹣跚學步，到獨立行走的歷程。

那年，周一良先生再訪美國，到普林斯頓大學，黃清連弟正在那裡寫論文，他向周一良先生請教臺灣的魏晉南北朝史研究情形，周先生竟提到了這本書，並有所稱讚。周先生是前輩學者又是這個領域的大家，既蒙青睞，欣喜何似！此後這些年向他多所請益，眷顧尤多。祇是我已轉變了研究的方向，雖仍在魏晉領域，但已和過去研究的範圍完全不相涉，人生的際遇真是難意料。

猶憶當年準備赴香江就學，臨行請教魯實先先生。魯先生是我就讀嘉義中學時的國文老師，此後這些年一直維持親密的師弟關係，他常以我未能傳他的曆法與甲骨絕學為憾，他勸我此去能續王昶舊業，作〈金石三編〉。自知無此能力，不過入學以後，還是細讀趙萬里的《漢魏南北朝墓誌集釋》，及其他拓片，沒有想到對我的研究有很大幫助，這真是無心插柳了。

這本書最初由聯經出版，現在，得其慨允而納入《糊塗齋史學論稿》，列為一編。當初這本書出版，請臺靜農先生題額，如今臺先生已歸道山，為了表示對臺先生誠摯的謝意，仍以他的題字作封面。最初由黃清連對全書清理，這次還是麻煩他，不過書中的引文，則由李廣健弟查校，其中仍難免有誤。這本書基本上沒有更刪，僅增〈《崔氏食經》的歷史與文化意義〉一文，這是參加第一屆中國飲食文化學術研討會發表的論文，也是這麼多年唯一一篇這個領域的論文，可作為「崔浩之獄」的一個旁證。

西元兩千年十月二十二日序於臺北糊塗齋

從平城到洛陽
拓跋魏文化轉變的歷程

目次

導言

討論近代中國以前的歷史，無可否認地，邊疆民族與漢民族以長城為基線所發生的衝突與調和，對彼此歷史形成的激盪，是一個非常重要的論題。尤其邊疆民族進入長城之內後，在中國建立統治政權，與廣大的漢族人民，基礎深厚的漢文化直接接觸，促使其自身文化發生轉變，經過不同階段的衝突與調整，最後融合為一。對中國歷史與文化的演變與發展，產生了重大的影響和積極的作用。

不過，對於這個問題，傳統的中國歷史學家卻有另一種解釋。那就是邊疆民族徘徊在長城之外，對漢民族的邊疆，進行不定期而且不斷的掠奪或攻擊時，則將這兩個民族以長城為界限對立起來，認為「非吾族類其心必異」❶。並以為邊疆民族進入長城之後，則必然通過

❶ 王船山，《讀通鑑論》（臺北：廣文書局，一九六七，影印本）卷十四「東晉哀帝」：「夷狄之與華夏，所生異地。其地異，其氣異矣。氣異而習異，習異而所知所行蔑不異焉。乃於其中亦自有其貴

「用夏變夷」的階段，最後達到「夷狄進於中國則中國之」的境界。❷這種以長城為基點，漢文化為本位的論點交互應用所作的解釋，固然突出了漢文化的優越性，與在文化接觸時所表現的彈性與兼容性。❸但卻將兩種不同類型文化接觸與融合的過程單純化了。❹這種感情

賤焉。特地界分，天氣殊，而不可亂，亂則人極毀，華夏之生民亦受其吞噬而憔悴。」是這種論點最高度的發揮。

❷ 夷夏對立的問題，一向是傳統中國史家注意的問題，爭論也極多。一般說來，傳統中國史家多從「文化」上的區別，來評斷夷夏的對立與否，並從文化上來貶抑夷狄。這種論點當自殷周之後才形成，並在孔子及其後的儒家理論中，佔有重要地位。孔子所謂：「夷狄之有君，不如諸夏之亡也。」（《論語・八佾》）「微管仲，吾其被髮左衽矣。」（《論語・憲問》）等，就是從「文化」的觀點來區分夷夏。夷夏對立觀點確立之後，則「用夏變夷」以及「夷狄進於中國則中國之」，就很自然的成為儒家的理想，譬如：韓愈〈原道〉所謂：「孔子之作《春秋》也，諸侯用夷禮則夷之，進於中國則中國之。經曰：『夷狄之有君，不如諸夏之亡。』詩曰：『戎狄是膺，荊舒是懲。』今也，舉夷狄之法而加之先王之教之上，幾何其不胥而為夷也？」從這裡多少可以窺見傳統中國知識份子對夷夏問題所持的態度。

❸ 姚從吾師對於中國文化的兼容性，有獨到的發揮，見〈國史擴大綿延的一個看法〉，原載《大陸雜誌》，十五卷六期（一九五七），後收入《東北史論叢》（臺北：正中書局，一九五九），上冊。

性的解釋，即使在近代與西方文化接觸後，仍然發生支配性的影響，使中國在和近代西方文

❹ 兩種不同類型文化接觸與融合的過程，人類學家有繁多的理論。即以現代研究中國歷史的中外學者而言，其理論也極複雜，並不像傳統史家的單純化解釋。譬如：姚從吾師認為：中華民族與文化的形成，經過「五大醞釀、四大混合」，邊疆民族文化和中原儒教大同文化接觸後，雖然經過大同的階段，但最後兩者都融合為一了。參見❸。陶晉生兄在研究華北女真漢化後，認為：自金朝建立後，女真人就逐步漢化，因而引起內部危機，包括政治鬬爭和社會衝突，本土化運動等，最後終因各種因素的配合，而達到較為徹底的漢化。事實上，女真漢化的過程，可以由「涵化」(acculturation) 的理論，來解釋其中部份現象。參看：黃清連，〈評介陶晉生教授著：《十二世紀華北女真漢化研究》〉，《中華文化復興月刊》十卷七期（一九七七）。西方學者們的解釋，也相當複雜，如：社會史家艾伯華 (W. Eberhard) 採取一部份傳統中國的全部漢化說，並認為外來征服者與漢族人民有相互的影響。維特佛格爾 (K. A. Wittfogel) 認為漢族並不能完全吸收入侵的外族，遼、金、元、清都沒有被中國同化。賴德懋 (O. Lattimore) 認為遊牧和半遊牧民族與農業民族處於對立的地位，誰也不能同化誰。費正清 (J. K. Fairbank) 與賴世和 (E. O. Reischauer) 認為華夷有共同治理中國的經驗，其制度通常是二元的，他們部份同意邊疆民族最後要走向漢化。以上西方學者的解釋，參看：陶晉生，〈歷史上漢族與邊疆民族關係的幾種解釋〉，《邊疆史研究集——宋金時期》（臺北：商務印書館，一九七一）。

化接觸過程中，產生許多不必要的挫折。❺

事實上，即使那些進入長城的邊疆民族，最後放棄自己原來享有的文化傳統，完全融合於漢文化之中，其歷程也往往是非常轉折與艱辛的。因為文化接觸與融合的因素非常複雜，往往在接觸與融合的過程中，一旦遭遇挫折與阻礙，必須經過不斷地再學習、再適應、再調整之後才能完成。而且不論融合或被融合的雙方，都必須付出很高的代價，甚至被融合的民族完全放棄自身的文化傳統，但仍然有某些文化的因子，無法完全被融合而殘留下來。這些殘留下的文化因子往往在被吸取後，經過轉變成為一種新的文化成份；不僅豐富了漢文化的內容，也增強了漢文化的活動力量。中國歷史自魏晉以後，由於邊疆民族不斷湧入長城，結束了漢民族在長城之內單獨活動的時期之後，漢民族不斷和不同的邊疆民族進行接觸與融合，使漢文化增添更多的新內容，中國歷史的發展也更多彩多姿。

拓跋氏部族進入長城後的文化轉變，就是上述理論的一個最好例證；並對中國歷史的發展，產生了決定性的影響，在永嘉風暴中，拓跋氏部族最後進入長城，不僅收拾了黃河流域的殘局，並總結了自秦漢以來，漢民族與邊疆民族以長城為基線的衝突與鬪爭。同時對東漢

❺ 參看：拙作，〈城裏城外——談中國近代史與中國知識份子〉，《魏晉史學及其他》（臺北：東大，一九九八）。

以來，滲入長城的其他邊疆民族作了一次融合，然後以此為基礎，和漢民族作一次徹底的融合。經過這次融合以後，新的血輪注入漢民族之中，新的文化因子也開始在漢文化中孕育。後來，這些新血輪與新文化因子，又轉變成支持隋唐帝國建國的基礎。

從太祖拓跋珪天賜三年（西元四〇六年），創建平城作為北魏前期的首都，到高祖拓跋宏太和十七年（西元四九三年），為了準備遷都而規建洛陽，前後經過將近一個世紀。這一個世紀是拓跋魏文化轉變的重要時期，由最初胡漢雜糅的文化形態，轉變到最後完全放棄自己的文化傳統，融於漢文化之中，是本書討論與探索的範圍，其中包括〈北魏前期的文化與政治形態〉、〈崔浩世族政治的理想〉、〈北魏孝文帝遷都與其家庭悲劇〉、〈北魏平城對洛陽規建的影響〉、〈拓跋氏與中原士族的婚姻關係〉、〈北魏與南朝對峙期間的外交關係〉，都環繞著這個論題，研究拓跋魏與漢文化直接接觸後，在不同的轉變階段，所產生的不同的問題與影響。

一

原居於嫩江東北，額爾古納河東南地區的拓跋氏部族，最初雖然有了原始的農業生產經驗❻。但正式由遊牧轉向農業生產，卻是徘徊在長城之外的一百零五年的後期。當時他們的遊牧區漸漸越出河套地區，遊牧的範圍西到五原，東到幽州的代郡和上谷附近。這一帶正是漢武帝擊敗匈奴後，極力經營的地區。漢武帝曾在這裡築塢堡，開郡縣，移民實邊。雖然當時祇為了消極的佔領，將長城的防線延伸到草原與農業的過渡地帶，卻意外地將農業文化的種子，播散到草原文化地區的邊疆，在那裡形成許多分散的小農業社會單位，對後來草原和農業文化的接觸和融合，產生了不可磨滅的影響❼。

作為草原與農業文化分界線的長城，由於漢高祖七年平城之役失敗後，退縮為防止邊疆民族入侵的防線。此後維持長城防線的安寧，成為每個時代對外的主要策略。如果農業社會的軍事力量超越草原民族，並且深入沙漠，便會在長城外農業與草原的過渡地帶，建立許多防衛性的屯墾區，成為小農業社會單位，以拱衛長城防線。不過，一旦農業民族的力量又退回長城，無法控制這些邊緣地區的防衛據點，草原民族的勢力就立即進駐這個地區。

這些分散在長城外的小農業社會單位，在農業民族的力量撤退以後，便斬斷和長城內母體社會的文化臍帶關係而獨立發展。因為地處於農業和草原的過渡地帶，很快就形成半農半

❻ 河地重造，〈北魏王朝の成立とその性格について〉，《東洋史研究》，十二卷五號（一九五三）。認為拓跋氏部族最初已有農業生產，但這種農業生產是微不足道的。

❼ 拙作，〈勒馬長城〉，《魏晉史學及其他》。

牧的社會經濟形態。草原民族進駐這個地區後，漸漸放棄一部份遊牧，採取某種程度的農耕。在那裡且牧且耕，等待機會向長城之內滲透。當農業社會民族的力量退縮，而且長城之內的政治或社會情況又在動盪的時候，停留在這個地區的草原民族，便乘機翻越長城進入中國，在長城之內建立統治的政權。於是另一個草原民族又迅速遞補，進駐這個地區，在那裡等待機會進入長城。

那些進入長城的邊疆民族，不僅建立政權，而且開始修補長城，更進一步代替農業民族執干戈以衛長城，阻止另一批草原民族入侵，並放棄自己的文化傳統，採取農業社會的生活方式，而漸漸漢化了。至於漢化程度的深淺與緩速，恰和他們居住這個地區時間的久暫成正比。這是討論自漢以後，滿清入關以前，草原與農業文化接觸與轉變，可探索的軌跡。本書附錄〈試釋論漢匈間之甌脫〉，即探討這個地區建立的經過，及草原民族進駐這個地區後，文化與社會形態轉變的過程。

拓跋氏部族也曾在這個地區居停，而且居停了較久的時間，〈北魏前期的文化與政治形態〉，即討論拓跋氏部族在這個地區文化轉變的過程，及其進入長城建立國家後，所發生的作用和影響。不過，拓跋氏部族進駐這個地區之初，遊牧經濟仍然是主導的力量。因為遊牧經濟不僅是他們的主要生活資料，也是他們對外擴張的戰鬥力量。但是當拓跋氏部族積極發展畜牧事業的時候，已經開始經營農業了，除了這個地區原有的農業基礎影響外，拓跋氏部族經營農業最現實的原因，還是由於不斷向外擴張。由於他們不僅獲得大量的牲畜，並且劫掠了眾多的人口，再加上許多歸附部落，原有的社會經濟基礎，不足以維持所統治人民的生活，不得不從事農業生產。

不過，最初拓跋氏部族的遊牧民，並沒有直接從事農業生產，農業生產的工作是由原居住在這個過渡地區的「烏桓雜人」及「雁門晉人」負責。他們原先就在這裡從事農業生產，並沒有因為拓跋氏部族的統治，改變原來的生產方式。後來由於拓跋猗盧協助劉琨，而獲得雁門陘北五縣之地，劉琨將原居住在這個地區的人民遷走。於是拓跋猗盧立即遷徙原來他統治下從事農業生產的「烏桓雜人」與「雁門人」，填補這個真空地區，利用原有的農業生產基礎，有計劃地從事農業生產。至於拓跋氏部族的部民參加農業生產，卻在什翼犍被苻堅所滅，拓跋氏部族瓦解以後，苻堅分散其部落於「漢鄣故地」，強迫原來的拓跋氏部族的遊牧民定居下來，並且遣派官員監視他們從事農業生產。對加速拓跋氏部族的遊牧經濟形態轉向農業經濟，產生了關鍵性的作用和影響。後來太祖拓跋珪登國九年（西元三九四年）拓跋儀在五原至梱楊塞一帶的屯田，便利用這個基礎繼續發展，並獲得豐碩的成果。這次屯田的成功增強了拓跋氏部族發展農業生產的信心。因此，在這次屯田的後三年拓跋珪便從他控制的地區，遷徙「山東六州」民吏三十六萬口，到首都平城的京畿地區。❽這批徙民到達之後，立即計口授田，並配給耕牛，有計劃地發展農業生產。過去，拓跋氏部族祇利用過渡地區的農業基礎，從事有限度的農業生產，這次卻是由中原地區真正的農民，直接擔負起農業生產的工作。

農業生產雖然擴大了，但拓跋氏部族的遊牧經濟的畜牧事業，並沒有因此而衰退，仍然是國家收入的主要部份。（國家的稅收還是以牛馬的頭數計算；對外征戰的俘獲品中，賜賞臣下的仍以畜產為單位。）同時，拓跋氏部族的草原文化氣息，也不因農業文化擴大影響而減弱。因此，拓跋氏統治者雖然分劃固定的區域，給那些歸國的部落酋長居住，但仍然允許他們保持「夏歸部落」的遊牧習慣。而拓跋氏君主每年六月也到陰山「卻霜」。雖然拓跋君主已建立平城為固定的都城，但大部份的時間，仍車駕奔馳在外，享受著遷徙、射獵的草原生活情趣。在日常生活的衣食方面，雖然他們非常欣賞農業社會的錦帛，但卻不願放棄傳統的衣著，太武帝拓跋燾就明白的表示：「國人皆著皮袴，何用絲帛！」酪漿畜肉是草原民族主要飲食，即使後來熱愛中國文化的孝文帝，仍然不願放棄這種傳統的飲食習慣。

固然，在兩種不同類型文化接觸時，某些文化的特質比較不易同化，而被保存下來，這

❽ 唐長孺，〈拓跋國家的建立及其封建化〉，認為「六州」是指後燕故地。見其著：《魏晉南北朝史論叢》（一九五七）。

是每一個社會文化轉變期間共有的現象。但是拓跋氏君主最初為了表現征服者的優越感，頑固地堅持自己的文化傳統，也是一個很重要的因素。太祖拓跋珪就認為「國俗敦樸，嗜欲寡少，不可啟其機心，而導其巧利。」並反對他的部民接受中原文化。後來到世祖拓跋燾時代，農業文化已在各方面，對拓跋氏部族擴大了影響。再堅持抗拒這個潮流已不可能，但拓跋燾對於文化的轉變，仍然採取保留的態度。他認為文化的轉變不可操之過急。「有似園中之鹿，急則衝突，緩之則定。」

拓跋氏君主對文化接觸的態度既然如此，但事實上，當拓跋氏部族進入長城以後，由於對外戰爭的勝利，佔領的地區不斷擴展，統治的人口也隨著增加。以他們過去部落時期統治的經驗，已無法統治一個人口眾多，文化與經濟都超越他們的社會。在這種情況下，就必須一個完善的制度，以及支持這個制度的文化基礎。可是對此二者，拓跋氏君主像過去其他統治中原地區的邊疆君主一樣，仍然淺薄無知。為了填補中間的文化空隙，為了鞏固他們的統治政權，就不得不從中國文化傳統及歷史裡吸取經驗。拓跋氏君主對於中國文化的興趣非常廣泛，他們既愛儒家、又喜黃老，不過他們似對法家更有偏好。因為透過法家思想的媒介，可以將部落時代首長的絕對權威，過渡到君主專制的中央集權的政體來。

因此，拓跋氏君主最初所需要的，並不是純粹的漢文化，而是從漢文化中吸取統治的經驗。所以，最初在政治上引用的漢人，也不是純粹的漢人。多是「居近塞下」有胡化成份的漢人，或「往來國中」受農業文化薰陶的胡人。這些人生活在兩種文化之間，對草原文化的方式沒有隔閡的困難，可以與拓跋氏君主合作無間。另一方面對農業文化也有某種程度的了解，可以協助拓跋氏君主解決兩種文化接觸時，所產生的種種問題。這也是在中國歷史上，每一個草原民族進入長城之後，建立統治政權之初，必須引用這一類型人物的原因。❾他們對於北魏王朝的建立有不可磨滅的影響，由於他們居間的協調，緩和了當時草原與農業文化接觸時的衝突。

二

「居近塞下」與「往來國中」的漢人和胡人，雖然對北魏的建國貢獻了他們的力量。不過，拓跋氏部族統治的範圍繼續擴大後，他們的能力和經驗，已不足應付迅速發展所形成的複雜局面。於是拓跋氏君主就不得不把目標轉向有政治經驗的中原士大夫。對北魏建國有積

❾ 參看：姚從吾師，〈遼金元時期通事考〉，《國立臺灣大學文史哲學報》（一九六七）；楊聯陞，〈中國文化中的媒介人物〉，《大陸雜誌》，十五卷四期（一九五七）。

極貢獻的燕鳳和崔玄伯就是在這種情形下，參加拓跋氏的政權。不過大批的中原士大夫參與拓跋氏政權，卻是在拓跋珪皇始二年（西元三九七年），破後燕慕容寶於中山之後。在這次戰役中，不僅獲得慕容寶「所署公卿、尚書、將吏、士卒降者二萬餘人」，同時得到「皇帝璽綬、圖書、府庫、珍寶，簿列數萬」。拓跋氏部族利用這批戰利品作基礎，在不到一年的時間內，完成了建立一個國家所需要的典章制度。

永嘉風暴以後，黃河流域所建立的許多邊疆政權中，慕容氏所建的幾個國家，漢化的程度比較深，對中原士大夫也比較尊重，因此得到中原士大夫的支持與合作。拓跋氏政權很幸運地承繼了這個成果。拓跋氏政權不僅從慕容氏獲得建國所需要的資料，後來又從河西接受了支持這個國家的文化基礎⑩。這是當時許多邊疆政權在黃河流域匆匆建立，又匆匆崩潰；而拓跋氏部族卻能在不斷的演變中，不僅結束了北方的動亂，又維持一百五十年統治政權的主要原因。不過，中原士大夫的智慧與經驗的結晶，卻是北魏建國的基石。

可是，拓跋氏統治者對於貢獻心智的中原士大夫，並無感激之情，因為他們是被征服者，既得不到適當的尊敬，也得不到適當的待遇，祇有憑藉著征服者的意旨工作，對非我族類的草原文化特質不敢觸動，更談不上進一步的改革。所以許多草原文化的因素被留下來，形成

⑩ 陳寅恪，《隋唐制度淵源略論稿》，《陳寅恪先生論文集》（臺北：九思出版社，一九七七）。

北魏建國初期在典章制度，在官制、禮樂、車服各方面，「稍僭華典，胡風國俗，雜相揉亂」的形態。

這種「雜相揉亂」的形態，自拓跋珪建國以後，相繼發展；到拓跋燾時期，面臨著一個抉擇的時代，也是北魏前期歷史與文化轉變的關鍵時代。因為這時北魏不僅統一了黃河流域，結束了永嘉以來中國北方混亂的局面，而且北魏的勢力深入西域，這是自漢帝國崩潰後所沒有的現象。另一方面，江南的局勢也在變化，劉宋篡晉自立，形成中國歷史上南北對峙的局面。

不過，這時在北魏的內部，卻有許多草原與農業文化接觸後所產生的問題等待解決：到底保持原有的草原文化形態？還是完全放棄自己的文化傳統，投入漢文化之中？或是仍然維持現狀，繼續這種雜相揉亂形態的發展？對這些問題，他們感到困惑與徬徨。這是拓跋氏部族匆匆採用中國的文化形式，鑄造自己國家後，發展到現在需要一次文化的調整，在這種情況下，崔浩躍上了歷史的舞臺。

崔浩是一個從中國文化傳統裡，薰陶出來的典型知識份子。但在動亂中的知識份子命運是很悲慘的，尤其永嘉風暴後的北方的知識份子，更是如此。他們在動亂中流離失所，從一個邊疆政權，過渡到另一個邊疆政權。為了生存，放棄了知識份子的尊嚴，在征服者的羽翼下討生活。他們唯一的目的，就是在動亂中保存自己及家族的生命。沒有希望、沒有理想、更沒有對現狀改革的企圖。可是崔浩卻不同，他有突破現狀的雄心壯志，這正是後來他的悲劇產生的主要原因。〈崔浩世族政治的理想〉，所分析的就是崔浩為實現自己的文化理想，但卻在殘酷的政治鬪爭中，不僅犧牲了個人和他的家族，還有一大批追隨他的中原士大夫，是這幕悲劇形成的背景。

崔浩不僅對中國文化有宗教的熱忱，而且對在動亂中沒落的門第懷有濃厚的感情，更對因門第而形成的世族政治充滿懷念與憧憬。但我們卻不能忽略他的一生，完全消磨在這種胡漢雜糅的社會中。在他七十歲生命的前二十年，隨著他父親崔玄伯在不同的邊疆政權中流轉，最後進入拓跋氏政權。因此，在他的人格形成階段，分享兩種不同的文化生活，他的家族所教育他是一種行為模式；他生活的社會所給予他的，卻是另一種形態。尤其進入北魏以後，所面臨的又是一個胡漢雜糅社會。但由於過去的經驗，他了解如何適應這個社會。因為他對草原文化有深刻的認識與了解，他知道如何為拓跋氏君主服務，並且獲得他們的賞識與信任。使他能在拓跋氏權力中心中，佔有舉足輕重的地位。不過，在他內心深處卻充滿文化的優越感，在他看來，對於中國文化的保存與發揚，不僅是他的責任，甚至是一種神聖的使命。

崔浩鄙視與嫌棄在他生活的社會中，所保存的草原文化因素，而且態度非常固執與偏激。因此，祇要他一把握機會，就會對這個胡漢雜糅的社會進行改革，但也僅僅止於改革而已，並沒有推翻現實社會的企圖。而且他謹慎又努力地替拓跋氏君主工作，祇希望在拓跋氏君主的支持下，完成他的改革。他最佩服的歷史人物是王猛。他也想像王猛一樣，得到苻堅的絕對信任，實現他的理想與抱負。因此，他著書立說，並且結合一批知識份子，形成一個政治集團，協助推行改革。但他卻忽略客觀的現實環境，一批被他鄙視的草原貴族，和一批被他排斥的中原細族的知識份子，擁護太子拓跋晃，又形成另一個政治集團。這個集團不僅保守，並且掌握了實際的軍事力量。於是這兩個對立的政治集團，便展開了一場激烈的政治鬬爭，最後太子晃領導的集團，藉所謂的「國史之獄」，徹底剷除崔浩的政治力量，使崔浩和他的家族，以及他的支持者都遭受殺戮。這真是一個悲劇，它不僅是崔浩個人的悲劇，也是一個由文化的衝突，轉變成殘酷政治鬬爭的悲劇⓫。崔浩的悲劇發生後，他為維繫漢文化持續的一系列著作都遭禁錮而佚散，但他所記錄其家族日常生活的《崔氏食經》，卻意外地留存下來，大部份資料保存在賈思勰的《齊民要術》之中，透過這部份資料，也可以了解崔浩對中原士族生活的堅持，或者可以對近代學者關於崔浩之死的討論提供另一種解釋。經過這次流血的政治鬬爭後，漢文化在拓跋氏政權中暫時退縮，直到孝文帝拓跋宏掌握實際政權後，才作一次徹底的調整與重組。

⓫ 崔浩之死因，歷來爭議頗多，參見本書〈崔浩世族政治的理想〉❶。

三

孝文帝拓跋宏對當時胡漢雜糅的文化形態，所作的調整與重組的過程中，最重要也是最艱難的一次決定，就是放棄原來的首都平城，而遷都洛陽。〈北魏孝文帝遷都與其家庭悲劇〉，討論拓跋宏遷都的艱難的歷程，並且在因遷都所引起的政治鬪爭中，犧牲王位繼承人，產生了家庭的悲劇。

拓跋宏執政後，最初配合他一系列的改革，將平城改建成一座典型的中國文化的都城，並沒有積極南遷的意念。最後因為無法排除北方保守勢力的壓力，祇有毅然遷都洛陽。拓跋宏是一個理想主義者，選擇洛陽作為新都，並未顧及到現實問題。就當時的政治、軍事、經濟的情勢分析，鄴城似乎比洛陽更適合，而且自北魏建國以來，一直將鄴城視為陪都⑫。他所以選擇洛陽，祇因為洛陽的中國文化傳統比較深厚⑬。當拓跋宏初次巡幸洛陽，參觀荒毀

---

⑫ 勞榦師，〈北魏後期的重要都邑與北魏政治的關係〉，《中央研究院歷史語言研究所集刊外編第四種》，（一九六〇）。

⑬ 陳寅恪認為洛陽旁伊洛水道，孝文遷洛原因，除漢化與南侵二大計劃外，經濟政策亦為其一。見其

的故宮遺址時，觸發了他思古之幽情，曾為之流涕，於是開始經營洛陽。

不過，從孝文帝經營洛陽到遷都，其間經歷幾番周折，為了避免保守勢力的阻撓，事前籌劃非常機密，臨行更藉南伐離開平城。到了洛陽之後，雖然遠離了保守勢力的範圍，再討論定都洛陽的問題時，仍然不能獲得一致的支持。於是他又有一次戲劇性的演出，全身戎裝披掛而出，要繼續南伐，經臣屬一再苦諫後，最後才解決定都的問題。決定定都洛陽後，就任命他最得力的助手任城王拓跋澄，銜命北上，傳達遷都的旨意，並且說服北方的保守勢力。幾經折衝，並對北方的保守勢力作了某種程度的讓步，完成使命南歸後，拓跋宏才祭告「行廟」，公開宣佈遷洛陽，同時解除了南伐的軍事行動。

太和十八年（西元四九四年）十一月，拓跋宏以南伐為名，率領他的遷都集團，離開平城向洛陽進發，途經比干墓，進行祭弔，並親撰弔文，後來更立碑刊之。在這塊著名的孝文帝〈弔比干碑〉的碑陰，鐫刻了隨祭者八十一人的姓名與官位⓮。這八十一人可以說是拓跋

著：《隋唐制度淵源略論稿》，頁六三。唐長孺認為孝文遷都洛陽，是由於代京農業發展的局限性，無法滿足日益增加人口的糧食需求。見其著：〈拓跋族的漢化過程〉，《魏晉南北朝史論叢續編》（一九五九）。

⓮《金石萃編》卷二十七，吳處厚撰碑陰記稱：〈弔比干碑〉已佚，現存為宋元祐五年九月十五日重

宏遷都集團的核心份子，其中有中原士族四十人，餘為北方人士。在北方人士中，屬於拓跋氏帝室十姓的共二十人，其中近支的宗室十二人，疏屬八人，功勳八姓十人。內附部落與四方諸姓十一人，但在這十一人中，高車部人又佔了四個。

拓跋氏部族的政治權力結構的形態，是以氏族為基礎編織成的網，網的核心是拓跋氏皇室，其外分別是帝屬十姓、功勳八姓、內附部落與四方諸姓，層次分明⑮。但從〈弔比干碑〉碑陰觀察，拓跋宏遷都時的權力結構已有了新的編組，中原士族經崔浩之獄受到摧殘，如今在新的權力結構中，又恢復活力，迅速上升至將近百分之五十。北方的四十一人中，其職位分工雖仍保持舊日的形式，但卻有了新的內容。因為這批人包括拓跋宏在內，都屬於北魏政治上新生的青年一代，他們雖然在胡漢雜糅的社會中誕生與長成，但這種雜糅的狀況，自崔浩之獄後，已逐漸減少。他們像拓跋宏一樣，都受過良好的漢文化教育。而且在漢文化的薰陶下已經變得風流儒雅，對漢文化的了解也不下於一般的中原士族。

同時，據〈弔比干碑〉碑陰所載，禁衛軍的首領已不是拓跋氏部族的族人，而以高車部人為多。這個事實，說明青年一代的拓跋氏族人，已變得風流儒雅，馬背上的彎弓射箭，已

刻。碑陰共分四十列，上三列鐫刻隨祭者官位與姓名。

⑮ Wolfram Eberhard, *Conquerors and Rulers: Social Forces in Medieval China* (Leiden: E. J. Brill, 1965).

非所長。而高車部人在北魏建國初期，向農業社會過渡，實施「離散諸部，……皆同編戶」政策時，高車部沒有受到限制，仍然保持原有的部落形態，遊牧生活，到這時還維持強悍的戰鬥力。另一方面，說明當時實際的軍事力量，掌握在北方保守勢力手中。拓跋宏不得不利用高車部族的戰鬥力量，重組新的軍事力量⑯。

所以，拓跋宏遷都洛陽，雖然受到北方大多數人的反對，但卻得到政治上新生力量的熱烈支持。他們認為胡漢雜糅的形態發展到某個階段後，如果還要堅持保留草原的文化特質，不僅沒有必要，而且也不可能。因此，必須放棄原有的文化成見，施行徹底的改革。這種論點，與拓跋宏是相吻合的，因為唯有通過這條途徑，將北魏前期雜糅的文化形態，作一次徹底的調整與重組後，才能消除胡漢間的矛盾。就政權的現實意義而言，這也是拓跋宏鞏固與持續北魏政權唯一的方法。這批北魏政治新生的一代，在中原士族的策劃下，結合成拓跋宏的漢化與遷都集團。最初他們協助拓跋宏進行改革，已引起保守勢力的「怏怏不平」。最後因遷都形成保守與新生力量的公開對立。

拓跋宏率領遷都集團離開平城後，留在北方的保守勢力變得更頑強。為了緩和保守勢力因遷都所引起的憤怒，為了獲得他們對漢化的諒解，拓跋宏曾作了很大的妥協與讓步。但這

⑯ 谷霽光，《府兵制度考釋》。

些妥協與讓步，並沒有減低他們的憤怒。他們企圖發動政變，想推翻這個改變他們文化傳統的執政者。連拓跋宏的王位繼承者太子拓跋恂，也捲入了因遷都所引起的南北政治鬪爭漩渦。

拓跋恂在太和十七年（西元四九三年）被冊立為太子，當時祇有十歲。拓跋宏對他寄予很大的希望，不僅要能繼承他的王位，而且更能貫徹他漢化的理想。因此對拓跋恂的教育問題特別重視，督促甚嚴。希望藉教育洗滌他的草原氣息，培養成一個典型的漢文化的君主。關於這些，拓跋宏很失望，因為拓跋恂不僅「不好書學」，又「深忌河洛暑熱，意每追樂北方。」因此，拓跋恂被北方保守勢力認為可以復興草原文化的象徵，他們企圖推翻拓跋宏改革政權，而擁立拓跋恂。

北方的保守勢力計劃政變，利用太師馮熙之喪，上表要求拓跋宏車駕還代臨喪，而被嚴加拒絕。但他又不願因此造成南北公開的分裂，祇得遣派拓跋恂代表前往祭弔。拓跋宏當然了解當時的北方環境並不適合他前往，可是除此之外又別無他法。拓跋恂到平城後，就被北方保守勢力包圍。因此，當拓跋恂從北方回到洛陽不久，乘拓跋宏幸嵩山的機會，與左右召牧馬輕騎奔代，但卻被阻。拓跋宏得到這個消息，非常震驚，引見群臣議廢太子。並且沉痛地說：

> 古人有言，大義滅親。今恂欲違父背尊，跨據恒朔。天下未有無父國，何其包藏，心與身俱。此小兒今日不滅，乃是國家之大禍，脫待我無後，恐有永嘉之亂。⑰

可是北方的保守勢力所發動的叛亂，並未因拓跋恂失敗而終止。但這次的叛亂卻被迅速敉平，它牽涉的範圍很廣，北方的勳舊都被牽連在內。經過這次叛亂以後，留在北方主要的保守勢力已被剷除，拓跋宏推行的漢化阻力暫時消除，他這時才回到平城去，但路經長安途中，接到密表報告，被囚在洛陽的拓跋恂，又有異圖，於是賜拓跋恂死，死時才十五歲。

像崔浩一樣，拓跋恂是在因文化轉變引起的政治鬪爭中，第二個犧牲者。不過，拓跋宏為了實現自己的理想，他也付出很高的代價。雖然他突破了胡漢雜糅的文化形態，但卻產生了家庭悲劇，同時更放棄了自己的文化傳統。無論怎樣，放棄自己的文化傳統，就那個文化本身而論，更是個悲劇。

⑰ 《魏書》卷二十二〈廢太子傳〉。

四

在兩種不同類型的文化接觸過程中，首先受到影響的是生活方式，其次才是意識形態的轉變。這兩種有形與無形的轉變，最後通過互相的婚姻關係而完成融合。〈拓跋氏與中原士族的婚姻關係〉是討論拓跋魏文化轉變中最重要的一項突破，即拓跋宏利用政治力量，斬斷中原士族社會牢不可破的婚姻鎖鍊，使北方貴族和他們通婚。其目的是利用這種婚姻關係，徹底消除文化轉變期間，草原與農業文化殘餘的矛盾，並且提高北方貴族的社會地位。因為北方貴族雖然在政治上佔有優越的地位，但在社會上卻不被「士大夫故非天子所命」的中原士族所認可。

雖然經過不斷的改革與禁止，然而在拓跋宏遷都以後，其部族的婚姻制度中仍然殘餘著草原文化的成份。拓跋氏部族的婚姻制度，當他們還沒有進入長城之前，像馳騁在草原上的其他民族一樣，進行著「仲春奔會」，「略將女去」的掠奪婚，「婿隨妻歸，……為妻家僕役二年」的勞役婚，以及「妻後母，報寡嫂」的收繼婚制。

自拓跋氏部族進入長城之後，漸漸放棄遊牧，而與農業居民雜居共處，其原有的社會結構開始鬆懈，作為社會結構重要環節的婚姻制度，也和其他文化一樣，開始發生轉變。雖然他們仍然維持著原有的婚制和婚姻關係，另一方面也開始和漢人通婚，尤其拓跋氏控制黃河流域後，遷徙大批人口到京畿地區，使北方草原貴族有更多和漢人通婚的機會。不過婚姻的範圍，祇限於徙民、流民飢口、戰俘以及因罪沒官的罪犯。至於和中原士族通婚的情形，並不普遍。

拓跋氏部族進一步和中原士族社會接觸後，中原士族對這種「巨細同貫」的婚姻關係非常卑視。因為在魏晉南北朝「士庶天隔」的門閥社會裡，婚姻是保持清濁最好的界限。尤其永嘉風暴以後的北方，士族社會的基礎受到極大的摧殘。因此不得不藉婚姻關係的聯繫，維持門閥的不墜。同時在邊疆政權的統治下，更須要藉婚姻關係而鞏固團結。所以《新唐書》卷一九九〈柳沖傳〉說「山東之人質，故尚婚婭」，其原因在此。當時社會上，都認為「士大夫當須好婚親」。不過士族社會雖然重視「一門婚嫁，皆是衣冠之美」，但士族社會之內卻又分成高低不同的等級，形成不同的婚姻集團，在同等級的家族內進行嫁娶。這種婚姻關係形成一條牢不可破的婚姻鎖鍊。由於這種婚姻關係，限制在狹小的範圍內，往往形成兩個或兩個以上的家族累世聯婚，在政治上互相提攜，因而形成不同的政治集團。

雖然帝王之家在政治上有絕對的權威，但其社會地位仍然無法與高門大第相比。拓跋宏發現了這個事實，如果要鞏固政權，消除南北大族間社會等級的差異，祇有透過彼此間互相的婚姻關係才能達到。所以，他在遷都洛陽前後所作的一系列改革中，強制北方草原貴族與中原士族通婚，是一種非常重要的改革。改姓氏，定氏族的目的，就是為了斬斷氏族的血緣紐帶，藉政治的力量消極地提高北方草原貴族的社會地位。彼此的婚姻關係卻更積極地將草原文化融於農業文化之中。拓跋宏自己以身作則，前後聘范陽盧氏、清河崔氏、滎陽鄭氏、太原王氏第一流的中原士族之女為嬪妃。分析洛陽出土的北魏宗室的墓誌群⑱，可以發現他們和中原士族都有直接或間接的婚姻關係存在。

自此之後，拓跋氏與中原士族之間，不僅限於政治上的從屬關係，而且更多了一層姻戚關係。由於這些中原士族的閨秀下嫁，同時也將中國的文化傳統、生活方式、倫理觀念帶進拓跋氏部族的家庭，對加速拓跋氏部族的草原文化向農業文化轉變，有不可磨滅的貢獻和影響。自遷都之後，拓跋氏家族和中原士族通婚的情形，漸漸普遍，到北魏後期，拓跋氏宗室裡「文雅從容」之士，也越來越多，到了隋唐之後，除了姓氏之外，已無法再從他們身上嗅到一絲的草原氣息了。唐代傑出的詩人元稹，史稱他就是昭成的十代孫。

⑱ 趙萬里，《漢魏南北朝墓誌集釋》（一九五四）收集了大批這類材料。

五

雖然，南朝稱北方的拓跋氏君主為「索虜」，北方稱江南的君主為「島夷」，雙方處在敵對的狀態中。但事實上，這種敵對的狀態並不是一直存在的，彼此間仍有間歇的和平共存，並且維持著外交關係，透過使節的往來，使得南北間貿易與文化的交流不致中斷，對拓跋魏文化的轉變也發生了積極的作用。這是〈北魏與南朝對峙期間的外交關係〉，所分析的主題。

自北魏明元帝拓跋嗣泰常五年（西元四二〇年），劉裕篡晉自立，至孝靜帝元善武定六年（西元五四八年），北齊篡魏的前一年，前後一百二十八年間，是北魏和南朝對峙時期，其間歷經宋、齊、梁三個朝代。其中有五十四年的時間，雙方互有使節往來，也就是說彼此存在著外交關係。

不過，在這五十四年中，並不是每年雙方互有使節來往的，有時在一年中，僅南北雙方的一方遣派使節。而且這種外交關係，由於南方朝代迅速遞嬗，政治情況動盪不安，一直起伏不定。另一方面，因為北方的勢力南侵，這種和平共存的均勢被打破而發生戰爭，於是雙方的外交關係即告中斷，一直要等另一個新的和平出現時，才又恢復使節的往來。

在南北對峙期間，中國文化的重心南移，南方的文化水準超越北方。雖然拓跋氏君臨中原，但當時的中國文化的主流在南方，拓跋氏君主不免存有某種程度的文化自卑感，所以在妙選使臣時，才學、機辯和容止都是重要的條件，門第更是一個重要的因素。因為在當時的門第社會中，不論南方和北方，都將門第視為文化的象徵。不僅交聘的使節如此，雙方對接待使節的「主客」的選擇，亦復如此。所以，雙方通使不僅為了政治的目的，同時也有文化的對抗意味在內。不過，對於這種外交關係的需要，拓跋氏君主要比南朝更迫切。因為透過使節來往朝聘，不僅可以吸收更多南方的先進文化經驗，更可促進貿易的往來。但就貿易而言，也是北方的需要超過南方，北方向南方輸出的是以馬為主的畜產，但畜產卻不是南方迫切需要的。南方對北方的貿易，則是江南的農產品，及轉售海外輸入的「羽毛齒革」等奢侈品。所以每當戰爭結束，新的和平又開始時，北方便要求「互市」。透過雙方使節的往來交聘，在文化和經濟雙方面，對北魏文化的轉變都發生了啟導作用。

在北魏和南朝對峙期間，雖然有間歇的和平時期，更有連續不斷的戰爭時期，如果發生戰爭，戰場多在淮泗之間。這個地區正是南北使節往來的主要的道路。不論從平城、洛陽南下，或由建康北上，淮泗都是必渡的津口。

江北淮南地區，自三國孫、曹對峙以來，就被劃為非軍事緩衝地區。這個地區在南方稱之為「斥候之郊」。所謂「斥候之郊」，即是「非畜牧之所」、「非耕桑之邑」的荒蕪地區，因此又稱為「邊荒」。將這一帶劃為「邊荒」的緩衝地區，南北雙方的意見是相同的。就北魏拓跋氏而言，將這個地區廢置，雙方都不得進入，頗能適合他們草原民族的「甌脫」的邊境觀念。

事實上，這個地區土地肥沃，並非不能耕桑，祇是南北雙方，限制人民進入，任其荒蕪而已。⑲其中仍然有人居住，住在「邊荒」裡的人當時稱為「荒人」，他們既不屬於江南，也不聽命北魏。所以他們可以「起義」抗魏，也可以「作亂」叛命江南。這些「荒人」徘徊在南北對峙勢力之間，在雙方政治力量達不到的夾縫裡求生存。當南北外交關係終止後，「邊荒」地區的重要性增強，南北雙方都利用這個地區作為過渡，進行文化與經濟的非官方往來。這也是在南北雙方敵對期間，文化和經濟的關係綿綿不絕的一個重要原因。

六

孝文帝拓跋宏倉促間選定洛陽為他的新都，又迫不及待地從平城南遷。所以洛陽的建構工程，到他死後還沒有完成。參與洛陽新都建築計劃的人，同時也是最初拓跋宏改建平城時，

⑲ 參看：拙作，〈何處是桃源〉，《魏晉史學及其他》。

各項工程的主持人。他們在完成平城各項改建工程後，又立即參與新都洛陽的規劃工作。因此，平城都市建築的某些特色，對洛陽新都的規建發生了影響。這是〈北魏平城對洛陽規建的影響〉，所要討論的問題。並且藉此說明，在文化的轉變過程中，某些文化的因素不被轉變而保留下來，可能醞釀出新的文化成份。

平城是北魏前期的首都，也是代表拓跋氏部族由草原文化向農業文化過渡時期的城市。因此，表現了兩種文化的混合色彩。平城最初規建時，模仿了長安、鄴城，後來繼續擴建時又注入了河西的因子。[20]最後孝文帝拓跋宏改建時，又摻入了洛陽，甚至南齊建康的成份。所以，平城是一個多色彩的城市。[21]除此之外，平城在最初規建時，和當時的典章文物制度一樣，仍然保持著某種程度的草原文化特色。

在平城都市規建中，表現最突出的，就是坊里制度。雖然坊里制度，是中國都邑建築最基本的自然區分，由來已久。[22]但是平城的坊里制度卻有著不同的歷史意義，它是草原文化

[20] 陳寅恪，《隋唐制度淵源略論稿》。

[21] 服部克彥，《北魏洛陽の社會と文化》（京都：ミネルウア書房，一九五三）。

[22] 宮崎市定，〈中國における村制の成立——古代帝國崩壞の一面〉，《東洋史研究》，十八卷四號（一九六〇）。

過渡到農業文化的產物。後來洛陽都市計劃中，有大規模，又相當整齊，按照不同的社會等級，不同的社會經濟功能區分的坊里制度，就是受平城的影響，而加以擴大建築的。㉓

最初出現在平城的坊里制度，雖然沒有以後洛陽那樣具有規模，但這種制度和拓跋氏部族由遊牧而定居，演變成的「宗主督護制」有密切的關係。「宗主督護制」的本身，就是一種由遊牧轉變為農業，由部落聯盟進入國家時期的過渡產物。這種制度由拓跋珪建國時代，「離散諸部，分土定居，不聽遷徙，其君長大人皆同編戶」，逐漸形成的。不過，被離散的部落，最初仍以一個民族為單位，同居一處。這種情形和永嘉風暴後的黃河流域，中原的世家大族與地方豪強，為了自保，以一個宗族為單位，聚族而居的情形相似。這兩種特殊的社會形態，在當時的歷史條件下，結合成「通行胡漢」的宗主督護制。㉔

這種通行胡漢的宗主督護制，自北魏建國以後，拓跋氏部族又從征服地區，大量向首都移民。這些被遷徙到京畿附近的人民，他們的身份不僅不同於編戶，而且按照原先不同的社

㉓ Ping-ti Ho, Lo-Yang, A. D. 495–534: A Study of Physical and Socio-economic Planning of Metropolitan Area, *Harvard Journal of Asiatic Studies*, Vol. 26 (1966). 認為大規模的坊里制度始創於孝文帝遷都洛陽。

㉔ 余遜，〈讀魏書李沖傳論宗主制〉，《中央研究院歷史語言研究所集刊》，第二十本（下）（一九四八）。

會身份，分配到一定地區居住。尤其屬於專業的「百工伎巧」，在其他邊疆政權統治時，更在嚴密的控制下。㉕遷到平城後，亦復如此。不僅身份無法改變，更不能任意轉移。這也是構成平城坊里制度的一個重要成份。

因此，平城的坊里制度，在形式上表現了中國傳統都邑建築的特色，在本質上卻是草原文化過渡到農業社會的歷史產物。這種特殊的都市建構，後來被拓跋宏移植到洛陽。對隋唐長安的都市計劃，有積極的貢獻。

農業與草原文化是兩種不同的形態。所謂「人食畜肉，飲其汁，衣其皮；畜食草飲水，隨時轉移」，表現了草原文化的狀況。至於「力耕桑以求衣食，築城郭以自備」，則代表了農業社會的文化特質。㉖

在農業文化的特質中，築城是一個重要的因素。築城不僅是農業社會的特殊技巧，也是農業文化發展過程中，必須經歷的階段。中國上古的歷史，就是由最初村聚外的夯土圍牆，最後將築城技巧高度發揮，築砌出萬里長城的一段築城的歷史。㉗當草原文化向農業文化轉

㉕ 唐長孺，〈魏晉至唐官府作場及官府工程的工匠〉，《魏晉南北朝史論叢續編》（一九五九）。

㉖ 《史記》卷一一〇〈匈奴列傳〉引中行說語。

㉗ 拙作，〈勒馬長城〉，《魏晉史學及其他》。

變時，農業發展到一定程度後，也開始築城。因此透過築城過程，也可以了解其文化轉變的程度。

從西元三八三年，太祖拓跋珪建國北魏，其間經歷西元四一九年，世祖拓跋燾統一黃河流域，到西元四九三年，高祖拓跋宏遷都洛陽，前後有一個世紀之久。這一個世紀是拓跋氏部族文化轉變的重要階段，也是開始建築一個都城，又另外建築一個新都的時期。從平城到洛陽的轉變，不僅是擺脫胡漢雜糅的文化形態，也是躍進另一個文化發展的新領域。這個新的領域，是經過一個世紀緩慢曲折的歷程才達到的。

這個緩慢曲折的歷程，也可以從拓跋氏築城的過程加以解釋。在西元四〇六年，拓跋珪利用從中原地區移來的十萬百工伎巧的築城經驗，並且發動京畿五百里內的八部人民的勞力，修繕都城以前，拓跋氏部族也曾有建築都城的企圖。雖然，自拓跋猗盧從劉琨手中取得雁門郡的主權以後，曾以盛樂為北都，並在平城南百里灅水築了新平城，所謂南北都也就是冬都和夏都的意義，拓跋猗盧率領他的部民遊牧於其間，但並沒有建立固定都城的意思。西元三四五年，什翼犍即位為代主，曾召集各部大人會議，討論定都灅源川，沒有結果，最後更被平文太后否決。她所持的理由是「國自上世，遷徙為業。今事難之後，基業未固。若城郭而居，一旦寇來，難卒遷動」。平文太后完全以草原文化的標準，衡量農業社會的都邑制度。也說明當時拓跋氏部族的農業發展，還沒達到築城保衛其文化與財產的需要。

直到西元四〇六年，遷徙三十六萬山東六州的農業人口，到平城從事有計劃農業生產，同時遷徙了十萬「百工伎巧」到平城，利用他們的築城經驗，並發動京畿五百里內八部民的勞動力，開始建築平城。從天賜三年到太宗拓跋嗣泰常七年（西元四二二年）後，隨著農業的發展，經過不斷的修繕擴建。這座北魏前期的都城，雖然簡陋卻大致完成了。

就在拓跋氏君主完成平城的建築之時，又開始修繕起自赤城到五原，延綿兩千多里的長城。其目的為了「以備蠕蠕」，這說明了一個事實，那就是拓跋氏部族已經不僅是逐水草而居的遊牧經濟，而且還開始修築長城，並代替漢民族執干戈以衛長城，抵制其他的邊疆民族進入長城，他們已經開始漢化了。最後到孝文帝拓跋宏時代，放棄平城舊都，另外經營洛陽新都。

上述拓跋氏部族築城的過程，也是他們文化轉變的歷程。從最初拓跋珪堅持自己的文化傳統，形成北魏初期的胡漢雜糅的形態，經過拓跋燾放棄文化的成見，贊成以緩慢的程度，吸收農業文化的經驗，到孝文帝拓跋宏對過去一個世紀的文化接觸，作一次徹底的調整，然後放棄自己的文化傳統，完全融於農業文化之中，這是拓跋氏部族文化的三個不同階段，轉變的過程非常艱辛與轉折，崔浩與拓跋燾正是在文化轉變中，不幸的犧牲者。

北魏前期的文化與政治形態

前言

當拓跋氏部族先驅者的蹄跡，徘徊在長城外的一百五十年的後半期，曾往來馳騁於散佈在那裡的許多中國文化前鋒地區。那裡，正是漢武帝為阻止草原民族的入侵，所建立的許多防衛性的屯墾區，在漢朝崩潰後，孤立的發展，成為草原與農業文化接觸的過渡地帶。拓跋氏部族在這裡活動的時候，曾採用某些農業文化的特質，而促使他們原有的文化發生轉變，由畜牧轉向農業，由遷徙轉變為定居。後來進入中原地區後，直接和中國文化接觸，又吸收了中原文化的意識形態，政治組織與社會結構的形式，作為他們建國的基礎。

不過，對這些在馬背討生活的拓跋氏部族而言，中原農業文化所包含的內容，是他們所難以了解的。因為農業文化與草原文化生產在兩種不同的環境裡，因此所表現的，是兩種不同的文化形態：「食畜肉，飲其汁，衣其皮；畜食草飲水，隨時轉移」，所表現的是草原民族的文化狀況；「力耕農桑以求衣食，築城郭以自備」❶，所代表的是農業社會文化特質。❷

雖然拓跋氏部族進入中原地區以後，曾採取更多的中原文化的農業技巧，學習築城藝術，模仿中原文化的生活模式；吸收中原文化的意識形態，形成他們建國的典章制度。但他們卻

---

❶《漢書》卷九十四〈匈奴傳〉引中行氏說漢使語，這是對草原與農業兩種不同類型文化最基本的區分，李濟先生也有類似的說法，他認為導源於黃帝的「我們的集團」(We Group)，是一個種植，穿絲，吃米，築城的民族，至於草原文化的「你們的集團」(You Group)，則是一種遊牧，穿毛毳，吃肉酪，住穹廬的民族。(*The Formation of Chinese People: An Anthropological Inquiry*, Harvard University Press, Cambridge, 1928.) 田村實造也是從生活模式 (Mode of life) 方面，區分兩種不同的文化，這種兩種不同的生活模式，是由於地理與氣候的自然環境的差異而形成，構成兩種不同類型的文化圈。《北アジアにおける歷史世界の形成》，《哈佛燕京社東方文化講座》第十輯，京都，昭和三十一年。

❷ 所謂文化特質 (Cultural trait) 是每一個文化類型中，附著於文化叢中最微小而固定的單位。不過卻是最不易同化與融合的，即使強制兩種不同類型文化特質互相間的模仿，但是經雜糅以後，仍然保持原來的狀態，而且是很易分辨的。(Herskovits, M. J. *Cultural Anthropology* (1955).)

無法突破原來文化的藩籬，毫無保留地接受一種他們渴慕已久的文化。因為他們仍然留戀原來的遷徙生活，仍然懷念在草原的奔馳，與粗獷的射獵生涯；更充滿著征服者的優越感。所以希望在他們所建立的國家中，注入他們原有的社會結構，政治組織，意識形態等原始內容。因此形成北魏前期在政治與文化方面，「胡風國俗，雜相揉亂」的形態。

這種胡漢雜糅的形態，自拓跋珪建國以後，相繼發展到拓跋燾時代，面臨著一個抉擇的階段。因為在拓跋燾時代，象徵著北魏前期歷史轉變的關鍵時代。在他統治北魏的時期，不僅統一黃河流域，結束自永嘉之後，中國北方混亂的局面；而且北魏的勢力深入西域，這是自漢以後所沒有的現象。另一方面，江南的局勢也開始轉變，劉宋篡晉自立，形成中國歷史上南北對峙的局面。

不過，在這時北魏的內部，卻留下許多文化接觸後所產生的問題等待解決。他們對於到底保持原有的文化形態；還是完全放棄自己的文化傳統，投入中國文化之中；或者仍然維持現狀，繼續這種胡漢雜糅局面的發展，感到困惑與徬徨。這是北魏開國匆匆採用中國文化的形式，鑄造自己國家八十年後，發展到現在需要一次文化的調整與重組。本文的目的，就在敘述拓跋氏初期文化的轉變及其對中國文化的態度，以及有關的文化、政治問題。

一 拓跋氏初期文化的轉變

《宋書》卷九十五〈索虜傳〉記載：「晉初，索頭種有部落數萬家在雲中」。這個原居於嫩江東北，額爾古納河東南地區的拓跋氏部族，南遷進入草原以後，首先居於「匈奴之故地」❸。《漢書》卷二十八〈地理志〉記載：五原郡有頭曼城，《漢書》卷九十四〈匈奴傳〉又說：「外有陰山，……本冒頓單于依阻其中，……是其苑囿也」，所以拓跋氏在未入中原以前，最初所居的「匈奴之故地」，應該是指匈奴所居的漢南五原郡而言。然後再遷到盛樂，❹這時拓跋氏的遊牧地區，漸漸發展到河套地區，他們的遊牧範圍，西到五原，東到幽州的代郡和上谷一帶地區❺。

❸《魏書》卷一〈序紀〉。

❹拓跋氏部沿興安嶺南下，一度在西喇木倫河流域停留，然後再溯水而進入匈奴故地，最後向長城北邊沿邊地區移動。田村實造，〈ボヨウ王國の成立と性格〉，《東洋史研究》，第十一卷第五號。

❺《魏書》卷一〈序紀〉：「分國為三部：帝自以一部居東，在上谷北，濡源之西，東接宇文部；以文帝之長子桓皇帝諱猗㐌統一部，居代郡之參合陂北；以桓帝之弟穆皇帝諱猗盧統一部，居定襄之

這一帶地區正是漢武帝擊敗匈奴以後，盡量經營的地方，曾築塢堡，設屯田，開郡縣，並移民實邊。雖然當時衹是為了消極的佔領，以防止匈奴的入侵。可是卻意外地將農業文化的種子，播佈到草原文化地區的邊緣，在那裡形成許多小農業社會單位，對於以後草原和農業文化的接觸和融合，發生了不可磨滅的影響。❻拓跋氏後來也在這種影響下，促使其由遊牧轉向農耕。不過，在最初仍然過著以遊牧為主的經濟生活。

「漢北人能捕六畜，善馳走，逐水草而已」。❼這是什翼犍答覆苻堅的問話，也正說明當時拓跋氏的社會經濟形態。在什翼犍三十八年，派遣燕鳳出使苻堅，在他和苻堅的一段對話裡，也敘述出當時拓跋氏牧畜經濟的情形。《魏書》卷二十四〈燕鳳傳〉：

> 雲中川自東山至西河二百里，北山至南山百有餘里，每歲孟秋，馬常大集，略為滿川。

燕鳳所說的雲中川，這個周圍長兩百里，闊百餘里的地方，應該是拓跋氏牧畜的集中地。

盛樂故城。」

---

❻ 另詳附錄〈試釋論漢匈間之甌脫〉。

❼ 《晉書》卷一一三〈苻堅載記上〉。

所以燕鳳對苻堅說當時拓跋氏有馬百萬匹，並不是故意誇張的。因為在這以前的拓跋祿官時代，拓跋氏部族的遊牧經濟已經呈現出「百姓乂安，財畜富實」的情況。❽同時在拓跋猗盧的時代，也曾贈送給劉琨很多的馬牛羊，這都表現當時拓跋氏部族遊牧經濟的富足與繁榮。

對於部落的畜牧事業，拓跋氏設有專門的人員管理，而且是一種專業，往往都是世襲的。《魏書》卷二十八〈庾業延傳〉與卷二十九〈奚斤傳〉說，庾業延的父親與「兄和辰，世典畜牧」。而奚斤的家族，也是「世典馬牧」，由此也可以了解，當時「牛羊」和「馬」是分開管理的，因為前者是遊牧社會的經濟資料，後者是草原民族的戰鬥力量。

為了配合畜牧事業，拓跋氏當時的法律與賦稅制度也是根據牧畜經濟而訂定的，《魏書》卷一一一〈刑罰志〉：「當死者，聽其家獻金、馬以贖」。又《魏書》卷一一〇〈食貨志〉：「民有牛羊百頭，獻車馬一匹」，當時的贖罪與賦稅都是以馬為單位，馬是草原民族對外作戰的工具，由於拓跋氏對外不斷擴展與戰爭，所以需要大量的馬，同時由於對外戰爭的勝利，在戰利品中俘獲了大量的牲畜，《魏書》卷一〈序紀〉及卷二〈太祖紀〉：

（什翼犍）二十六年冬十月，帝討高車，大破之，獲萬口，馬牛羊百餘萬頭。

---

❽ 同❸。

（二十七年）討沒歌部，破之，獲牛馬羊數百萬頭。
（三十年冬）帝征衛辰，……收其部落而還，俘獲生口及馬牛羊數十萬頭。
（登國三年）討解如部，大破之，獲男女雜畜十餘萬。
（五年）襲高車袁紇部，大破之，虜獲生口、馬牛羊二十餘萬。
（滅劉衛辰）簿其珍寶畜產，名馬三十餘萬匹，牛羊四百餘萬頭。
（天興二年）破高車雜種三十餘部，獲七萬餘口，馬三十餘萬匹，牛羊百四十餘萬，驃騎大將軍衛王儀督三萬騎別從西北絕漠千餘里，破其遺迸七部，獲二萬餘口，馬五萬餘匹，牛羊二十餘萬頭。

從什翼犍二十六年（西元三六三年），到拓跋珪天興二年（西元三九九年）北魏建國以前的三十餘年間，據上述統計，拓跋氏部族的畜產，最保守的說也應該增加一倍，使它的遊牧經濟力量更擴展，更擴大。

同樣地，當拓跋氏正在發展遊牧事業的時候，而其農業經濟已逐漸開始萌芽，拓跋氏開始發展農業。除了這過渡地帶原有的農業基礎影響外，最現實的原因，還是由於拓跋氏的勢力不斷擴展，不僅獲得大量的牲畜，並且還掠劫了大量的人口，再加上那些歸附的部落，原來的社會經濟基礎，不足維持所統治人民的生活，因此不得不從事農業的生產。

不過，拓跋氏由畜牧轉向農耕，並不是偶然的，河地重造氏認為當拓跋氏移居到匈奴故地前，已經形成半農半牧的社會經濟。❾雖然，西喇木倫河通過，形成定期的氾濫，土質的肥沃助長農業發展。不過由當時拓跋氏遊牧經濟情況看來，拓跋氏的農業還停留在萌芽階段，而附屬於遊牧經濟之下，還沒有發展到足以和遊牧抗衡的半農半牧經濟。

《魏書》卷一〈序紀〉記載，拓跋猗盧因為幫助劉琨，而向劉琨要求割陘北縣五縣地，得到允許。於是拓跋猗盧徙十萬家以填充這個地區，《通鑑》卷八十七「永嘉四年」條下稱：「(劉琨)徙樓煩、馬邑、陰館、繁畤、崞五縣民於陘南，以其地與猗盧。」《考異》引《劉琨集》永嘉四年六月癸巳〈上太傅府牋〉稱：「雁門郡有五縣在陘北，盧新并塵官，國甚彊盛，從琨求陘北地，……即從陘北五縣著陘南。」又《魏書》卷一〈序紀〉：「(琨)乃徙馬邑、陰館、樓煩、繁畤、崞五縣之民於陘南，帝乃徙十萬家以充之。」同書卷二十三〈莫含傳〉：「後琨徙五縣之民於陘南，含家獨留。」根據上面所引的材料，可知劉琨雖然將陘北五縣割與拓跋氏，卻將全部人民南徙。但像莫含一樣，已經先歸附拓跋氏而未徙者，一定不在少數，拓跋猗盧所徙的十萬家，來填補這塊真空地的人民，應以雁門人居多。這些被徙的

❾ 河地重造，〈北魏王朝の成立とその性格について〉，《東洋史研究》，第十二卷第五號（一九五三）。

雁門人，可能都是原來在耕地上的農業生產者，因為原先拓跋氏的勢力範圍，自綏遠北套及代郡一帶地區，已有相當的農業基礎。所以居住在這個地區的「烏桓雜人」與「雁門晉人」，雖然在拓跋氏的統治之下，並沒有改變他們原來的生活方式，仍然從事農耕工作，至於拓跋氏原來的遊牧部民，也仍然繼續他們逐水草轉移的遊牧生涯。

後來什翼犍被苻堅所滅，拓跋氏部族瓦解，苻堅分散其部落於「漢鄣故地」，對於拓跋氏農業的發展，發生很大的影響。《晉書》卷一一三〈苻堅載記〉：

> 散其部落於漢鄣邊故地，立尉、監行事，官僚領押，課之治業營生……優復三年，無稅租。

苻堅分散拓跋氏的「部落」，而且派「尉」與「官僚」監視，雖然其目的是為對拓跋氏部族，進行種族分化政策。不過，另一方面，由於苻堅分散拓跋氏部族，並派官員監視他們的行動，可以了解那些原先過著遊牧生活的拓跋氏部民，現在被迫定居下來，並且「課之治業營生」，強迫他們從事農業生產。

苻堅強迫拓跋氏部民從事農業生產，促使拓跋氏的社會經濟加速向農業的轉變，祇是一個偶然的因素。但卻影響拓跋氏注意農業生產的重要性，因此利用苻堅留下的農業基礎，繼續從事農業生產。《魏書》卷二〈太祖紀〉就有「（登國二年）幸定襄之盛樂。息眾課農」的記載。不過拓跋氏有計劃的從事農業生產，應該是登國九年的事。《魏書》卷二〈太祖紀〉：

九年三月，……使東平公元儀屯田於河北五原，至於棝楊塞外。

從五原到棝楊塞一帶地區，也是漢朝時代的舊屯田區，原來就有很好的農業基礎。《魏書》同卷：

（登國六年七月）衛辰遣子直力鞮出棝楊塞，侵及黑城。九月，帝襲五原，屠之。收其積穀，還紐垤川。於棝楊塞北，樹碑記功。

拓跋珪襲擊五原，並且還收獨孤氏所餘的「積穀」，可以推斷這個地區的農業生產一定非常豐富，因為所出的農產品，不僅可以維持生活，而且還有餘糧可以積蓄。

拓跋儀所主持的這次屯田，是軍屯的性質。而從事屯田工作的人，他們原來或是拓跋氏部族馬上的戰士，或是牧地上的牧民，以及有農業生產經驗的別部人在拓跋儀率領下從事墾殖，這次屯田的成績非常成功。《魏書》卷十五〈秦明王傳〉，及卷一一〇〈食貨志〉都分別記載此事，至於這次屯田的收成，可以從屯田次年，慕容寶進攻五原，所獲的戰利品中得到答案，《魏書》卷二〈太祖紀〉：

> 慕容垂遣其子寶來寇五原，造舟收穀。

《通鑑》卷一〇八「晉太元二十年七月」條下：「燕軍至五原，降魏別部三萬餘家，收穄田百餘萬斛」。穄是小米一類的農作物，數量達到「百餘萬」斛，已非常可觀。而慕容寶所獲的有「三萬餘家」，每家以五人計，那麼三萬餘家有十五萬人，而這十五萬人必是附著於土地，不便遷徙的農人。由上述的人數與所獲穄的數量，可以證明當時農耕的面積一定很遼闊。

由於這次屯田的成功，而對拓跋氏的部民而言，因為「分農稼，大得人心」[10]，引起他們對農業生產發生興趣。所以在慕容寶取五原穄的後三年，拓跋珪大量移徙中原地區有農業生產經驗的人，以充「京師」，從事農業生產。《魏書》卷二〈太祖紀〉：

---

[10]《魏書》卷十五〈秦明王傳〉。

（天興元年春正月）徙山東六州民吏及徒何、高麗雜夷三十六萬，百工伎巧十萬餘口，以充京師。

上面所引的「山東六州民」是一般中原農民，因為這裡所謂的「六州」，應該指後燕故地而言。《通鑑》卷一〇一「晉海西公太和二年五月」條下：「（苻堅稱：）六州之眾，豈得不使有智士一人哉！」胡注：「六州：幽、并、冀、司、兗、豫也」。不過這時拓跋氏的勢力還沒有達到黃河之南，豫州之地並沒有被佔領，司州也沒有完全控制，就兗州而言，那時慕容德還在滑臺。因此所謂的「山東六州民」，應該是指中原地區有經驗的農民而言；或者就是山東六州流徙的農民。這批新徙移到京師的農民，在正月到達以後，稍事休息，二月即開始「計口授田」，開始他們的農業的拓荒工作。《魏書》卷二〈太祖紀〉：

二月，……詔給內徙新民耕牛，計口授田。

由拓跋氏給與這些被移徙的新民耕牛與田地看來，這是真正有計劃大量從事農業的開始。更重要的，過去拓跋氏雖然也從事農業，但僅利用中原文化在邊疆地區所發展的農業基礎，這次卻是真正由中原地區的農人，擔負起農業生產的工作。這對拓跋氏文化轉變有非常大的影響。《魏書》卷一一〇〈食貨志〉：

天興初，制定京邑，東至代郡，西及善無，南極陰館，北盡參合，為畿內之田；其外四方四維置八部帥以監之，勸課農耕，量校收入以為殿最。

代郡是今山西蔚縣，善無是今右玉縣，陰館在今代縣西北，參合是今陽高縣，就是當時拓跋氏的「京畿」。由「八部帥」所擔負的工作，是「勸課農耕，量校收入」，可以了解當時拓跋氏是在積極地發展農業，不僅是「勸課」，以教導人民從事農業；而且還得「量校」，這便有獎勵和懲罰的意味在內了。

不僅拓跋氏君主的中央政府重視農業的發展，就是那些附屬的部落酋長，也開始注意農業生產的重要性了，《魏書》卷二十八〈和跋傳〉：

初，將刑跋，太祖命其諸弟毘等視訣，跋謂毘曰：灅北地瘠，可居水南，就耕良田，廣為產業……。

灅北，即灅水之北，現在稱為小黃河，灅水出源於山西朔縣，注入桑乾河，而和跋臨刑前，囑咐他的兄弟，移居土地較適於農業的河南，以「就耕良田，廣為產業」，可以作為當時部落酋帥從事農業生產的旁證。

和農業同時發展的，便是築城。草原民族所居住的是穹廬，隨水草而遷徙，所以不需要城邑，昭成遷到灅源川時，曾有在那裡建立郡城的企圖，那時正是拓跋氏由遊牧轉變為農耕的初期，基礎還沒有穩固，因此被平文太后否決。《魏書》卷十三〈皇后列傳〉：

昭成初欲定都於灅源川，築城郭，起宮室，議不決。后聞之曰：「國自上世，遷徙為業。今事難之後，基業未固。若城郭而居，一旦寇來，難卒遷動。」

平文太后所持的理由，正是以草原文化的標準來衡量都邑制度，也正說明拓跋氏當時農業的發展，還沒有達到需要城邑來保衛他們的財富與文化的程度。因此直到拓跋珪的晚年，農業生產已經相當發達，才開始建設固定的城邑，《魏書》卷一〇五〈天象志〉：

明年（天賜三年）六月，發八部人，自五百里內繕修都城，魏於是始有邑居之制度。

案《南齊書》卷五十七〈魏虜傳〉：「什翼珪始都平城，猶逐水草，無城郭」，《通鑑》卷一一七「晉安帝隆安二年七月」條下：「魏王珪遷都平城，始營宮室，建宗廟，立社稷」。《魏書》卷二〈太祖紀〉：

（天賜三年）六月，發八部五百里內男丁築灅南宮，門闕高十餘丈；引溝穿池，廣苑囿；規立外城，方二十里，分置市里。

拓跋氏最初所建築的平城，是模仿鄴與長安的規模，《魏書》卷二十三〈莫含傳〉：

太祖欲廣宮室，規度平城四方數十里，將模鄴、洛、長安之制，運材數百萬根。以題機巧，徵令監之。召入，與論興造之宜。題久侍頗怠，賜死。

莫題是「居近塞下，常往來國中」莫含的兒子，他對於中國的都邑制度的規模，可能有所認識，但是卻沒有深刻的了解。不過協助他建築的是「八部人」，這些八部人並不是拓跋氏原有的部民，其中應有天興初年，所移徙充京畿的十萬「百工伎巧」在內。否則，以草原的工藝技術是無法建造的，同時農業經濟沒有相當基礎，都邑制度是無法出現的。所以雖然有人認為在這以前，拓跋氏已有完整都邑建築，⓫是值得商榷的。

天賜三年所創立平城都邑，祇是草創階段，以後經過不斷的修繕增建，到拓跋嗣泰常七年又「築平城外郭，周回三十二里」。《南齊書》卷五十七〈魏虜傳〉記載拓跋燾時代的平城說：

……截平城西為宮城，四角起樓，女牆，門不施屋，城又無塹。南門外立二土門，內立廟，開四門，各隨方色，凡五廟，一世一間，瓦屋。其西立太社。佛狸所居雲母等三殿，又立重屋，居其上。飲食廚名「阿真廚」，在西，皇后可孫恒出此廚求食。……殿西鎧仗庫屋四十餘間，殿北絲綿布絹庫土屋一十餘間。偽太子宮在城東，亦開四門，瓦屋，四角起樓。妃妾住皆土屋。……太官八十餘窖，窖四千斛，……又有懸食瓦屋數十間，置尚方作鐵及木。……其郭城繞宮城南，悉築為坊，坊開巷。坊大者容四五百家，小者六七十家。每南坊搜檢，以備奸巧。

⓫ 韓國磐，《北朝經濟初探》。

這是拓跋氏建都平城的規模，由上述材料看來仍然十分簡陋。這座都城是隨著拓跋氏的農業發展，漸漸形成的。

泰常八年拓跋氏開始修建長城，《魏書》卷三〈太宗紀〉：

> 築長城於長川之南，起自赤城，西至五原，延袤二千餘里，備置戍衛。

赤城是在原來漢上谷境，《水經注》卷十四〈沽河〉：「沽水又西南逕赤城東。趙建武年，并州刺史王霸，為燕所敗，退保此城」，在今河北口北地。五原在今綏遠烏喇特旗之東，這條長二千餘里的長城的修築，並且沿邊「備置戍衛」的目的，是為了「以備蠕蠕」，這說明了一個事實，那就是拓跋氏已不是單純的「逐水草而居」的遊牧經濟了，而「難卒遷動」的農業經濟已頗具規模，所以築長城以保護他們的農業生產，不受那些仍然在草原遊牧的民族的侵擾，因此建築長城和拓跋氏農業發展有密切的關係，因為長城本身意義，就是分隔草原與中原兩種不同文化類型的象徵。所以拓跋氏由遊牧轉向農業，由遷徙到定居，以及最後到長城的修築，其發展的過程有不可分割的關聯；也是草原民族進入中原文化區域後，文化發展與轉變的軌跡。因為一批草原民族進入長城，接受中原文化的影響以後，從事農業生產，當農業發展到某個階段，他們反而會代替中原社會防守長城，阻止另一批新的草原民族的入侵與騷擾，[12]這的確是一個很有趣的問題。

二　草原文化特質的持續

雖然拓跋氏部族由畜牧漸漸轉變為農耕，由遷徙漸漸轉變為定居；不過在轉變過程中，仍然有許多原有文化的特質被留存下來，反映在他們日常生活之中。

在拓跋氏社會經濟轉變期間，農業的生產還不能達到維持人民生活的水準，因此遇到對外征戰與天災的時候，就有缺糧或荒饉的現象發生。拓跋珪進攻中山的時候，就因為「六軍乏糧」，而召集群臣討論「取粟方略」，[13]當時崔逞曾建議以桑椹代替軍食。在拓跋嗣神瑞二年，因為「比歲霜旱，五穀不登」[14]，平城京畿地區發生嚴重的飢荒，因此討論遷都避災的問題，後來因為崔浩的勸諫沒有實現，崔浩所提出的救賑方案，除疏散一部份京畿地區的人

---

[12] Owen Lattimore: *Inner Asian Frontiers of China*, 1962, Boston.

[13] 《魏書》卷三十二〈崔逞傳〉。

[14] 《魏書》卷一〇五〈天象志〉。

口往山東就食外，從他所提不贊成遷都的理由裡，可以了解當時拓跋氏社會經濟結構。《魏書》卷三十五〈崔浩傳〉：「國家居廣漠之地，民畜無算，號稱牛毛之眾。……至春草生，乳酪將出，兼有菜果，足接來秋。」由崔浩的「民畜無算，號稱牛毛之眾」，可以了解當時拓跋氏畜牧事業的情況，同時經過這次的荒災以後，「民皆力勤」，於是「歲數豐穰，畜牧滋息」⓯，「豐穰」與「畜牧」所表現的，是農業與草原兩種不同的經濟形態。由此也可以了解，當時農業的發展，不僅沒有凌駕拓跋氏原有的畜牧業，而且當農業產品不足維持人民生活的時候，畜牧的產品仍然是解決人民生活的重要資料，同時「乳酪」還是人民日常生活的必需品。所以拓跋氏的遊牧經濟，雖然因農業的發展開始轉變，但是在他們的經濟生活之中，卻保持某些草原文化的特質。因此，畜牧並沒有因農業的發展受到影響，而且拓跋燾在平定統萬之後，便利用河西的地理環境建立了很大的牧場。《魏書》卷一一〇〈食貨志〉：

> 世祖之平統萬，定秦隴，以河西水草善，乃以為牧地。畜產滋息，馬至二百萬匹，橐駝將半之，牛羊則無數。

⓯《魏書》卷三十五〈崔浩傳〉。

自此之後，河西成為拓跋氏的畜牧重心。即使在後來拓跋宏時代，雖然為了遷都，將河西的一部份畜產遷并州，在現在河南孟縣地方，另外開闢河陽牧場。不過這個牧場的主要任務，是為了畜養拱衛京師的戰馬，而牧畜「彌滋」的河西，仍然是拓跋氏畜牧的集中地。

雖然拓跋氏的農業生產，在拓跋珪時代已經可以課稅，可是在拓跋嗣泰常六年，所定的稅收制度：「調民二十戶輸戎馬一匹、大牛一頭。」及「制六部民，羊滿百口輸戎馬一匹。」[16]由此可知，拓跋氏原有的遊牧經濟基礎，還是國家收入的重要部份，同時也是人民經濟的財源。另一方面，在拓跋氏部落時代，管理畜牧的是世典牧業的部落酋長擔任。但北魏建國以後，為了配合遊牧經濟的發展，在中央政治組織中，還設有專門管理馬牛驢的駕部尚書。

至於那些歸附的部落酋長，雖然他們已經注意農業的重要性，並且也從事農業生產。不過他們的生活仍然依靠遊牧經濟支持，像爾朱榮祖上就「有馬數萬匹」，[17]其部落的牧地在現在山西朔縣西北地區南的北秀容川，這周圍三百里的地區，是經過拓跋氏冊封的。《北齊書》（卷十五）也記載越豆眷因為有功，拓跋珪將善無以西的西臘汗山，封給他作為牧地。這些

[16] 《魏書》卷三〈太宗紀〉。

[17] 《洛陽伽藍記》。

部落酋帥的牧地是由拓跋氏分封，所以他們的牧產也非常豐富，爾朱一族，在爾朱榮的曾祖爾朱新興時代，他們一族的牧產，已經是「牛羊駝馬，色別為群，谷量而已」，⓲在拓跋燾時，婁提一族的牛馬也「以谷量」的，所以這些部落酋帥的畜產，不僅可以維持自己的生活，同時在拓跋氏對外征戰時，「輒獻私馬，兼備資糧，助裨軍用」。⓳

當時拓跋氏不僅對部落酋帥分封牧地範圍，同時對於有功大臣的賜賞，除僮僕婢隸外，也以畜產為賜賞的單位，像賜王建雜畜數千，安同馬二匹，羊十口，楊珍牛馬羊，張濟馬牛數百，長孫肥畜物以千計，李先馬牛羊五十，元渾馬百匹，車伊洛牛羊等，⓴這是從拓跋珪建國到拓跋燾三朝的記錄，除此之外，在每次征戰勝利之後，所獲的畜產或生口，賞賜給從征的將士，所謂「生口」，雖然指軍前的擒俘，但也可指牲畜而言，《陔餘叢考》（卷四十三）稱：「今北方人乃謂驢馬之類為生口」。

那些「為國服臣」的部落酋長，在率部歸國後，被拓跋氏君主分劃固定區域給他們居住，但是他們卻仍然保持「夏歸部落」的遊牧習慣。㉑至於拓跋氏君主，則在他們所統治的地區

⓲《魏書》卷七十四〈爾朱榮傳〉。

⓳ 同⓲。

⓴ 以上各見《魏書》本傳。

裡不斷巡幸，翻閱《魏書》太祖、太宗、世祖的本紀，可以發現自天興元年七月，拓跋氏遷都平城以後，到世祖拓跋燾時代，他們很難在都城停留一段較長的時期。大部份的時間都是車駕奔馳在外，當然一部份的時間是為了征戰。這種穿梭不停的巡遊四方，和拓跋氏原來「遷徙為業」的生活有密切關係。而且每次出巡的規模都很龐大，拓跋嗣泰常七年：「車駕南巡，出自天門關，踰恒嶺，四方蕃附大人各率所部從者五萬餘人」，㉒所以「車駕所過……所經州縣復貲租一年。」㉓由此也可以反證拓跋氏君主每次巡幸的時候人數都非常眾多，同時拓跋氏君主每年六月，都要到陰山「卻霜」，這是他們仍然保持遷徙習慣最好的例證，《宋書》卷九十五〈索虜傳〉：

> 六月末率大眾至陰山，謂之卻霜。陰山去平城六百里，深遠饒樹木，霜雪未嘗釋，蓋欲以暖氣卻寒也。

㉑ 同⑱。

㉒ 同⑯。

㉓ 《魏書》卷二〈太祖紀〉。

拓跋氏君主除了喜愛「巡幸」之外，同時對於「射獵」仍然有著濃厚的興趣。太祖世祖等三朝本紀，有拓跋氏君主射白熊、射虎、獵野馬的記載。而且每次的射獵規模也非常大，拓跋嗣永興六年，在骨羅山的一次射獵，即獲獸十萬頭，拓跋燾曾「畋於山北，大獲麋鹿數千頭，詔尚書發車牛五百乘以運之」。㉔又《魏書》卷二十四〈鄧淵傳〉：

> （世祖）駕幸漠南，高車莫弗庫若干率騎數萬餘，驅鹿百餘萬，詣行在所詔潁為文，銘于漠南，以紀功德。

由上述資料，可以了解拓跋氏君主的狩獵，並不是像中原農業文化君主那樣，把狩獵作為一種消遣。因為狩獵是他們傳統的生活習慣，同時過去他們自狩獵中獲得衣食的必需品，所以在進入中原以後，仍然保持著這種生活的習慣。另一方面拓跋氏原來的部民，也因為進入中原之後，減少了狩獵的機會，因此拓跋氏君主將獵獲物分賜他們的臣民，所以在每次狩獵之後，便「大饗群臣將吏，以田獵所獲賜之，命民大酺三日」或「饗勞將士，大酺二日，班禽獸以賜之」。㉕和他們的臣民分享草原生活的情趣。

㉔《魏書》卷二十八〈古弼傳〉。

在拓跋氏經濟生活開始轉變的過程中，許多帶有濃厚草原氣息的文化特質被保留下來，這些粗獷的生活習俗不僅表現在經濟形態上，同時也反映在他們日常生活的衣食方面。草原民族的衣著是獸皮毛毳，和中原農業文化人民穿絲著錦，有顯著的不同。拓跋氏部族活動在草原時期，他們「國中少繒帛」，㉖但卻喜愛中國的絲繒，他們所獲得繒帛的來源有三，一是從安同，莫含那樣的商賈貿易中獲得；一是從對農業社會的搶劫中獲得；一是從晉朝的贈遺中獲得，因此被視為奢侈品。所以當留居洛陽的沙漠汗，穿著與「南夏」相同的「被服」回來以後，曾引起他們的驚異。同時在拓跋珪時，許謙因「盜絹二匹」，結果「慚而自殺」。㉗這都說明當時拓跋氏部族中，絲絹非常稀少。

不過，在拓跋氏定都平城以後，漸漸開始生產繒帛，《南齊書》卷五十七〈魏虜傳〉記載在拓跋燾時代，後宮有婢使千餘人，不僅織錦造宮袍供宮中使用，而且宮中還有儲藏絲錦的「絹庫」，並且還有剩餘供這些婢使「織綾錦販賣」。織錦是中原農業社會的特有技巧，《魏書》卷六十五〈邢巒傳〉稱：「耕則問田奴，絹則問織婢」，由此可知拓跋氏後宮主持織錦婢

㉕ 同⑯。
㉖ 同❸。
㉗ 同❸。

使，都是拓跋氏征服中原社會的技工，或因罪沒入宮的中原婦女，《魏書》卷九十四〈閹官・仇洛齊傳〉：「東州既平，綾羅戶民樂葵因是請採漏戶，供為綸綿。」又〈內司楊氏墓誌〉：

> 又轉文繡大監，化率一宮，課藝有方。

案誌稱楊氏卒正光二年（西元五二一年），享年七十，入宮時年及笄，則楊氏於拓跋濬和平五年（西元四六四年）左右入宮。又案〈宮第一品張安姬墓誌〉稱她也曾擔任過文繡大監，由此可知北魏初期在拓跋氏後宮設有管理宮庭服裝的女官，而這些女官多由中原因罪入宮的婦女擔任。㉘

農業社會的絲織物和草原民族的獸皮相比，當然要輕柔舒適可愛得多，所以遊牧民族對中國的需求，以絲絹佔首要地位。因此在他們進入中原之後，首先所注意的，便是絲繒。五胡之中的石趙，在他們的都城鄴，於中尚方御府中便有「巧工作錦」，而另有「織成署皆數百人」，（《鄴中記》）專門負責編織不同的絲錦。因此拓跋氏對於絲錦也有同樣的喜好，但他們雖然很快地接受穿著中國的絲錦，卻不願完全放棄傳統的衣著，拓跋燾曾明白地表示：「國

㉘ 另詳拙作，〈深宮怨——談談幾塊北魏宮女的墓碑〉，《魏晉史學及其他》。

人皆著皮袴，何用絲帛！」㉙因此長孫道生穿著「一熊皮鄣泥，數十年不易」。㉚雖然這種衣服不如絲錦那樣舒適，而且也不易洗滌與維持整潔，以致「蟣虱被體」。㉛但是為保持生活的傳統，卻不願輕易更換。

在飲食方面，最能夠顯示出兩種不同文化的差異。《洛陽伽藍記》卷三：

（王）肅初入國，不食羊肉及酪漿等物，常飯鯽魚羹，渴飲茗汁。……經數年已後，肅與高祖殿會，食羊肉酪粥甚多。高祖怪之，謂肅曰：卿中國之味也，羊肉何如魚羹？茗飲何如酪漿？

以上記載，說明兩種不同文化飲食的差異，王肅於太和十七年奔魏，所謂「數年後」，應該是拓跋宏遷都洛陽以後的事。遷都洛陽勵行華化以後，拓跋氏的飲食仍然保持著草原的風味，以此上溯拓跋燾以前的時代，草原風味當更為濃厚。在拓跋氏投入中原文化領域以後，也曾

㉙《南齊書》卷五十七〈魏虜傳〉。
㉚《魏書》卷二十五〈長孫道生傳〉。
㉛《魏書》卷八十七〈于什門傳〉。

嘗試過中原飲食，《魏書》卷四十三〈毛脩之傳〉：「脩之能為南人飲食，手自煎調，多所適意。世祖親待之，進太官尚書，……常在太官，主進御膳」。在後宮內，主持嬪妃飲食的，也是罪入掖庭的中原婦女，據〈傅母王遺女墓誌〉稱：「……宰調酸甜，滋味允中，又進嘗食監。」後來文明太后對她烹飪手藝非常欣賞，而「擢升為知御膳」，最後晉升為「御食大監」。案《魏書》卷十三〈皇后列傳〉「大監」秩二品，御食大監應該是後宮掌管飲食的主持人。因此也可以了解，拓跋氏統治者及他們後宮的嬪妃，對於中原的飲食方式都是非常欣賞的，不過僅是欣賞而已，至於日常的飲食仍然是以酪漿與畜肉類為主，王肅的那段談話便是很好的證明。

三　拓跋氏君主對中國文化的態度

在拓跋氏進入中原地區以後，由於對外戰爭的勝利，佔領的地區繼續擴展，統治的人口也隨著增加。而且自建都平城以後，不斷遷徙征服地區的人民充實京畿，自天興元年（西元三九八年）到正平元年（西元四五一年）前後五十餘年間，共有十三次遷徙中原人民前往京畿，總計人口在一百萬以上。在這種情況下，以拓跋氏過去部落時期的統治經驗，是無法統治一個文化與經濟都比自己優越的社會。所以就需要一個完善的制度，以及支持這個制度的文化基礎；可是對於此二者，拓跋氏也像其他統治中原地區的五胡君主一樣淺薄。為了填補中間的文化空隙，為了鞏固他們自己的統治權力，就不得不向中國文化傳統與歷史中吸取經驗。

可是這些在馬背上討生活的拓跋君主，對於中原文化並沒有深刻的認識和了解，因此對於中原文化的吸收並沒有存什麼偏好。拓跋珪曾詢問李先該讀什麼書，李先回答「唯有經書。三皇五帝治化之典，可以補王者神智」㉜，於是下令搜集天下的經書。儒家思想是中原文化的政治思想基礎，所以他們對於儒家思想，似乎表現出喜愛，不過這種敬意並非出自內心，而是為了從這些學說中，找尋統治的經驗。這也是拓跋珪常常召崔玄伯「引問古今舊事，……治世之則」的原因。㉝雖然拓跋嗣「禮愛儒生，好覽史傳」，㉞並且召燕鳳、崔玄伯、封懿、梁超等「入講經傳」，㉟對於儒家思想的吸收，表現得非常積極，但仍然是為了「兼資文武」

㉜《魏書》卷三十三〈李先傳〉。
㉝《魏書》卷二十四〈崔玄伯傳〉。
㉞《魏書》卷三〈太宗紀〉。
㉟《北史》卷二十一〈燕鳳傳〉。

的目的：

太宗……以劉向所撰《新序》、《說苑》於經典正義多有所闕，乃撰新集三十篇，採諸經史，該洽古義，兼資文武焉。（《魏書》卷三〈太宗紀〉）

北魏初期皇室的公主婚嫁，便是受漢朝和親政策的影響。根據《魏書》、《北史》並參考墓誌所得的統計，分析五十一個「駙馬的家世」，拓跋氏公主下嫁代北部落酋長家族的二十一人，下嫁投降北魏的南方魏宗室大族的十一人，下嫁歸附部落的四人，因婚姻關係下嫁后族與中原士族的十一人，㊱這個政策的制定，是因為拓跋珪聽崔玄伯講《漢書》的結果：

太祖曾引玄伯講《漢書》，至婁敬說漢祖欲以魯元公主妻匈奴，善之，嗟嘆者良久。是以諸公主皆釐降于賓附之國，朝臣子弟，雖名族美彥，不得尚焉。（《魏書》卷二十四〈崔玄伯傳〉）

㊱ 詳〈拓跋氏與中原士族的婚姻關係〉。

由此可以了解，拓跋君主並沒有選擇那一種學說，作為他們統治準則的意思。所需要的，祇是有利於他們的統治，適合他們的胃口就可以。不過拓跋氏統治者對於法家的思想，似乎比較有興趣，因為法家的思想，既可以維持統治者的尊嚴，又可以適合拓跋氏部落時代的峻酷刑法，所以在公孫表「承指上韓非書二十卷」，㊲李先奉召讀韓子連珠二十二篇㊳的時候，都能獲得拓跋君主的歡心。因為法家對王權的尊崇，與拓跋氏部落酋長絕對的權威，多少有點相似的地方。在部落時代的部落酋長，由各部落共同推選「有勇健能理決鬥訟者」擔任。㊴這個被選出的酋長對於各部落間有絕對的控制權，所謂「有所召呼，則刻木為信，雖無文字，而部眾不敢違犯。」㊵而且部落的法律也非常嚴峻，在「明刑峻法」的拓跋猗盧時代，「諸部民多以違命得罪。凡後期者皆舉部戮之，或有室家相攜而赴死所，人問『何之』，答曰『當往就誅』。」㊶這是表現部落酋長的絕對的權威，所以法家崇名尚實的思想，對拓跋氏統治者來

㊲《魏書》卷三十三〈公孫表傳〉。
㊳同㉜。
㊴《後漢書》卷九十〈烏桓傳〉。
㊵同㉜。
㊶《魏書》卷一一一〈刑罰志〉。

說，是比較容易接受的。《魏書》卷二〈太祖紀〉：

> 古置三公，職大憂重，故曰待罪宰相，將委任責成，非虛寵祿也。而今世俗，僉以臺輔為榮貴，企慕而求之。夫此職司，在人主之所任耳，用之則重，捨之則輕。

從以上所引材料最後幾句看來，顯然是受法家思想的影響，同時也可反映拓跋氏統治者的心意，是企圖將部落時代酋長絕對權威，經過法家思想的媒介，過渡到中央君主專制政體裡來。

不過拓跋氏君主對中原文化的興趣是多方面的，他們並不希望被中原文化某種學說和思想約束，他們祇是選擇對他們統治有幫助，而且他們自己感到興趣的。所以他們不僅對於儒家思想表示崇敬，對法家思想感到濃厚的興趣，同時對於黃老也非常喜愛42，對於陰陽讖緯之學也有所偏好，43另一方面對中原的風俗習慣也表示出他們學習的熱誠，拓跋珪晚年歡喜

42 《魏書》卷十五〈毗陵王傳〉：「太祖好黃老，數召諸王及朝臣親為說之，在坐莫不祇肅，順獨坐寐欠伸，不顧而唾，太祖怒廢之。」

43 《魏書》卷二十四：燕鳳「明習陰陽讖緯」，鄧淵「長於易筮」，許謙「善天文圖讖之學」。及卷二十八：李先「善占相之術」，卷二十四〈崔玄伯傳〉雖然沒有說善陰陽讖緯之學，但〈崔浩傳〉稱

服食寒食散，拓跋燾改葬他外祖父杜豹的時候，因為受到當時中原門第社會風氣的感染，而找尋當時諸杜地望最高的杜銓作宗正。《魏書》卷四十五〈杜銓傳〉：

……天下諸杜，何處望高？浩對京兆為美。世祖曰：朕今方改葬外祖，意欲取京兆中長老一人，以為宗正，命營護凶事。浩曰：中書博士杜銓，其家今在趙郡，是杜預之後，於今諸杜之最，即可取之。

由上述可以了解拓跋氏統治者，在初入中原的時候，對於中國文化的吸收，祇是為了如何利用這種文化力量鞏固他們的政權。因此他們對於中原文化的興趣表現得非常廣泛，他們既愛儒家，又喜黃老，更覺得法家思想適合他們的胃口。另一方面，他們像其他初入中原的草原民族一樣，由於自己文化落後，對於那些他們自己文化中所缺少的事物都感驚奇，而加以模仿與學習，可是對於各方面都沒有深刻的了解，也不求深刻的了解，祇是建築在現實的需要上，既無遠大的理想，也沒有長久的計劃，更沒有放棄他們原有的文化，完全投入中原

浩「博覽經史玄象陰陽，百家之言」，可知崔玄伯也是長於此道的。所以在北魏初期，服務於北魏王朝的中原士人，大多都會陰陽讖緯之學的。

文化長流的意念。

對於兩種不同類型文化的接觸，他們最初的態度是比較頑固與保守的。在拓跋珪時代，他是反對他的部民接受中原文化的，他認為他的部民必須保持草原文化原來純樸的習氣，不受中原文化的影響而轉變。《魏書》卷三十三〈公孫表傳〉：

> 太祖以……國俗敦樸，嗜欲寡少，不可啟其機心，而導其巧利。

所謂「巧利」，是受中國文化的影響，對他們原有文化而發生的轉變，他曾坦白地表示他對這種情形「深非之」（同上），因此賀狄干的死並不是偶然的，《魏書》卷二十八〈賀狄干傳〉：

> 狄干在長安幽閉，因習讀書史，通《論語》、《尚書》諸經，舉止風流，有似儒者。初，太祖普封功臣，狄干雖為姚興所留，遙賜爵襄武侯，……及狄干至，太祖見其言語衣服，有類羌俗，以為慕而習之，故忿焉，既而殺之。

姚興雖屬於羌族，可是羌族的漢化從苻秦時已經開始，到姚興時代已經非常徹底。賀狄干雖然言語衣服，有類「羌俗」，可是他既通《論語》、《尚書》諸經，而舉止又像儒者，由此可以了解，他所受到的「漢化」的影響，已超過「羌俗」。而且當時姚氏的羌俗中，已有著濃厚的漢化成份在內，這是拓跋珪所不能容忍的。因此說拓跋珪討厭賀狄干的羌俗，還不如說反對漢化來得恰當些。後來的拓跋燾對於文化的接觸，因為許多客觀因素的影響，已經不像拓跋珪那樣地頑固，不過他仍然很保守。他還認為如果強迫一種文化接受另一種不同的文化，就會發生：

> 有似園中之鹿，急則衝突，緩之則定。《魏書》卷二十八〈劉潔傳〉

拓跋氏君主對中原文化的態度既然如此，因此在他們初入中原的時候，對於漢人的引用也祇局限於代人與雁門人[44]。最初投入拓跋氏的部族的，是衛操與他的族人和部下，衛操曾擔任過晉朝征北大將軍帳下的門將，他在桓穆二帝時代參加了拓跋氏部族，正是拓跋氏開始

[44] 《魏書》卷二十四：燕鳳「代人」，許謙「代人」，莫含「雁門繁時人」，李栗「雁門人」，張黎「雁門人」。

由遊牧轉變為農業的初期，而且因為他久居北方，對於拓跋氏草原文化有深切的了解，所以他認為如果拓跋氏要謀求發展，必須和農業社會的人民合作，因此他建議拓跋氏「招納晉人」，拓跋氏對於他的建議也非常樂意接受，於是自此以後「晉人附者稍眾」。❹❺

所謂「晉人」，和漢朝匈奴人稱「漢人」為「秦人」一樣，是草原民族對居於邊疆，過著農業社會生活人們的稱呼。《漢書》卷九十四〈匈奴傳〉稱「衛律為單于謀穿井築城，治樓以藏穀，與秦人守之」，顏師古《漢書》卷九十六〈西域傳〉註稱「謂中國人為秦人，習言也。」所以拓跋氏最初所招納的「晉人」，也屬於這一類。他們不像後來加入拓跋氏的中原士族，祇是身懷農業文化技術的普通人民，雖然在政治中，對於拓跋氏國家的建立，沒有直接的影響，可是他們的努力，促使拓跋氏農業的轉變，而使拓跋氏企圖建立一個具有農業文化形式的功績，卻是不可磨滅的。因此，他們是農業文化的播種者，是北魏建國的奠基者，雖然他們的貢獻歷史上記載得不多。

由於拓跋氏對中原文化態度的影響，因此最初在政治上所接納的漢人，並不是粹純的漢人，而是有些胡化成份的漢人，或者受過農業文化影響的胡人。像莫含是居住在雁門的漢人，安同是居於遼東歸化的胡人，因為他們「居近塞下」，而又常「往來國中」，❹❻所以對於中原

❹❺《魏書》卷二十三〈衛操傳〉。

文化既有認識，同時對於草原文化的生活習慣也有深刻的了解。這一類人正是拓跋氏與中原文化接觸之初，最迫切需要的。由於他們生活在兩種不同的文化之間，能夠適應草原文化的方式，沒有隔閡的困難，可以與拓跋氏合作無間。另一方面，由於他們對中原文化的了解，可以協助拓跋氏解決兩種文化接觸時，所產生的種種問題。這是在中國歷史上，每一個草原民族進入中原過渡期間，必須引用這一類型人物的原因，所以可以歸納這一類型的人物，稱為農業與草原文化接觸過渡時期的媒介人物。

四　中原士族對北魏建國的貢獻及其所受的待遇

上節所述的兩種不同文化的媒介人物，對於拓跋氏建立北魏王朝是有貢獻的，因為他們至少曾緩和兩種文化接觸時所發生的衝突。不過最初拓跋氏對於他們的接納，並沒有利用他們建立王朝的企圖，祇是為了解決當時所發生的問題。像拓跋珪最初向劉琨求莫含，就是因為他為代王以後，「備置官屬」，於是不得不「求含於琨」。[47]不過到後來，由於拓跋氏的勢力

[46]《魏書》卷二十三〈莫含傳〉。

[47] 同[46]。

不斷向外擴張，這些最初引用的文化接觸的媒介人物，憑著他們能力與經驗，已不足應付迅速發展形成的複雜局面。於是拓跋君主就不得不擴大引用漢人的範圍，把目標轉向那些有政治經驗的中原士大夫。《魏書》卷二〈太祖紀〉：

帝初拓中原，留心慰納，諸士大夫詣軍門者，無少長，皆引入賜見，存問周悉，人得自盡，苟有微能，咸蒙敘用。

這並不表示拓跋氏對中原士大夫的慕賢若渴的心情，關於這一點，可以從他對中原士大夫獲取的手段上了解，《魏書》卷二十四〈燕鳳傳〉：

代人也。好學，博綜經史，明習陰陽讖緯。昭成素聞其名，使人以禮迎致之。鳳不應聘。乃命諸軍圍代城，謂城人曰：燕鳳不來，吾將屠汝。代人懼，送鳳。

又同卷〈崔玄伯傳〉：

太祖征慕容寶，次於常山，玄伯棄郡，東走海濱。太祖素聞其名，遣騎追求，執送於軍門。

由於求燕鳳不惜屠城，對於崔玄伯則遣騎執送軍門的情形看來，拓跋氏為了獲得中原士大夫，是不擇手段的。同時也表現中原士大夫對與拓跋氏的合作，並不熱心。至於拓跋氏大量獲得中原士大夫，還是在登國十年破慕容寶於參合陂以後，在俘虜中「擢其才識者」參加拓跋氏的政治，於是賈彝、賈閨、晁崇等這一批慕容寶的舊臣，得以「與參謀議，憲章故實」。次年由許謙的建議，上書勸進尊號，建天子旌旗，建臺省，改元皇始。而自「尚書郎已下悉用文人」，❹⓼所謂「文人」，即是指中原士大夫而言。因為北魏國家初建，在政治方面需要中原士族協助的地方更多，於是拓跋珪便開始對中原士大夫「留心慰納」了。

次年（皇始二年），拓跋珪又討慕容寶，寶敗走中山，慕容寶的尚書閔亮，祕書崔逞，太常孫沂，殿中御史孟輔等被俘而投降。這一年的十一月，拓跋珪攻破中山，又獲慕容寶「所署公卿、尚書、將吏、士卒降者二萬餘人」❹⓽，協助拓跋氏創立國家的規模的崔玄伯、鄧淵

❹⓼ 同㉓。

❹⓽ 同㉓。

也是這次的戰利品。更重要的在這次戰役裡所獲的戰利品中，包括「皇帝璽綬、圖書、府庫、珍寶，簿列數萬」，㊿所以這次的戰役對拓跋氏王朝的建立，發生了直接的影響。因為在這次戰役裡，既獲得協助他們建國有政治經驗的中原士族，同時也獲得建國的重要參考資料。所以在次年便改元「天賜」：

六月丙子，詔有司議定國號。七月，遷都平城，始營宮室，建宗廟，立社稷。八月，詔有司正封畿，制郊甸，端徑術，標道里，平五權，較五量，定五度。十有一月辛亥，詔尚書吏部郎中鄧淵典官制，立爵品，定律呂，協音樂；儀曹郎中董謐撰郊廟、社稷、朝覲、饗宴之儀；三公郎中王德定律令，申科禁；太史令晁崇造渾儀考天象；吏部尚書崔玄伯總而裁之。十有二月己丑，帝臨天文殿，太尉司徒進璽綬，百官咸稱萬歲，大赦，改年。追尊成帝已下及后號謚。樂用皇始之舞。詔百司議定行次，……尚書崔玄伯等奏從土德，服色尚黃，數用五。《魏書》卷二〈太祖紀〉

㊿ 同㉓。

從皇始二年十月攻破中山，到第二年十二月拓跋珪即皇帝位，其間不過一年的時間，一個國家所需要的一切制度，都匆匆地樹立起來。如果沒有慕容氏所留下的圖書簿冊作為依據，如果沒有曾在慕容氏政權下服務過的中原士族的協助，那是不可能的。

對拓跋氏建國貢獻最大的崔玄伯與鄧淵都曾出仕過慕容氏：崔玄伯的祖父「悅，仕石虎，官至司徒左長史、關內侯。父潛，仕慕容暐，為黃門侍郎。」至於他自己「少有儁才，……苻堅……徵為太子舍人……不就，左遷著作佐郎。……慕容垂以為吏部郎、尚書左丞、高陽內史。」[51]至於鄧淵的祖父「羗，苻堅車騎將軍。父翼，河間相，慕容垂之圍鄴，以翼為後將軍、冀州刺史、真定侯。」[52]在五胡十六國中，慕容氏所建的幾個國家，是漢化程度比較深，對待中原士族比較尊重的國家，因此也獲得中原士族的支持，拓跋氏很幸運地承繼了這個成果。如果追溯當時或後來參加拓跋氏政權的中原士族，那麼將可以發現他們，或他們的家族，大多都曾為慕容氏政權服務過。拓跋氏既然從慕容氏那裡獲得建立國家的形式，後來又從河西接收了支持這個國家的文化基礎，這是五胡在中原地區匆匆建立許多國家，又匆匆潰崩，而拓跋氏卻在不斷地蛻變中，建立一百五十年政權的主要原因。這得完全歸功於中原

---

[51] 同[33]。

[52] 《魏書》卷二十四〈鄧淵傳〉。

士族的貢獻，他們的智慧與經驗，成為拓跋氏王國建立的基石。

可是拓跋氏統治者對他們並不表示感激，更缺少應有的尊敬。這一方面當然由於這批中原士族的身份是俘虜，是降吏，因此拓跋氏統治者對於他們，表現出征服者的威嚴。另一方面，拓跋氏以一個文化落後的遊牧部落，一旦君臨中原以後，雖然在內心隱藏著文化的自卑，可是在表面上卻不能不維持統治者的優越感，因此對於文化水準超過它的中原士族顯得非常苛刻，《魏書》卷二十八〈李栗傳〉：

> 栗性簡慢，矜寵，不率禮度，每在太祖前舒放倨傲，不自祗肅，咳唾任情。太祖積其宿過，天興三年遂誅之。於是威嚴始厲，制勒群下盡卑謙之禮。

李栗的死，顯示出拓跋氏更進一步地樹立統治者不可侵犯的威嚴，對待統治者「簡慢」可以構成死罪，因此對統治者文化的卑視更不可饒恕的，崔逞因為「食椹改音」而引起拓跋氏不滿，最後因為一句「賢兄虎步中原」而被賜死，53公孫表因為拓跋嗣「好術數」，而「使人夜就帳中縊而殺之」54，許謙的死是因為「盜絹二匹」，雖然書傳上說是「自縊」，但到底是怎

53 同13。

樣死的仍然是一個謎，[55]被視為北魏開國貢獻最大之一的鄧淵，因為受和跋案件的牽連，拓跋珪「疑淵知情，遂賜淵死」，由於鄧淵的死「時人咸愍惜焉」，可以了解他的死是冤枉的。[56]因此中原士族對於拓跋氏統治者都懷著戰戰兢兢的心情，崔玄伯因為有與五胡君主合作的豐富經驗，所以「未嘗謇諤忤旨」，在拓跋珪晚年「大臣多犯威恕」時，而他「獨無譴者」，[57]不過中原士族為拓跋氏服務，祇要稍有疏忽即可以得罪，封懿祇因為拓跋珪數引見問以慕容舊事，懿應對疏慢，而被「廢還家」。[58]

中原士族雖然參加了拓跋氏的政權，而且忠誠地為他們服務，可是並不能得到信任，他們的行動也常常受到監視，拓跋珪對於崔玄伯，就「嘗使人密察」他的生活行動。段暉因人密告，有南奔的企圖，拓跋燾「密遣視之」，結果被斬而曝屍街市。[59]在這種情況下，可以了

[54] 同[37]。
[55] 《魏書》卷二十四〈許謙傳〉。
[56] 同[52]。
[57] 同[33]。
[58] 同[33]。
[59] 《魏書》卷五十二〈段承根傳〉。

解中原士族境遇是非常可悲的，因此宋隱臨終時曾沉痛地告誡他的子姪說：

> 苟能入順父兄，出悌鄉黨，仕郡幸而至功曹史，以忠清奉之，則足矣。不勞遠詣臺閣。恐汝不能富貴，而徒延門戶之累耳。若忘吾言，是為無若父也，使鬼而有知，吾不歸食矣。（《魏書》卷三十三〈宋隱傳〉）

不希望自己的子姪參加拓跋氏的中央政府，因為恐怕他們稍有差錯而累及門戶，同樣也可以反映拓跋氏對中原士族的態度。

拓跋氏對中原士族的態度既然如此，他們所受到的待遇也是非常差的，這些曾在其他五胡國家服務過的中原士族，由於他們的身份是被征服者，儘管他們參加拓跋氏政府工作，但他們卻被「多降品秩」錄用。[60]而且當時又「官無祿力」。[61]沒有俸祿，對於那些拓跋氏的部落酋長來說，是不會發生問題的。因為他們既有原來的封地與牧產，並且還不時受到拓跋氏君主所賜的畜牲，（詳上述）以及為他們操作的僮僕與隸戶像王建因「從征伐諸國，破二十餘

[60] 《魏書》卷三十三〈張蒲傳〉。
[61] 《魏書》卷二十四〈崔玄伯傳〉。

部，以功賜奴婢數十口」，又「從征衛辰破之，賜僮隸五千戶」（疑「千」為「十」之訛），安同「賜以妻妾及隸戶三十」，李先賜「隸戶二十二」，于洛拔「從征涼州，既平，賜奴婢四十口」，王洛兒「賜僮隸五十戶」，姚黃眉「賜隸戶二百」，宿石的父親沓干，以功「賜奴婢十七戶」，奚斤「以戰功賜僮隸七十戶」，司馬楚之「以功賜隸戶一百」，陳建「賜戶二十」，李順「賜奴婢十五戶」，盧魯元「以功賞賜僮隸，前後數百人」。[62]

以上是從太祖拓跋珪到世祖拓跋燾三朝的記錄，其中除李先及李順是中原士族外，其他的是代北的部落酋長，或早期投入拓跋氏部落胡化的漢人與外戚，或者是由南方奔來的落難貴族。

拓跋氏君主對於由南方來奔的士族，也比留在中原地區士族所享受的待遇高，除了那些晉朝的宗室可以娶拓跋氏的公主外，其他的士族也可以享受「客」的待遇。所謂「客」，有「上客」，「次客」和「下客」的區別，[63]上客的待遇是「給田宅，賜奴婢、馬牛羊」。[64]至於「下客」，僅給「粗衣蔬食」，[65]因此「上客」與「下客」之間，待遇相差得非常懸殊，根據

[62] 以上見《魏書》各本傳。

[63] 《魏書》卷四十三〈房法壽傳〉。

[64] 《魏書》卷五十八〈楊播傳〉。

資料，從太祖到世祖時代，中原士族獲得上客待遇的祇有段承根的父親段暉，而段暉的「入國」是內附，不是降吏或俘虜。至於由南方歸化來的嚴稜，及隨司馬休之來歸的袁式，刁雍的弟弟刁惠寶都受上客的待遇，(66)當時隨司馬休之奔魏的魯軌，韓延之，殷約，桓謐，桓璲，桓道度，桓道子，刁雍等數百人，(67)雖然沒有說明他們入魏後受到什麼待遇，但以袁式和刁惠寶的情形推論，他們的待遇一定不錯。唐和因為是隴西李寶的舅舅，和他的姪子立達入魏後都為「上客」，(68)薛野賭及閭大肥是率部落歸國的酋長，因此也受到「上客」或「第一客」、「上賓」的待遇。(69)由此可以知道拓跋氏對中原士族的態度，視其入魏的方式而異。像崔玄伯是中原士族的代表，而且對於拓跋氏建國有不可磨滅的功績，而且也得到統治者的眷寵，「與舊功臣庾岳、奚斤等同班」，而「信寵過之」，但他的生活卻非常清苦。《魏書》卷二十四〈崔玄伯傳〉：

(65)《魏書》卷六十一〈沈文秀傳〉。

(66)見《魏書》各本傳。

(67)《魏書》卷三十七〈司馬休之傳〉。

(68)《魏書》卷四十三〈唐和傳〉。

(69)見《魏書》卷三十〈閭大肥傳〉、卷四十四〈薛野賭傳〉。

家徒四壁；出無車乘，朝晡步上；母年七十，供養無重膳。

至於高允是拓跋氏征服地區被遷徙代郡的渤海士族，而得拓跋晃眷顧，可是他的家「惟草屋數間，布被縕袍，廚中鹽菜而已。……時百官無祿，允常使諸子樵采自給。」(70)張蒲是拓跋珪破中山時的降吏，雖然入魏後曾任過東部大夫，可是生活「清貧，妻子衣食不給。」

總之，在動亂中，知識份子的命運是非常可哀的，他們雖然貢獻出自己的力量與智慧，可是得不到應有的尊敬和待遇。永嘉之亂後的北方，黃河流域掀起的一陣歷史風暴，沖毀了中原士大夫的藩籬，他們在暴風雨裡流離。從一個五胡政權過渡到另一個政權，他們為了生存放棄了知識份子尊嚴，在五胡君主羽翼下討生活。他們唯一的目的，祇是保存自己及家族的生命，沒有理想，沒有希望，更不敢有對現狀改革的企圖。同樣地，在拓跋氏君主的權威之下，他們所做的祇是仰承統治者的意旨，他們是沒有力量也沒有勇氣面對現實，去清除在他們生活中的草原氣息，因此許多草原文化的特質都被保留下來。

(70)《魏書》卷四十八〈高允傳〉。

五　北魏初期文物制度「胡風國俗」雜糅的情況

在草原文化與農業文化接觸轉變的過程中，許多草原文化的物質被保存下來；而且拓跋氏統治者也沒有放棄自己原有的文化，完全投入中國文化長流的企圖。另一方面，後來雖然中原士大夫加入拓跋氏政治集團，把許多中原傳統文化滲入拓跋氏的文化之中。不過，因為他們是被征服者，和拓跋氏征服者之間，有著隸屬關係存在。所以他們祇能憑藉著征服者的意旨工作，不敢對於那些非我族類的草原文化特質加以觸犯，或進一步地加以改革。這些情況表現在北魏建國初期的文物制度上，而形成「胡風國俗，雜相揉亂」的局面。《魏書》卷一〇八〈禮志〉：

> 自永嘉之擾攘，神州蕪穢，禮壞樂崩，人神殲殄。太祖南定燕趙，日不暇給，仍世征伐，務恢疆宇。雖馬上治之，未遑制作，至於經國軌儀，互舉其大，但事多粗略，且兼闕遺。

所謂「經國軌儀」，即是指禮，樂，服，輦等文物制度而言，這些文物制度經過長期戰亂的淪喪，多半失散。又因當時拓跋氏忙於馬上征戰，對於支持一個國家的精神基礎的禮樂制度，並未表示十分注意。所謂「既初撥亂，未遑創改，因時所行而用之」，更可以了解，北魏最初建立這些制度，祇是為了適應當時現實環境的需要，並沒有永久的計劃。更重要的還是拓跋氏統治者對中國文化的態度，是「參采古式，多違舊章」，[71]這就是說拓跋氏在建國的時候，雖然採用中國傳統典章制度形式，但其中卻糅雜了某些草原文化的內容。所以《隋書》卷十二〈禮儀志〉也說：

> 後魏已來，制度咸闕。天興之歲，草創繕修，所造車服，多參胡制。故魏收論之，稱為違古，是也。

至於「多參胡制」的車服制度，議於天興元年，定於天興六年：「詔有司制冠服，隨品秩各有差」，[72]這次所制定的服冠制度，依〈禮志〉的記載，也是「多失古禮」的，不過關於

---

[71]《魏書》卷一〇八〈禮志〉。

[72] 同[71]。

這次所制定服冠的實際情形，沒有詳細的記載，但《通鑑》「晉安帝隆安二年」條下，記載拓跋珪登極的時候，曾命「朝野皆束髮加帽」，所謂「帽」，案《說文》：「小兒蠻夷蒙頭衣」，不是中原的制度。《隋書》卷十二〈禮儀志〉：

後周之時，咸著突騎帽，如今胡帽，垂裙覆帶，蓋索髮之遺象也。

後周的服制，是承繼北魏前期的服制而來的，《隋書》卷十二〈禮儀志〉記載：

後周制冕，加為十二，既與前禮數乃不同，而適應五行，又非典故。……後魏已來，制度咸闕。……所造車服，……周氏因襲，將為故事，大象承統，咸取用之，輿輦衣冠，甚多迂怪。

既然後周的冠服制度，是繼承北魏天興制度而來，而後周時所用的「突騎帽」，說明是「索髮之遺象」，該是拓跋氏部落的舊時物，所以《隋書》卷十二〈禮儀志〉所說的「突騎帽」，就是天興初所制定冠冕中的一種。《魏書》卷十四〈拓跋謂傳〉：

> 丕雅愛本風，不達新式，至於變俗遷洛，改宮制服，禁絕舊言，皆所不願。高祖知其如此，亦不逼之，……至於衣冕已行，朱服列位，而丕猶常服列在坐隅。晚乃稍加弁帶，而不能修飾容儀。

元丕是對孝文帝拓跋宏遷都改制等設施，表現得最頑固最保守的一個。拓跋宏在太和十年「制五等公服」及「給尚書五等品爵已上朱衣、玉佩、大小組綬」；在太和十八年十二月「革衣服之制」，但元丕並沒有因此放棄原來的衣服，這種服裝的樣式雖然沒有記載，不過由元丕「晚乃稍加弁帶」看來，可以為拓跋氏初期的服裝沒有「弁帶」，留下一個很好的注腳。而且這種服裝很可能是左衽，北齊時的王紘曾與侯景討論「掩衣法」，因涉及左右衽的問題，而發生爭執，《北齊書》卷二十五〈王紘傳〉：

> 尚書敬顯儁曰：孔子云「微管仲，吾其被髮左衽矣。」以此言之，右衽為是。紘進曰：國家龍飛朔野，雄步中原，五帝異儀，三王殊制，掩衣左右，何足是非。

王紘是北方的「小部酋帥」，他的意見正代表當時一部份北方人的意見，由此推論元丕所穿的很可能也是左衽的，至於後宮的服制，也是在孝文帝時制定的，《魏書》卷九十四〈張宗之傳〉：

> 宗之納南來殷孝祖妻蕭氏，……多悉婦人儀飾故事。太和中。初制六宮服章，蕭被命在內預見訪採。

這是六宮改革服制的記載，前此「婦人冠帽而著小襦襖」，[73]這種小襦襖的樣子是「夾領小袖」，[74]和當時中原仕女所著的寬大的衣服顯然不同。

天興初年拓跋珪命董謐所制定的軒輦制度，也是「未知古式，多違舊章」的。[75]這些「未知古式，多違舊章」的軒輦，在孝文帝改制以後，「藏於中府，盡不施用」，[76]後來北周大象年間又重被引用，《隋書》卷十〈禮儀志〉：

[73] 《魏書》卷十九〈任城王傳〉。
[74] 《魏書》卷二十一〈咸陽王傳〉。
[75] 《隋書》卷十〈禮儀志〉。
[76] 同[75]。

> 大象初，遣鄭譯閱視武庫，得魏舊物，取尤異者，並加雕飾，分給六宮。

這些「舊物」都是「魏天興中之所制」，[77]在孝文帝拓跋宏沒有命崔光、崔瓚、元延明改革車輦之前，北魏所用的仍然是天興中所制定的舊物。因此可以用《隋書》卷十〈禮儀志〉所記載大象年間所用的，與《南齊書》卷五十七〈魏虜傳〉記載拓跋燾時代所用的車輦互相比較，可以略窺天興時代車輦制度的梗概。不過大象初所用的已另加「雕飾」，也許不如拓跋燾時代所用的，更保存「天興舊物」的風味。《南齊書》卷五十七〈魏虜傳〉：

> 其車服，有大小輦，皆五層，下施四輪，三二百人牽之，四施絙索，備傾倒。軺車建龍旂，尚黑。后妃則施雜綵幰，無幢絡。太后出，則婦女著鎧騎馬近輦左右。虜主及妃后常行，乘銀鏤羊車，不施帷幔，皆偏坐垂，腳轅中；……為四輪車，元會日，六七十人牽上殿。

北魏在建國初期，曾接受中原士大夫的建議，採用中國傳統的禮儀制度，應用到祭祀典禮方

---

[77] 同[75]。

面去，《魏書》卷二〈太祖紀〉：

（天興元年）秋七月，遷都平城，……建宗廟，立社稷。……十有一月辛亥，詔……儀曹郎中董謐撰郊廟、社稷、朝覲、饗宴之儀……十有二月己丑，……尚書崔玄伯等奏從土德，服色尚黃，數用五。

二年春正月甲子，初祠上帝于南郊，以始祖神元皇帝配，降壇視燎，成禮而反。

這是拓跋氏採用中國傳統禮儀的記錄，不過他們雖然採取中國的禮儀形式，但在祭祀的典禮中，仍然保存他們原始宗教與初期社會組織的痕跡。

《後漢書》卷九十記載與拓跋氏習俗相同的烏桓的宗教說：「敬鬼神，祠天地日月星辰山川及先大人有健名者，祠用牛羊，畢皆燒之。」這段記載可分兩方面解釋，祠天地，日月，星辰，山川是對自然的崇拜 (Natural worship)，祀先大人健名者是對祖先的崇拜 (Ancestor worship)，這正是初民社會原始宗教形成的雙軌。

關於前者，是草原民族宗教信仰的特色，由於對「天」的敬畏，因而尊敬與「天」顏色接近的「黑」與「青」色，這種對於天的崇敬，是對統馭自然與人類生活的超權威 (Super power)

的一種和解手續。[78]因為人類感到他們周圍種種力量，不是人類力量所能駕馭的，因此引起恐懼，設法和他們修好，甚至祈求他們的幫助。在這些對自然的崇拜中，當然以天為最高的主宰。尤其對於那些生活在「天蒼蒼，野茫茫」草原裡的遊牧民族而言，天更是一個至高無尚的權威，拓跋氏是一個草原民族，因此在他們進入中原以後，對於「天」的祭祀還保持著傳統的形式，仍然對「青」與「黑」色視為神聖的象徵，[79]《南齊書》卷五十七〈魏虜傳〉：

> 其車服，……尚黑。……胡俗尚水，又規畫黑龍相盤繞，以為厭勝。

不過在天興元年十二月，拓跋珪接受崔玄伯等人的建議，「從土德，服色尚黃」。[80]由此可見，拓跋氏雖然用土德尚黃，仍然對於「青」與「黑」有著偏好，即使華化最徹底的拓跋宏在討論服色時，還持「天何時不玄，地何時不黃」的理論，而他對服色仍「意欲從玄」。[81]或說他

[78] Frazer, J. G.: *The Golden Bough: A Study in Magic and Religion*, Vol. 1, 1936.

[79] Peter A. Boodberg: The Language of the T'o-Pa Wei, *Harvard Journal of Asiatic Studies*, Vol. 1, 1936.

[80] 同[22]。

[81] 同[71]。

將拓跋氏改姓元氏，也和「青」、「玄」有關。(82)在當時把青色象徵廉潔，《魏書》卷八十八〈良吏・鹿生傳〉：「鹿生……顯祖嘉其能，……賜以驄馬，加，青服以彰其廉潔。」拓跋氏對於青黑兩種顏色，是懷有敬意的，所以在祭天的時候，用黑、青二色裝飾，《魏書》卷一〇八〈禮志〉：

天賜二年夏四月，復祀天于西郊……帝立青門內近南壇西，……外朝臣及大人咸位于青門之外，后率六宮從黑門入，列于青門內近北……。

這種在祭天時用黑色與青色的裝飾，孝文帝時仍然保持，《南齊書》卷五十七〈魏虜傳〉記蕭琛范雲出使北魏，曾參觀孝文帝祀天時「蹋壇」，「繞天」等儀式，有可容百人的「百子帳」，上面即覆以「青繒」，又同傳記載在祀天的時候：「（拓跋）宏自率眾至壽陽，軍中有黑氈行殿，……步軍皆烏楯槊，綴接以黑蝦蟆幡。」至於祀天的情形，《魏書》卷一〇八〈禮志〉有詳細的記載：

(82) 陳述，〈哈喇契丹說——兼論拓跋改姓和元代清代國號〉（《歷史研究》，一九五六年，第二期）。

復祀天于西郊，為方壇一，置木主七於上。東為二陛無等；周垣四門，門各依其方色為名。牲用白犢、黃駒、白羊各一。祭之日，帝御大駕，百官及賓國諸部大人畢從至郊所。……廩犧令掌牲，陳於壇前。女巫執鼓，立於陛之東，西面。選帝之十族子弟七人執酒，在巫南，西面北上。女巫升壇，搖鼓。帝拜，后肅拜，……祀訖，復拜。拜訖，乃殺牲。執酒七人向西，以酒灑天神主，復拜，如此者七。禮畢而返。

上面的這段記載，值得注意的有兩點，一是參祭典的「女巫」，一是參與陪祭的「十族子弟七人」，前者是拓跋氏原始宗教的餘緒，後者是拓跋氏族社會的遺痕，關於參與祭典的「女巫」，可能與拓跋氏初期宗教的「淫祀」有關，《魏書》卷十三〈皇后傳〉：「（胡太后）幸嵩高山，……昇于頂中，廢諸淫祀」，又《魏書》卷七〈高祖紀〉：

（太和二年）詔……淮徐未賓，廟隔非所，致令祠典寢頓，禮章殄滅，遂使女巫妖覡淫進非禮，殺生鼓舞，倡優媟狎，豈所以尊明神，敬聖道者也。自今已後，有祭孔子廟，制用酒脯而已，不聽婦女合雜，……犯者以違制論。

胡后廢嵩高山的淫祀，說明在孝文帝改制以後，拓跋氏的原始宗教仍然存在。同時也說明在平城時代的拓跋氏，不僅祭祀他們自己的宗教用女巫，即使在祭典孔子的時候，也有「婦女合雜」的情形出現，這不僅透露了拓跋原始宗教的情況，同時由女巫掌握宗教，對拓跋氏初期曾經過母系社會，也有著一種強烈的暗示。

至於帝室十姓弟子參加陪祭，與拓跋氏血緣組織的氏族社會有密切的關係，《魏書》卷一一三〈官氏志〉：

> 初，安帝統國，諸部有九十九姓。至獻帝時，七分國人，使諸兄弟各攝領之。

所謂九十九姓是拓跋氏氏族社會的成員，和拓跋氏有或親或疏的血緣關係。至於和拓跋氏最親密的，當然要算統攝七國人民的諸兄弟，拓跋氏的七位兄弟是長兄紇骨氏，次兄普氏，三兄拔拔氏，五弟達奚氏，六弟伊婁氏，七弟丘敦氏，八弟俟亥氏，與帝室合在一起，即成為所謂的「鮮卑八國」，後來再加上獻帝叔父乙旃氏，與疏屬車焜氏就構成「百世不婚」的帝裔十室，而且「國之喪葬祠禮，非十族不得與也」。[83]由此也可以說明帝裔十室間的血緣關係。

---

83 《魏書》卷一一三〈官氏志〉。

在部落時代的部落酋長，除了在政治上表現其絕對的權威外，同時還主持部落的祭祀。帝室十裔參與陪祭，也在說他們的地位超越其他部落之上。這種參與陪祭的儀式，在北魏末年仍然存在，《通鑑》卷一五五「梁中大通四年」條下：「戊子，孝武帝即位于東郭之外，用代都舊制，以黑氈蒙七人，歡居其一」，皇帝即位後的祭天，所用的是「舊制」，既用黑氈，又以帝室十姓中的七人參與陪祭，高歡不是帝室十姓，因為權勢而參與，但帝裔十姓的陪祭傳統仍然保持的。[84]

崔玄伯奏用土德尚黃，雖然不能除去拓跋氏對於「黑」與「青」色的偏見，但他所提出的：

> 宜為土德，故神獸如牛，牛土畜，又黃星顯曜，其符也。（《魏書》卷一〇八〈禮志〉）

以中國傳統五德終始思想的內容，套入拓跋氏初期圖騰的形式裡去，這是拓跋氏統治者所易於接受的。所以拓跋氏一朝禁止對牛的屠殺，《魏書》卷九〈肅宗紀〉：「(熙平七年）秋七

---

84 這是中亞遊牧民族即位加冠的傳統，見 Peter A. Boodberg: *Marginalia to the Histories of the Northern Dynasties*, *HJOAS*, Vol. IV. (1939).

月庚午，重申殺牛之禁」。所謂「重申」就是表示過去曾經被禁止的，至於視為神獸的，與拓跋氏圖騰的關係，《後漢書》卷九十〈鮮卑傳〉：

……依鮮卑山，故因為號焉。

對於「鮮卑」的原意，後世學者有不同的解釋，《楚辭》卷十〈大招篇〉有「小腰秀頸，若鮮卑只」。「鮮卑」，王逸注稱：「鮮卑，袞帶頭也」，《漢書》卷九十四〈匈奴傳〉顏師古注「犀毗」說：「胡帶之鉤也」，又說「鮮卑」亦「師比」也，由此「犀毗」、「師比」、「鮮卑」字雖不一樣，然「總一物也」，其所以「有此差異」，僅因為譯音不同的緣故。《史記》卷一一〇〈匈奴列傳〉《索隱》引張晏曰：「鮮卑郭落帶，瑞獸名也」，白鳥氏認為「郭落」是"Kwuk-Lok"的譯音，其原意為獸，鮮卑是"Sei-bi"的譯音，其原意為「瑞」，為「神」，所以「鮮卑郭落」合在一起便是「瑞獸」或「神獸」的意思[85]，《魏書》卷

[85] 王國維氏的〈胡服考〉曾詳細討論，白鳥庫吉的〈東胡民族考〉（《史學雜誌》第二一編，第七號）更進一步用語言學分析，伯希和也肯定「鮮卑」是一種獸類，(T. P. 1914. 258) 馮家昇則認為鮮卑是蒙古語的 Sobor（貙，即五爪虎）。（〈西北利亞名稱的來由〉，《歷史研究》，一九五六年，第十期）

一〈序紀〉：

獻帝命南移，山谷高深，九難八阻，於是欲止，有神獸，其形似馬，其聲類牛……。

這種神獸可能即指「鮮卑」而言，在拓跋詰汾率領他的部族，進入沙漠匈奴故地之前，停留在東胡故地時期，他們的生活方式是「畜牧，射獵」為業，這是一種放牧與狩獵的混合經濟。據《後漢書》卷九十〈鮮卑傳〉的記載，「禽獸異於中國者，野馬，原羊，角端牛」，《後漢書》引《漢書音義》稱：「角端似牛，其角可為弓」，又惠棟補注引《說文》：「角觿狀如豕，角善為弓」，又郭璞注《爾雅》稱：「角觿似豬，角在鼻上」，由上各注知中國學者對「角端牛」的形狀祇是臆測，可能這種獸在當地也很稀少，因此視為「瑞獸」而稱為鮮卑，以此為自己氏族的圖騰。將圖騰的形狀鏤鑄在帶鉤上，作為徽飾，在戰國時傳到與東胡接境的趙國，《國策》有趙武靈王以「黃金師比」賜給周紹的記載，當即此物。《楚辭》卷九〈招魂篇〉有「晉制犀比」，由此可知以圖騰「鮮卑」為圖案的師比帶，在戰國時流傳的範圍很廣泛，這種異獸在中原地區沒有。因此以其形狀相類似的動物作為符瑞的象徵，是非常可能的。

在中國傳統思想裡，禮樂是治理天下教化萬民的軌儀，二者缺一不可。在「樂」的方面，拓跋氏在建國的時候，所接受中國的古樂，比其文物制度的內容要豐富些。《魏書》卷一〇九〈樂志〉：

> 永嘉已下，海內分崩，伶官樂器，皆為劉聰、石勒所獲，慕容雋平冉閔，遂克之。王猛平鄴，入於關右。苻堅既敗，長安紛擾，慕容永之東也，禮樂器用多歸長子，及垂平永，并入中山。自始祖內和魏晉，二代更致音伎；……逮太祖定中山，獲其樂縣。

這段記載，說明永嘉之亂後，中原樂器流轉與拓跋氏建國前後，所接受中原樂器的情形。在拓跋珪時代，曾於「天興元年冬，詔尚書吏部郎鄧淵定律呂，協音樂」，[86]後來拓跋燾破赫連昌，曾「得古雅樂」，及平涼州，又獲「伶人、器服」，不過他們對於這些中原雅樂，並沒有完全採用，祇是「并擇而存之」，或「間有施用」。[87]這是因為他們不能違反天興建國時，所創立的音樂傳統。在天興元年冬，命鄧淵所定的律呂中有：

---

[86] 《魏書》卷一〇九〈樂志〉。

[87] 同[86]。

……及追尊皇曾祖、皇祖、皇考諸帝，樂用八佾，舞皇始之舞。皇始舞，太祖所作也。……掖庭中歌真人代歌，上敘祖宗開基之由，下及君臣廢興之跡，凡一百五十章，昏晨歌之，時與絲竹合奏。郊廟宴饗亦用之。《魏書》卷一〇九〈樂志〉

皇始舞是拓跋珪親手所定，但這種舞蹈並不是拓跋珪的創作，可能是拓跋氏部落時代所流行的舞蹈，經過刪訂而成的，其內容「以明開大始祖之業」[88]，和宮庭與郊廟宴饗時，所用的真人代歌，同樣是敘述拓跋氏祖先馳騁在原野上的英雄事跡，關於「真人代歌」，郭茂倩《樂府詩集》（卷二）稱是馬上樂。《舊唐書》卷二十九〈音樂志〉：「北狄樂，其可知者鮮卑、吐谷渾、部樂稽三國，皆馬上樂也。……後魏樂府始有北歌，即魏史所謂真人代歌是也」，這種充滿濃厚草原氣息的馬上音樂，正能表現拓跋氏部落時代粗狂豪邁的氣概，也是拓跋氏的部人所樂於習唱的，在《隋書》卷三十二〈經籍志〉有《國語真歌》十卷，《國語御歌》十一卷，《魏書》卷十四〈拓跋謂傳〉：

丕聲氣高朗，博記國事，饗讌之際，恒居坐端，必抗音大言，敘列既往成敗。……及

[88] 同[86]。

高祖還代，丕請作歌，詔許之。

元丕是一個頑固保守的代北舊族，他「抗音大言，敘列既往成敗」，所用的必是鮮卑語；所以他所作的歌應該屬於「真人代歌」之類。在這些舞蹈與歌曲的演奏方面，粗獷奔放的「皇始舞」、「真人代歌」，而配合中原緩慢而柔和的「八佾」絲竹伴奏，顯得十分不調和，卻是對北魏初期「胡風國俗，雜相揉亂」最好的說明。

拓跋氏部族最初沒有文字，祇是「刻木紀契而已」。[89]又《魏書》卷一一一〈刑罰志〉也說：「以言語約束，刻契記事」，祇是一種簡單的記事符號。不過在立國之初，曾有創造屬於他們自己文字的企圖。《魏書》卷二〈太祖紀〉：

（天興四年）集博士儒生，比眾經文字，義類相從，凡四萬餘字，號曰《眾文經》。

至於這四萬餘字的《眾文經》，是否即是拓跋氏最初創造的文字，現在沒有更明顯的材料可以證明，不過在拓跋燾時，的確創造過「新字」。《魏書》卷四〈世祖紀〉：

[89] 同[3]。

（始光二年）初造新字千餘，詔曰……今制定文字，世所用者，須下遠近，永為楷式。

這種「新字」，是否即是拓跋氏利用當時中國文字的形式，創造屬於他們自己文字，或者即是《隋書》卷三十二〈經籍志〉所謂：「後魏初定中原，軍容號令，皆以夷語。後染華俗，多不能通，故錄其本言，相傳教習，謂之國語」的文字，由於材料的限制，還是一個待考的問題。

不過，在《隋書》卷三十二〈經籍志〉目錄裡，有《國語》十五卷，又《國語》十卷，《鮮卑語》五卷，《國語物名》四卷，《國語雜物名》三卷，《國語》十八卷，《國語御歌》十一卷，又《鮮卑語》十卷，《國語號令》四卷，《國語雜文》十五卷，這些被稱為國語的鮮卑語書籍，必須用文字記載之後，才可以流傳。如果拓跋氏沒有創造屬於自己的文字，那麼這些書籍根本無法存在。《魏書》卷三十〈呂洛拔傳〉：「以舊語譯注皇誥，辭義通辯」，又〈經籍志〉記載，孝文帝曾命侯伏侯可悉陵以夷語譯注《孝經》，這些所謂的夷語，舊語，國語不僅是語言，可能有文字存在，否則他們譯注《孝經》，皇誥的時候，就不會有「辭義通辯」的情形發生。這些文字可能是以拓跋燾時代，所創的千餘新字為基礎而形成的，所以由此可以推論，拓跋氏進入中原之後，為了發揚他們本身文化特質，曾利用中原文化原有的文字基礎，來創造一種屬於自己的文字，是非常可能的。[90]

[90] 陳毅〈魏書官氏志疏證〉：〈太祖紀〉天興四年，集博士儒生，比眾經文字，義類相從，凡四萬餘字，號曰《眾文經》，〈世祖紀〉始光元年，初造新字千餘。可知魏初無字，借用華文，後乃造字，若《金史》卷七十三〈完顏希尹傳〉所云，金人初無文字，用契丹字，希尹乃依倣漢人楷字，因契丹字制度，合本國語，製女直字也。

崔浩世族政治的理想

前言

永嘉之亂後，黃河流域掀起了一陣歷史的風暴。在這個風暴裡，許多邊疆民族紛紛在中國北方建立過大小不同的政權。他們匆匆建立許多國家，又匆匆崩潰。在不斷地蛻變中，由鮮卑拓跋氏所建立的北魏政權，因為疆域最大，實力最強以及立國最久，而成為過去史學工作者注意的焦點之一。

拓跋氏部族最初曾在長城外徘徊過一段時期，當他們終於進入中原地區後，遂面臨到現實的政治問題。尤其自西元三八六年道武帝拓跋珪建國以後，經過半個世紀的發展，至太武帝拓跋燾時代，已是北魏前期歷史轉變的關鍵時期。這時，北魏不僅統一了黃河流域，結束了永嘉亂後中國北方混亂局面；拓跋魏的勢力更深入西域，這是自漢以後從未有過的現象。更重要的是，江南的局勢，也開始轉變，劉宋篡晉自立，形成南北朝對峙局面。在這種情形下，拓跋政權應該採取何種方式以自固，也就成為迫切的課題。

北魏初期，拓跋氏和中原大族在表面上是採取合作的方式，但是這種合作僅為基於現實的需要：拓跋氏想從中原世家大族那裡，吸收政治經驗以統治漢人；中原大族希望憑藉拓跋氏的政治力量，來維持他們的門第。雖然，在某一段時期內，他們似乎合作無間，終因缺乏遠大的理想和長久的計劃，那些新興的代北貴族和中原大族間，仍有許多矛盾存在。這些矛盾，儘管曾經引起過代北貴族和中原世族之間的若干衝突，卻祇算是兩者結合過程中，所激起的幾朵小浪花而已。他們彼此之間的利害關係，還能維繫北魏初期的政治勢力的均衡。直到北魏世祖太平真君十一年（西元四五〇年）司徒崔浩被誅，才引起一陣軒然大波。

無可否認地，崔浩是一個從中國文化傳統裡薰陶出來的知識份子。他對中國傳統文化，有廣泛的興趣與熱忱；對沒落的門第社會，懷有濃厚的感情；對世族政治，更充滿無限的懷念與憧憬。可是，他卻忽略了在現實社會中的複雜客觀因素，這正是他日後引發悲劇的主要原因。

崔浩事件的發生，是北魏拓跋氏和中原世家大族結合過程中，一次巨大的波瀾。這個事件，包含著許許多多複雜的客觀因素，並非僅因「國史」而致禍，或者祇是宗教的衝突、「民族意識」等問題而導致，事實上它也包括種族、文化和政治的因素，尤其是崔浩對於門閥制度的維護，而引起代北大族的疑忌。同時，這個事件，也非單純的或偶然的發生，它是經過太祖、太宗以及世祖幾代長期醞釀而來的，它象徵著北魏建國半個世紀許多複雜問題的全盤暴露與總結。

由於《魏書》對崔浩之死記載含糊，閃爍其詞，遂留下千古疑案。過去，曾有許多學者企圖解開這個歷史之結，其中更有不少前輩和師友，經過不斷的研究，從不同的角度，去尋求崔浩的死因，並已獲致接近史實的結論❶。本文的目的，是企圖以另一個角度來探討這個

❶ 牟潤孫師：〈崔浩與其政敵〉，認為：「崔浩史獄即起於佛道之爭」，又說：「太武之崇道毀佛，與夫罷舊祀之不合祀典者，雖是信仰上改革，與其後孝文遷洛諸政虛實似異，其為華化之表現則一……太武之施為由浩主謀，故諸人（太子晃，長孫嵩，穆壽）多與浩為敵。」（載《輔仁學誌》十卷一、二期合刊）周一良的〈北朝的民族問題與民族政策〉認為「浩之死是統治階級內部胡漢矛盾和鬭爭的結果，國史不過是一個近因」。（《燕京學報》第三十九期）周氏「統治階級內部胡漢矛盾和鬭爭的結果」的論調，多為今日中共歷史學者所接受，馬長壽《烏桓與鮮卑》，王仲犖《魏晉南北朝隋初唐史》（上），唐長孺《魏晉南北朝史論叢續編》，李亞農《拓跋氏前封建制》也都採取

巨大的歷史事件。質言之，就是嘗試以「崔浩世族政治的理想」為主題，檢尋其所包含的內容以及該項理想是否會與拓跋政權牴觸，從而試論崔浩的死因。

這種論調。谷霽光〈六朝門閥〉認為「崔浩雖以整齊人倫自命，然北方姓族已極複雜，……在北人民族中雖有差別，在中國人視之，只不過虜姓之貴族與北魏之勳門，絕不能與中國大族相提並論。後來崔浩修史引起北人忿毒，其原因恐亦在此」（谷氏另有〈崔浩國史之獄與北朝門閥〉一文刊天津《益世報》，〈史學副刊〉，十一期，未見）。陳寅恪的〈崔浩與寇謙之〉認為「浩之於社會階級意識，甚於其民族夷夏意識，故利用鮮卑鄙視劉宋，然卒因胡漢民族內部之仇怨致死」。（《嶺南學報》，第十一卷一期）王伊同〈崔浩國書獄釋疑〉認為「其宅心未嘗忘漢，有非北人所願聞者」，（案呂思勉《兩晉南北朝史》以《南齊書‧柳元景傳》的說法，認為崔浩的死是由於民族意識所起。）王氏又說：「然浩之敗，斷不緣國書之直筆，而特因有胡漢之衝突。」（《清華學報》，新一卷第二期）孫同勛〈北魏初期政治的衝突與崔浩之獄〉認為「崔浩之被殺，是由於欲領袖中原世族與代北貴戚相頡抗，見疑而被殺」，（《幼獅學報》，第四卷二期）其他如湯用彤認為崔浩之獄，緣於欲「張中華王道正統之義」。（《漢魏兩晉南北朝佛教史》）

一　問題的提出

崔浩的死因，引起後人紛紛揣測，主要的原因是《魏書》卷三十五本傳與其他記載，或閃爍其詞，或互相牴牾，或明載而不能祛疑。現在先將各種記載分類條舉如下，再檢討前人論點：

(一)　響應南朝、謀泄被誅之記載

《宋書》卷七十七〈柳元景傳〉云：

元景從祖弟光世，先留鄉里，索虜以為折衝將軍、河北太守，封西陵男。光世姊夫偽司徒崔浩，虜之相也。元嘉二十七年（西元四五〇年），虜主拓跋燾南寇汝潁，浩密有異圖，光世要河北義士為浩應。浩謀泄被誅，河東大姓坐連謀夷滅者甚眾，光世南奔得免。

《通鑑》卷一二六《考異》亦錄此說，並加斷語云：「與魏事不同，今從《魏書》。」

(二) 佛道相爭崔浩因而見誅之記載

《高僧傳》卷十一〈玄高傳〉云：

魏虜拓跋燾僭據平城，軍侵涼境，燾舅陽平王杜超，請高同還偽都。既達平城，大流法化，偽太子拓跋晃事高為師，……（後浩）乃譖云：太子前事，實有謀心。……

又，《魏書》卷一一四〈釋老志〉云：

世祖即位，……及得寇謙之道，帝以清淨無為，有仙化之證，遂信行其術。時司徒崔浩，博學多聞，帝每訪以大事。浩奉謙之道，尤不信佛，與帝言，數加非毀……。會蓋吳反杏城，關中騷動，帝乃西伐，至於長安……。帝既忿沙門非法，浩時從行，因進其說。詔誅長安沙門，焚破佛像，勑留臺下四方令，一依長安行事。

這二條記載說明當時佛道相爭，太子晃奉佛而崔浩事道，道教先得勝，太子晃所師事的玄高被殺，但後來崔浩也因此而受禍。

上面所述是關於崔浩之獄的兩種不同說法，但是這兩種說法都有商榷的必要。《魏書》本傳敘述崔浩致罪的原因，是「浩盡述國事，備而不典。而石銘顯在衢路，往來行者咸以為言。」❷魏收對於崔浩之獄所以記載得這樣含混，應該從他當時所處的環境來了解。因為他是處在「教其鮮卑語及彈琵琶，稍欲通解，以此伏事公卿」❸的北齊，當時「帝與從官及諸妃主，奇伎異飾，多非禮度。收欲言則懼，欲默不能已。」❹在這種情形下，自然不能詳述崔浩事件的經過，因為這樣可能會引起當局的誤解，所以劉知幾說：「自二京失守，四夷稱制，夷夏相雜，音句尤媸。而彥鸞、伯起，務存隱諱；……遂使中國數百年內，其俗無得言。」❺劉氏所云「務存隱諱」，可能就是因此而發的。再說，北魏的舊史檔案，經過後來孝文帝徹底華化及改修結果，不可能再有過份暴露代北貴族與中原世族衝突的資料，

❷《魏書》卷三十五〈崔浩傳〉。

❸《顏氏家訓・教子篇》。

❹《北齊書》卷三十七〈魏收傳〉。

❺《史通・外篇》卷十七〈雜說篇〉。

這可能是魏收不能詳述崔浩事件的另一個主因。

然而，從《魏書》的字裡行間，仍然可以窺視魏收對於崔浩事件的若干看法。《魏書》卷四十七〈盧玄傳〉云：

> 司徒崔浩，玄之外兄，……浩大欲齊整人倫，分明姓族。……浩敗頗亦由此。

所謂「齊整人倫」與「分明姓族」，是「士庶之際，實自天隔」❻的門閥社會裡最重要的工作。因為祇有「分明姓族」之後，才能辨別士庶。在南北朝時期，不論南方或北方的世家大族，對於這件工作都非常重視。譬如：江南世族認為：「士庶區別，國之章也。」❼但在經過一段長期的變亂以後，往往「偽狀巧籍，……昨日卑細，今日便成士流。」❽或者「改注籍狀，詐入仕流，昔為人役者，今反役人。」❾至於北方，情形也大抵如是。例如，《北史》

❻《宋書》卷四十二〈王弘傳〉。
❼《南史》卷二十三〈王惠傳〉。
❽《南史》卷五十九〈王僧孺傳〉。
❾《南齊書》卷三十四〈虞玩之傳〉。

卷五十六〈魏收傳〉云：

（楊）愔嘗謂收曰：此謂不刊之書，傳之萬古。但恨論及諸家枝葉親姻，過為繁碎，與舊史體例不同耳。收曰：往因中原喪亂，人士譜牒遺逸略盡，是以具書其枝派。

由此可知，北方自經喪亂後，譜牒訛誤，詐偽多緒的事，是經常發生的。因此，崔浩遂欲「齊整人倫，分明姓族」。當然，辨別士庶並非人人想作，必須門第觀念相當濃厚的世族，才樂於為之。關於這一點，從《魏書》的許多記載裡，都可以看出崔浩的門第觀念頗為濃厚。例如，《魏書》卷三十六〈李順傳〉說：

初浩弟娶順妹，又以弟子娶順女，雖二門婚媾，而浩頗輕順。

又，《魏書》卷三十五〈崔浩傳〉說：

始浩與冀州刺史（崔）賾、滎陽太守（崔）模等年皆相次，浩為長，次模，次賾。三人別祖，而模、頤為親。浩恃其家世魏晉公卿，常侮模、頤。

又，同書卷二十四〈崔玄伯傳〉說：

（崔）模長者篤厚，不營榮利，頗為崔浩輕侮，而守志確然，不為浩屈。與崔頤相親，往來如家。

又，同書卷五十五〈劉芳傳〉說：

芳祖母，浩之姑也。芳至京師，……崔恥芳流播，拒不見之。

從上所說，可見崔浩的門第觀念相當濃厚。他輕視李順，是因為李順門第低；對於崔頤、崔模的輕侮，則因頤、模的家世沒有他那樣顯耀；他拒見劉芳，是因為芳在流離遷徙之中，曾被慕容白曜北徙為平齊民。在重姻戚和族居的北方，崔浩這種對待他的親族和姻戚的態度，是很少見的。相應於這種態度的表現，是他對於北來的太原王氏有極大的好感，《魏書》卷三十八〈王慧龍傳〉說：

初，崔浩弟恬聞慧龍王氏子，以女妻之。浩既婚姻，及見慧龍，曰：信王家兒也。王氏世齇鼻，江東謂之齇王。慧龍鼻大，浩曰：真貴種矣。數向諸公稱其美。司徒長孫嵩聞之，不悅，言於世祖，以其嘆服南人，則有訕鄙國化之意。世祖怒，召浩責之。浩免冠陳謝得釋。

不論王慧龍是否真為太原王愉之孫，但以他的齇鼻來說，和太原王氏當有若干血統關係，即此一端，已足夠令重視門第的崔浩讚嘆備至了。一般來說，隨著晉室東渡的大族，要比留在北方的大族門第高些。⑩由此也可充份說明崔浩對於比他自己門第高的大族仰慕的心理。又，《魏書》卷三十八〈王慧龍傳〉說：

尚書盧遐妻，崔浩女也。初，寶興母及遐妻俱孕，浩謂曰：汝等將來所生，皆我之自

⑩ 錢穆師，《國史大綱》云：「南渡人物，皆魏晉清流……漢族留北者，在當時皆以門第稍次，不足當清流雅望之目。」

出，可指腹為親。及婚，浩為撰儀，躬自監視。謂諸客曰：此家禮事，宜盡其美。

婚姻是維繫門第重要的環節，由此亦可見崔浩自矜標高及對於門第的重視。

因此，崔浩要「齊整人倫，分明姓族」的目的，是要整理以前的戶籍，辨別當時士族的譜牒，希望劃出一個清濁的界限來，然後士庶之間才有明確的區別，方能保持門閥制度百世不墜。最初崔浩在分定氏族的時候，僅限於對中原大族的鑒別，對於那些所謂「偽籍」與「卑姓」，也在辨別過程中把他們擯棄於世家大族的門牆以外。當然，這次「分明姓族」，並沒有包括代北的大族在內，因為崔浩對中原大族中地位較低的氏族尚且侮辱，何況代北大族？他不但卑視拓跋氏低落的文化，也鄙夷胡人簡陋的風俗生活。崔浩本傳說：

> 浩著《食經敘》曰：余自少及長，耳目聞見，諸母諸姑所修婦功，無不蘊習酒食。朝夕養舅姑，四時祭祀，雖有功力，不任僮使，常手自親焉。……乃占授為九篇。

食雖可供「四時祭祀」，但他之所以著《食經》九篇，主要的目的還是在於發揚中原的生活方式，並對代北的食肉飲乳的飲食習慣作了無言的抗議。同時，從崔浩讚揚遼東胡人安同「無須知書亦可立功」這一點看來，亦可知浩除承認拓跋氏在現實的政治勢力外，是鄙視其脆弱的文化基礎的。而崔浩「分明姓族」的目的，則是想以中國的文化傳統配合北魏的現實政治力量，發揚以世族為中心的政治，也是他的抱負。他很佩服王猛，認為「王猛之治國，苻堅之管仲也。」⓫因為王猛有其理想與抱負，遂為崔浩所仰慕。換句話說，這也正是崔浩原有的政治理想，亦即在拓跋氏政權，展開以中原世族為中心的政治理想。

崔浩世族政治理想的產生，或許是因為五胡亂華以來，生存在兵荒馬亂間的中原世族，都想尋找一個依託。在此依託之下，保持他們的世族地位，並發展自己的政治理想和抱負。所以，崔浩並沒有取拓跋氏而代之的野心，相反地卻委曲求全地和他們合作，並且得到他們的信任和依賴。《魏書》卷三十五〈崔浩傳〉說：

> 少好文學，博覽經史，玄象陰陽，百家之言，無不關綜，研精義理，時人莫及。弱冠為直郎。天興中，給事秘書，轉著作郎。太祖以其工書，常置左右。太祖季年，威嚴頗峻，宮省左右多以微過得罪，莫不逃隱，避目下之變，浩獨恭勤不怠，或終日不歸。太祖知之，輒命賜以御粥。其砥直任時，不為窮通改節，皆此類也。

⓫ 同❷。

崔浩更從他父親崔宏（玄伯）那裡，學到了與拓跋氏統治者合作的方法。《魏書》卷二十四〈崔玄伯傳〉說：

> 太祖常引問古今舊事，王者制度，治世之則。玄伯陳古人制作之體，及明君賢臣，往代廢興之由，甚合上意。未嘗謇諤忤旨，亦不諂諛苟容。及太祖季年，大臣多犯威怒，玄伯獨無譴者，由於此也。

從上引，可以看出崔宏、崔浩父子兩代竭誠和拓跋氏合作的情形。崔宏或者是為了避免犯禁，小心謹慎地侍候著拓跋氏；至於崔浩的見重於太武，一方面是由於父親的餘蔭，另一方面卻以「恭勤不怠」取信於拓跋氏，獲得政治上的地位，來實現其世族政治的理想。

總上所述，崔浩處在一個異族政權下的特殊時期中，並具有一番濃厚的世族政治的理想，是非常明顯的。這種理想及其實際的措施，是否能夠為拓跋政權所容忍呢？設若不能，則這項理想，是否正好就是促成崔浩見誅之悲劇導發的原因呢？本文在下列二節中，即分別說明之。

二　崔浩世族政治的理想

崔浩以「恭勤不怠」取得拓跋政權的信任，已如上述。所以，從開始到最後，他和拓跋氏的關係都還算是相當親密。例如：太宗立世祖監國（為國副主），就是接納了崔浩的建議，並使浩奉策告宗廟。同時，在世祖監國，居正殿臨朝時，在左弼右輔的六個輔相是：長孫嵩、奚斤、安同、穆觀、丘堆和崔浩。除了崔浩以外，其餘五人都是代北大族。當時太宗雖然避居西宮，仍時常「隱而窺之，聽其決斷，大悅。」他對於崔浩的批評是「博聞彊識，精於天人之會。」[12]

在世祖即位後，雖然「左右忌浩正直，共排毀之。世祖雖知其能，不免群議，故出浩以公歸第。」但仍「及有疑議，召而問焉。」[13]同時，世祖和崔浩之間的關係也是非常好的，《魏書》卷三十五〈崔浩傳〉說：

---

[12] 以上併見《魏書》卷三十五〈崔浩傳〉。

[13] 同[12]。

世祖每幸浩第，多問以異事。或倉卒不及束帶，奉進蔬食，不暇精美。世祖為舉匕箸，或立嘗而旋。

由此可見崔浩受到世祖寵愛的情形。他和世祖之間不但有君臣之份，而且還有親密的友情在內，他可以出入世祖的臥室，這些全是由於崔浩的忠謹勤事而換來的。所以世祖對崔浩說：

卿才智淵博，事朕祖考，忠著三世，朕故延卿自近。其思盡規諫，匡予弼予，勿有隱懷。朕雖當時遷怒，若或不用，久久可不深思卿言也。⓮

世祖這一段話流露出濃厚的人情味，由此也可見世祖對於崔浩的倚重。關於這一點，還可從世祖在其他場合的言行看出他對崔浩是讚揚備至的。例如，《魏書》卷二十五〈長孫道生傳〉說：

世祖世，……帝命歌工歷頌群臣，曰：智如崔浩、廉如道生。

⓮ 同❷。

又，〈崔浩傳〉云：

（世祖）又召新降高車渠帥數百人，賜酒食於前。世祖指浩以示之，曰：汝曹視此人，尪纖懦弱，手不能彎弓持矛，其胷中所懷，乃踰於甲兵。朕始時雖有征討之意，而慮不自決，前後克捷，皆此人導吾令至此也。乃勑諸尚書曰：凡軍國大計，卿等所不能決，皆先諮浩，然後施行。

又同傳云：

平涼既平，其日宴會，世祖執浩手以示蒙遜使曰：所云崔公，此是也。才略之美，當今無比。朕行止必問，成敗決焉，若合符契，初無失矣。

清河崔氏是中原大族代表，崔宏、崔浩父子，更是清河崔氏的族望。陳寅恪《隋唐制度淵源略論稿》謂：「其議定刑律諸人之家世、學術、鄉里環境可以注意而略論之者，首為崔宏、浩父子，此二人乃北魏漢人士族代表及中原學術中心也。其家世所傳留者實漢及魏晉之舊物。」⓯崔浩是在拓跋氏統治下中原士族的代表，在他獲得拓跋氏帝王信任，與在政治上取得地位以後，便想進一步施展他的理想和抱負。

崔浩的政治理想，是建立一個以世族為中心的政治，它仍然是「漢及魏晉之舊物」，是以儒家思想為基礎的。《魏書》卷三十五〈崔浩傳〉云：

> 浩又上五寅元曆，表曰：太宗即位元年，勑臣解《急就章》、《孝經》、《論語》、《詩》、《尚書》、《春秋》、《禮記》、《周易》。三年成訖。……至今三十九年，……遂得周公、孔子之要術。

又，同書卷五十二〈張湛傳〉云：

> 司徒崔浩識（張湛）而禮之。浩注《易》，敘曰：國家西平河右，敦煌張湛、金城宗欽、武威段承根三人，皆儒者，並有儁才，見稱於西州。每與余論《易》，余以《左氏

⓯ 陳寅恪，《隋唐制度淵源略論稿》，《陳寅恪先生論集》（臺北：中央研究院歷史語言研究所，一九七一）。

傳》卦解之，遂相勸為注。故因退朝之餘暇，而為之解焉。

自西晉永嘉之亂以後，中原魏晉以降的文化遂轉移保存於涼州一隅，至北魏取涼州，而河西文化即輸入於魏，故此後拓跋政權在孝文、宣武兩代所制定的典章制度也深受其影響。⓰因此，河西文化也成為支持拓跋政權的重要文化基礎，它對於北魏政權能夠在不斷蛻變的外在環境中卓然獨立，有極大的貢獻。⓱上述張湛、宗欽、段承根三人都是繼承了河西文化傳統的儒者。故《通鑑》云：

> 涼州自張氏以來，號為多士。沮渠牧犍尤喜文學，以敦煌闞駰為姑臧太守，張湛為兵部尚書，劉昞、索敞、陰興為國師助教，金城宋欽⓲為世子洗馬，趙柔為金部郎，廣平程駿、駿從弟弘為世子侍講。魏主克涼州，皆禮而用之。⓳

⓰ 同⓯。

⓱ 參見本書〈北魏前期的文化與政治形態〉。

⓲ 《魏書》卷五十二作「宗欽」。

⓳ 司馬光（撰），胡三省（注），《通鑑注》卷一二三，「宋文帝元嘉十六年十二月壬午」條。

胡三省注云：「永嘉之亂，中州之人士避地河西，張氏禮而用之，子孫相承，衣冠不墜，故涼州號為多士。」⑳由此觀之，崔浩之所以特別接近張湛、宗欽、段承根等人，並與段承根及武威姑臧人陰仲達同修國史，㉑主要原因是他們可幫助崔浩共同實現世族政治的理想。同時，這些河西士人又因繼承了中原文化傳統，故亦受浩之重視。《北史》卷二十一〈崔宏傳〉云：

> 浩有鑒識，以人倫為己任。明元、太武之世，徵海內賢才，起自仄陋，及所得外國遠方名士，拔而用之，皆浩之由也。至於禮樂憲章，皆歸宗於浩。

由此可知，崔浩因為「以人倫為己任」，所以接近上述河西士人。又因為崔浩世族政治的理想是以儒家思想為基礎的，必須禮樂典章斐然，所以崔浩便要以自己為中心，引用士族協助他完成理想。

簡言之，維持門第的尊嚴和傳統文化的延續，可說是崔浩世族政治的兩個理想，也是他

---

⑳ 同⑲。

㉑ 《魏書》卷五十二〈陰仲達傳〉。

努力的目標和責任。因為經過五胡之亂，中原門第社會經過暴風雨的摧殘，其基礎已發生動搖；而中國的傳統文化經過邊疆異族的摧殘，也已花果飄零，因此上項理想遂成為崔浩自認不可逃避的責任。在這種理想的衝擊之下，崔浩更實際地利用他的門第、政治地位，來施展他的抱負。

崔浩推動他的世族理想之步驟，主要還是配合上述兩項目標而進行的。譬如：他利用其影響力量，鼓勵拓跋政權引用大批中原世族，就和維持門第尊嚴及傳統文化延續有關。神䴥四年（西元四三一年）九月世祖特進左光祿大夫崔浩為司徒，並下詔徵盧玄、崔綽等世族，可能就是由於崔浩的建議，同時這件詔書更可能出於崔浩的手筆：

> 頃逆命縱逸，方夏未寧，戎車屢駕，不遑休息。今二寇摧殄，士馬無為，方將偃武脩文，遵太平之化，理廢職，舉逸民，拔起幽窮，延登儁乂，昧旦思求，想遇師輔，雖殷宗之夢板築，罔以加也。訪諸有司，咸稱范陽盧玄、博陵崔綽、趙郡李靈、河間邢穎、渤海高允、廣平游雅、太原張偉等，皆賢儁之胄，冠冕州邦，有羽儀之用。……㉒

㉒《魏書》卷四〈世祖紀〉。

於是，拓跋政權「遂徵玄等及州郡所遣，至者數百人，皆差次敘用。」㉓次年（延和元年，西元四三二年）十二月又下詔曰：

朕除偽平暴，征討累年，思得英賢，緝熙治道，故詔州郡搜揚隱逸，進舉賢俊。……自今以後，各令鄉閭推舉，守宰但宣朕虛心求賢之意。……其明宣敕，咸使聞知。㉔

另外，在《魏書》卷四十八〈高允傳〉收錄允所作〈徵士頌〉，載有范陽盧玄等四十二人受詔，而就命者則有三十五人。茲依郡望列受詔並就命者如下：

范陽　盧玄、祖邁、祖侃

博陵　崔綽、許堪、崔建

廣寧　燕崇、常陟

京兆　杜銓、韋閬

㉓ 同㉒。

㉔ 同㉒。

趙郡	李詵、李靈、李遐、呂李才
渤海	高毗、李欽、高濟、高允
太原	張偉
中山	劉策、張綱、郎苗
常山	許琛
西河	宋宣、宋愔
燕郡	劉遐
河間	邢穎
鴈門	李熙、王道雅、閔弼
廣平	游雅
長樂	潘天符、杜熙
上谷	張誕、侯辯

於是東至渤海、北極上谷、西盡西河、南窮中山，在北魏勢力所達到的中原大族，都網羅在內。同時〈高允傳〉又說：「初，崔浩薦冀、定、相、幽、并五州之士數十人，各起家郡守。

恭宗謂浩曰：『先召之人，亦州郡選也，在職已久，勤勞未答。今可先補前召外任郡縣，以新召者為郎吏。又守令宰民，宜使更事者。』浩固爭而遣之。」由此可見崔浩是想用河西的「漢及魏晉之舊物」，與中原的世家大族聯合起來，建立一個以世族為中心的政治體系。崔浩也盡量利用他的政治地位，來培植他的政治勢力，以實現他以世族為中心的政治理想。然而，由於中原大族投入北魏政權人數激增，遂構成為一股足以和代北大族分庭抗禮的力量，也因而引起了代北大族和中原大族在政治上的衝突。

由於在政治上的衝突，形成了代北大族和中原世族兩個對立的政治集團。中原世族以崔浩為首，代北大族則以太子晃（恭宗）為中心，不過，此處仍應注意到拓跋氏對待中原士人的態度。（詳下節）一般說來，中原士人參與北魏政權者，可分為二種類型，一為「世族」或「門閥」或「貴族」，他們多半屬於前述以崔浩為首的中原世族集團；另一為「寒門」，多和拓跋氏合作。㉕或有以政爭來解釋崔浩之死，㉖亦渙然可通，也的確是解釋「國史之獄」的一個重要關鍵。因為如果太子晃也有理想的話，那麼這兩種不同的政治勢力，必然會發生衝突。這種衝突並非單純的，它有著複雜的釀成因素和發生的背景。

㉕ 參看：宮川尚志，《六朝史研究》（政治、社會篇）（東京：學術振興會，一九五六，一九六七）。

㉖ 牟潤孫師，〈崔浩與其政敵〉，《輔仁學誌》十卷一、二期合刊。

當崔浩要「齊整人倫，分明姓族」的時候，浩之外弟范陽盧玄就曾經勸他說：「樂為此者，詎幾人也？宜其三思。」㉗《魏書》稱浩「當時雖無異言，竟不納，浩敗頗亦由此。」㉘換言之，盧玄是認為在當時要「分明姓族」的時機還沒成熟。因為崔浩的「分明姓族」，是要釐定漢人的士庶之別，並藉此來提高漢人的政治地位，並有抑制鮮卑人的作用在內。從政治上看，這些留在北方的中原世族，雖然卑躬屈事於入侵的異族，但從社會地位上看，他們的自尊心並沒有消逝㉙。中原世族對於那些「非我族類」的鮮卑新貴，及其以馬背為生的生活方式，以草原文化為主的文化內涵，在內心裡是相當輕視的，自然也不會以高門相許。《魏書》卷四十〈陸俟傳〉：

> 叡……襲爵撫軍大將軍、平原王。……娶東徐州刺史博陵崔鑒女，鑒謂所親云：平原王才度不惡，但恨其姓名殊為重複。時高祖未改其姓。

㉗《魏書》卷四十七〈盧玄傳〉。

㉘同㉗。

㉙參看：周一良，〈北朝的民族問題與民族政策〉，《魏晉南北朝史論集》。

陸叡原姓名為伏鹿姑賀鹿渾，本代郡陸氏（本姓步六孤）。其姓名未改前，較當時漢人姓名通作二字者多三倍，故崔鑒「恨其姓名殊為重複」，[30]言外之意也有輕視代北大族之意。《北齊書》卷二十三〈崔㥄傳〉說：「㥄每以籍地自矜，謂盧元明曰：『天下盛門，唯我與爾，博崔、趙李，何事者哉！』崔暹聞而銜之。」崔㥄是清河崔氏，他所看不起的「博崔」就是博陵崔氏。《魏書》卷二十一上〈高陽王傳〉也說：「（博陵）崔氏，世號東崔，地寒望劣。」[31]由此可見，崔氏亦有清河崔與博陵崔之別，在清河崔看來博陵崔也正是「地寒望劣」的。崔鑒是博陵崔，對於鮮卑人尚且意含輕蔑，何況自詡為中原世族首領的清河崔浩？

崔浩對於代北大族的輕蔑態度，可從很多方面看出。例如，浩批評代人長孫嵩「有治國之用，無進取之能。」[32]換言之，浩是瞧不起長孫嵩的；而長孫嵩在浩讚美王慧龍的齇鼻時，也大為不悅，並向世祖進言浩是「訕鄙國化」。[33]很明顯的，以崔浩為首的中原世族與代北大族之間，是有許多衝突的，這些衝突的因素很多，可能含有政治利益、政治理想、社會地位、

---

[30] 姚薇元，《北朝胡姓考》。

[31] 《魏書》卷二十一上〈高陽王傳〉。

[32] 同[2]。

[33] 《魏書》卷三十八〈王慧龍傳〉。

經濟利害、民族因素或文化成份在內。王伊同氏謂：「(長孫) 嵩、(崔) 浩各為胡漢領袖，世祖時，浩為冀州中正，嵩為司州中正，各樹黨羽，積不相能。」[34]亦已指明若干現象。

三 從政治衝突論崔浩之死

既然崔浩對代北大族和中原小族卑視，於是他們就結合而成為一個團體，以太子晃為中心，在政治上和崔浩抗衡。這個集團的主要人物，包括劉潔、穆壽、長孫嵩、李順等人。他們往往和中原世族集團發生衝突，使得崔浩推行政策的時候，受到許多阻礙。例如，《魏書》卷二十八〈劉潔傳〉說：

> 潔朝夕在樞密，深見委任，……時議伐蠕蠕，潔意不欲，言於世祖曰：虜非有邑居，遷徙無常，前來出軍，無所擒獲，不如廣農積穀，以待其來。群臣皆從其議。世祖決行，乃問於崔浩，浩固言可伐。世祖從浩議。既出，與諸將期會鹿渾谷。而潔恨其計不用，欲沮諸將，乃矯詔更期，故諸將不至。時虜眾大亂，恭宗欲擊之，潔執不

[34] 王伊同，〈魏書崔浩傳箋註〉，《華岡學報》，第七期（一九七三）。

可，……（後魏軍出擊）師次漠中，糧盡，士卒多死。潔陰使人驚軍，勸世祖棄軍輕還，世祖不從。潔以軍行無功，奏歸罪於崔浩。世祖曰：諸將後期，及賊不擊，罪在諸將，豈在於浩。浩又言潔矯詔，事遂發。……潔……等，皆夷三族，死者百餘人。

這次衝突，崔浩雖無事，但亦可見其激烈程度。《魏書》卷四下〈恭宗紀〉說：

初，世祖之伐河西也，李順等咸言姑臧無水草，不可行師。恭宗有疑色。及車駕至姑臧，乃詔恭宗曰：姑臧城東西門外涌泉合於城北，其大如河。自餘溝渠流入澤中，其間乃無燥地。澤草茂盛，可供大軍數年。人之多言，亦可惡也。……

在這次涼州水草的爭論中，顯示出這兩個集團衝突的尖銳化，李順在衝突中是犧牲者，崔浩雖勝，但在八年以後崔浩見誅，世祖又有前後言行不一之處，正可見雙方互相構陷、衝突之激烈。《魏書》卷三十六〈李順傳〉說：

（李順）進號安西將軍。寵待彌厚，政之巨細無所不參。崔浩惡之。……（太延）五年（西元四三九年），議征涼州，順議以涼州乏水草，不宜遠征。與崔浩庭諍。浩固執以為宜征。世祖從浩議。及至姑臧，甚豐水草。世祖與恭宗書（即上引〈恭宗紀〉）以言其事，頗銜順。……涼土既平，詔順差次群臣，賜以爵位。順頗受納，品第不平。涼州人徐桀發其事。浩又毀之，云……其詐如此，幾誤國事。不忠若是，反言臣讒之陛下。世祖大怒，真君三年（西元四四二年）遂刑順於城西。……及浩之誅，世祖怒甚，謂（順從父弟）孝伯曰：卿從兄往雖誤國，朕意亦未便至此。由浩譖毀，朕忿遂盛。殺卿從兄者，浩也。

由上可知，在平姑臧事件上，崔浩和李順的意見不一樣，再由「庭諍」看來，其間之衝突必頗激烈。迨世祖平涼土之後，頒給太子晃的詔書言：「人之多言，亦可惡也。」可知太子晃也捲入了這次政爭的漩渦，李順也因此而死。關於這件事，《魏書》卷三十五〈崔浩傳〉還有一段記載：

初浩構害李順，基萌已成，夜夢秉火爇順寢室，火作而順死，浩與室家群立而觀之。俄而順弟息號哭而出，曰：此輩，吾賊也！……寤而惡之，以告館客馮景仁。景仁曰：

此真不善也，……公其圖之。浩曰：吾方思之，而不能悛。至是而族。

由上述，雖未足盡信，但也可以從此旁證出李順的死，是崔浩譖害的。這種政治上的衝突是斷斷續續地存在著，在世祖初即位時，崔浩就曾受到政治的壓力而一度下野。《魏書》卷三十五〈崔浩傳〉說：

世祖即位，左右忌浩正直，共排毀之。世祖雖知其能，不免群議，故出浩以公歸第。

時為始光元年（西元四二四年）。觀此可知崔浩所受到的政治壓力是相當大的，尤其是若干細族，更認為崔浩不公。例如，《魏書》卷四十六〈李訢傳〉說：

初，李靈為高宗博士、諮議，詔崔浩選中書學生器業優者為助教。浩舉其弟子箱子與盧度世、李敷三人應之。給事高讜子祐、尚書段霸兒姪等以為浩阿其親戚，言於恭宗。恭宗以浩為不平，聞之於世祖。

可見恭宗（太子晃）是浩敵對政治集團之首領。這種衝突的表面化，是自太平真君四年（西元四四三年）拓跋晃監國而開始的。本文第一節引《高僧傳》卷十一〈玄高傳〉稱拓跋燾率軍入涼州時，太子晃即事玄高為師。同傳又說：

時崔浩、寇天師先得寵於燾，恐晃纂承之日，奪其威柄。……（乃譖云）若不誅除，以為巨害。

崔浩譖太子有「謀心」，並進而非毀佛法，已詳前文。這件事雖然也表現出佛、道之間的矛盾，但主要的還是以崔浩為首的中原世族集團和以拓跋晃為首的代北大族集團之間，進行著激烈的政治衝突的結果。茲再詳述如下：《魏書》卷四下〈世祖紀〉云：

（太平真君）五年（西元四四四年）春正月壬寅，皇太子始總百揆，侍中、中書監、宜都王穆壽，司徒、東郡公崔浩，侍中、廣平公張黎，侍中、建興公古弼，輔太子以決庶政。

又，《南齊書》卷五十七〈魏虜傳〉稱：

宋元嘉中。偽太子晃與大臣崔氏（指浩）、寇氏（指謙之）不睦，崔、寇譖之。……佛狸（燾字）……下偽詔曰：王者大業，纂承為重，儲宮嗣紹，百王舊例。自今已往，事無巨細，必經太子，然後上聞。

在太子晃為監國的時候，崔浩是六個輔政之一。然而，《魏書》卷三十五〈崔浩傳〉卻又稱世祖在此時「勑諸尚書曰：凡軍國大計，卿等所不能決，皆先諮浩，然後施行。」可見政令不能統一，因此崔浩和太子晃之間為了「事無巨細」的決行之權問題勢必發生衝突，這種在政治上的磨擦，可說是釀成以後崔浩「國史之獄」的一個重要因素。

崔浩因修史而致禍的說法，是值得商榷的；如果把「國史之獄」用政治衝突來解釋，或許更接近史實。《史通》卷十七〈雜說篇〉（中）說：「崔浩諂事狄君，曲為邪說，稱拓跋之祖，本李陵之胄。當時眾議抵斥，事遂不行。」劉子玄認為崔浩是「諂事」拓跋政權，恐不盡然；（詳下）但子玄謂「當時眾議抵斥，事遂不行。」當時指以太子晃為首的代北大族集團的「眾議」。《魏書》卷三十五〈崔浩傳〉說崔浩寫國史的情形是：「浩盡述國事，備而不典。而石銘顯在衢路，往來行者咸以為言，事遂聞發。」又《北史》卷二十一〈崔宏傳〉謂：「浩書國事備而不典，而石銘顯在衢路，北人咸悉忿毒，相與構浩於帝。帝大怒，……誅浩。」由此可以發現崔浩在鮮卑國史內的確有侮辱到代北大族的地方，因此被崔浩的政敵，引為打擊崔浩的工具。於是「清河崔氏無遠近，范陽盧氏、太原郭氏、河東柳氏，皆浩之姻親，盡夷其族。」㉟雖然，與浩同宗盡誅，但崔模、崔賾二家卻獲免；相反的，「其秘書郎吏已下盡死」。㊱案：《魏書》卷五十二〈段承根傳〉說：「浩誅，承根與宗欽等俱死。」同卷〈張湛傳〉云：「湛至京師，家貧不粒，操尚無虧，浩常給其衣食。每歲贈浩詩頌，浩常報答。及浩被誅，湛懼，悉燒之。」此處可與前文所述崔浩世族政治理想是以儒家思想為基礎一點，相互印證；也可看出浩引進一批河西儒者的用意了。

政治衝突的最後結果，便是流血和屠殺。崔浩之死，株連甚廣，中原一流的世家大族和一些儒者都被牽連在內。不過，在這次事件中，也有人置身度外，例如高允。高允曾任中書侍郎領著作郎，也是太子晃的東宮老師，曾與崔浩述成國記。在崔浩見誅時，允因為太子晃

㉟《魏書》卷三十五〈崔浩傳〉。又司馬光，《通鑑》卷一二五「文帝元嘉二十七年六月己亥」條作：「詔誅清河崔氏與浩同宗者無遠近，及浩姻家范陽盧氏、太原郭氏、河東柳氏，並夷其族。」

㊱同❷。

的力保而得免。高允在浩事發後曾對世祖說：

> 浩之所坐，若更有餘釁，非臣敢知。直以犯觸，罪不至死。……浩以蓬蒿之才，荷棟梁之重，在朝無謇諤之節，退私無委蛇之稱，私欲沒其公廉，愛憎蔽其直理，此浩之責也。至於書朝廷起居之跡，言國家得失之事，此亦為史之大體，未為多違。㊲

高允這一段話說明崔浩修史不至於死，他的死，當為「更有餘釁」。又從允稱浩「私欲沒其公廉，愛憎蔽其直理」，也可說明崔浩為實現他的世族政治理想，不得不培植他的政治勢力。換言之，他不得不抑制代北大族，而提高中原大族的政治地位。這正是崔浩「齊整人倫，分明姓族」及「以人倫為己任」的目的。當然，這種「士大夫故非天子所命」的態度，是以太子晃為首的代北大族所不能忍受的。這些起於漠原的新貴們，他們不能承認與尊敬「世族」的社會傳統，於是崔浩與其他的中原世族便因此而得罪，「國史」不過是引起這件政治衝突的導火線。

崔浩死後，中原世族集團與代北大族集團之間的矛盾還是存在，直到孝文帝時，才尋到

㊲《魏書》卷四十八〈高允傳〉。

徹底解決的辦法，他的遷都洛陽與漢化，雖然也有其他政治、軍事、經濟等各方面的意義，但是想解決與融合代北大族與中原世族之間的衝突，實為最重要的目的之一。[38]

結語

崔浩事件的發生，是北魏初期許多複雜問題的全盤暴露和總結。這個事件，由於《魏書》之記載含糊不清，而引起後人揣測。本文的目的，是透過崔浩世族政治的理想，檢討其與拓跋政權是否牴觸，並試論崔浩的死因。

無疑地，崔浩是一個典型的中國知識份子，他對傳統文化有廣泛的興趣和熱忱，對門第社會也懷有濃厚的感情。所有這些都可以從他注釋及熟讀經書，對高門大族如太原王氏的尊敬，對寒素之士如崔模等之輕視而看出。

崔浩是中原世族，在拓跋政權之下，他也擁有一個世族政治的理想，這個理想最積極的一種表現，就是「齊整人倫」和「分明姓族」，這個工作的目的是要辨別士庶，劃分清濁之界限，並想以中國文化傳統配合北魏的現實政治力量，發揚以世族為中心的政治。

---

[38] 參看本書〈北魏孝文帝遷都與其家庭悲劇〉。

崔浩的世族理想，是以儒家思想為基礎的。為了要達成這種理想，必須禮樂典章斐然，因此崔浩便以自己為中心，引用中原世族及若干儒者來協助他完成理想。在這種情況下，崔浩也就很自然地運用他的政治地位，來培植他的政治勢力。更由於中原大族投入北魏政權的人數日增，遂構成一股龐大勢力。於是，以崔浩為首的中原世族集團就和以太子晃為首的代北大族集團，發生了激烈的政治衝突。

在政治衝突的過程中，上述兩個集團的互相排擠與自固，是非常值得注意的。崔浩對於代北集團內的人物，如劉潔、長孫嵩、李順等人，盡力施以打擊，也正顯示了政治衝突是相當激烈的。而崔浩也受到不少的政治壓力，並曾一度下野。因此，從上面的論述看來，崔浩因修史而致禍的說法，是值得商榷的。因為崔浩之死，株連甚廣，中原大族幾皆受到牽連，可見與政治衝突的關係較為密切，「國史」不過是一個導火線罷了。

《崔氏食經》的歷史與文化意義

前言

《隋書》卷三十四〈經籍志・子部・醫方類〉條下，有《崔氏食經》四卷，不著撰人。兩《唐書》〈經籍志〉、〈藝文志〉作《食經》九卷，崔浩撰。崔浩在北魏太武帝時代，因推行他的世族政治理想，引發的南北政治鬥爭中被殺，株連甚廣，包括了他的家庭與支持者，這是魏晉南北朝史中有名的「國史之獄」。

《崔氏食經》在唐以後軼散，但北魏賈思勰的《齊民要術》中，保存了部份《食經》的材料，《魏書・崔浩傳》又記載了《食經》完整的序文。透過這些材料，可以發現《崔氏食經》，不單純是一部烹調之作，其中更反映了當時中原世家大族的生活與經濟情況，及崔浩個人的政治與文化理想。因此，透過對《崔氏食經》的探索，或者可以對近代學者關於崔浩之死的討論，提供另一種解釋。

《崔氏食經》的作者崔浩，於北魏太武帝真君十一年（西元四五〇年）六月被殺。並且株連了他的宗族姻戚和追隨者數百人，同遭殺戮。罪名是「盡述國事，備而不典」❶，這是中國歷史上著名的「國史之獄」。但由於《魏書》對這次大獄的記載，語焉不詳，言多淆混，引起過去與現代史學家，對這個因文化接觸引起的殘酷政治問題，進行各方面的探索，似已得到接近性的結論。❷

崔浩是北魏前期重要的政治人物與學術領袖，有許多關於儒家經典注釋和史學著作。在這許多著作中竟有一部食經。而且這部《崔氏食經》，也是中國目錄文獻記載中，最早的一部關於飲食烹調著作。崔浩的許多重要著作都已亡佚。但《崔氏食經》卻因賈思勰《齊民要術》引用，意外地保留了豐富的資料。從這些留下的資料中發現，崔浩在領導學術研究和日理萬機之餘，竟有餘閒暇關心飲食細事。的確使人感到非常有趣，同時也是值得探討的問題。本文分別從一、《崔氏食經》與崔浩《食經》，二、《齊民要術》與《崔氏食經》，三、《崔氏食

❶ 《魏書》卷三十五〈崔浩傳〉。

❷ 崔浩之死因，歷來爭議頗多。另見本書〈崔浩世族政治的理想〉。

經》與胡漢雜糅的文化形態等三項，討論《崔氏食經》的歷史與文化意義。

一　《崔氏食經》與崔浩《食經》

元韓奕《易牙遺意》序說：「自放生戒殺之教盛於六代，人主日舉蔬食，士大夫亦有蟹蛤自給，是時食經乃多至百餘卷。」❸所謂六朝的食經「乃多至百餘卷」，《隋書》卷三十四〈經籍志・子部・醫方類〉有《崔氏食經》四卷，又《食經》四卷，梁又有《食經》二十卷。新舊《唐書》〈經籍志〉、〈藝文志〉，先後也著錄了《食經》九卷，崔浩撰。又《淮南王食經》一百二十卷。這些飲食書籍都是以食經為名的❹，可能就是韓奕所謂的六代食經。

---

❸ 韓奕，《易牙遺意》（中國古籍叢刊），中國商業出版社，一九八四，北京。

❹ 六朝飲食書籍除上述尚有《食饌次第》一卷，《四時御食經》一卷，《太官食經》五卷，《太官食法》二十卷，又《食法》，《雜酒食要方》，《白酒並作物法》十二卷，《家政方》十二卷，《食圖》、《四時酒要方》、《白酒方》、《七日麵酒法》、《雜酒食要法》、《雜藏釀法》、《雜酒食要法酒並飲食方》、《鮭及鐺蟹方》、《羹臛法》、《䱒膢朐法》、《北方生醬法》各一卷，亡，並不著撰人。案《四時御食經》即《魏武四時食制》，《文選》、《初學記》、《太平御覽》凡十四引。多為魚類品種與產地，或與魏武

《隋書》卷三十四〈經籍志〉著錄的六朝食經，到唐以後大部份已經佚亡，祇有首載的《崔氏食經》四卷，兩《唐書》〈經籍志〉、〈藝文志〉作九卷，崔浩撰，《通志》卷六十六〈藝文略〉有崔浩《食經》四卷。崔浩曾撰《食經》，《魏書》卷三十五〈崔浩傳〉載其《食經》自序，說撰《食經》九篇。所以，六朝時代的食經著作，在唐以後大多佚亡，但崔浩所撰的《食經》還是存在的。問題是《隋書》卷三十四〈經籍志〉著錄的《崔氏食經》四卷，是否即是兩《唐書》〈經籍志〉、〈藝文志〉所載的崔浩《食經》九卷，該是首先要討論的問題。

北魏高陽太守賈思勰編撰的《齊民要術》，前後引用《食經》的資料三十七種。計：

藏蘘荷法、種名果法、作乾棗法、蜀中藏梅法、藏乾栗法、藏柿法、藏木瓜法、淡竹筍法、作白醪酒法、七月七日作法酒方、作麥醬法、作大豆千歲苦酒法、作豉法、橘蒜齏、作芥醬法、作蒲鮓法、作芋子酸臛法、蓴羹、蒸熊法、脠鮓法、白菹、作跳丸炙法、啗炙、作犬牒法、作餅酵法、粟黍法、作麵飯法、作葵菹法、藏瓜法、藏越瓜法、藏梅瓜法、樂安令徐肅藏瓜法、藏蕨法、作飴法、藏菰法、藏薑法、藏楊梅法。❺

嗜魚有關。自《食圖》以下各書，姚振宗《隋書經籍志考證》謂似即《家政方》之篇目。

❺ 朱祖延《北魏佚書考》輯《齊民要術》引《食經》遺文三十七條，見氏著書，中州古籍出版社，一

《齊民要術》引用上述《食經》的資料，並沒有標示作者的姓名❻。後來《北堂書鈔》、《太平御覽》、王楨的《農書》、徐光啟的《農政全書》，分別引用了一些《食經》的資料，也都沒有說出作者是誰。不過，由於唐段公路《北戶錄》卷二〈食目〉說：「案南朝食品中有奧肉法，又有䏰腊前消法、啗炙、糟肉、範炙、純魚蒸、白瀹肫法、蜜純煎魚、臉臘、下淡、蓴白魚蟬……《經》云跳丸炙。」這些食品的名目，和《齊民要術》所載略同，所謂《經》云即是《食經》，故有人認為《食經》兼有南北口味和南北方物產、南方的味道特別濃重，而推論《食經》出自南人手筆❼。

的確，《齊民要術》所引《食經》與《食次》，及《齊民要術》本身所載的飲食資料，存在著某些南方的味道，但不是主要的。《齊民要術》的作者賈思勰，曾任北魏高陽太守，或謂他是北魏齊郡益都人❽。北魏的高陽郡與齊郡，都在現在的山東境。《齊民要術》是一部記載

九八五。篠田統，《中國食物史の研究》，〈中世食經考〉同。

❻ 篠田統，〈中世食經考〉認為《齊民要術》引《食經》不著作者姓名，因賈思勰為北魏高陽太守，崔浩為北魏逆臣，故不舉名，或是。但《齊民要術》引《食次》亦不著作者姓名，不知何故。

❼ 繆啟愉，《齊民要術校釋》卷八〈羹臛法〉第七十六注作此論（農業出版社，一九八二，北京）。

❽ 張廉明，〈賈思勰家世考〉（《中國烹飪》，一九八八年第一期）。

黃河中下游農業生產與技術的書。以這個地區的農畜漁牧產品製造的食品，南方味道特別濃重，於情於理都說不過去的。

《太平御覽》卷八五六引盧諶《祭法》謂「秋祠有菹消」。但沒有記載菹消的製作方法。《齊民要術》卷八〈菹綠〉第七十九下，有菹消的製作方法：

> 菹消法：用豬肉、羊、鹿肥者，䪥葉細切，熬之，與鹽、豉汁。細切菜菹葉，細如小蟲絲，長至五寸，下肉裹。多與菹汁令酢。

又《太平御覽》卷八五九引盧湛（諶）《祭法》謂「四時皆用肺饌」。也沒有製作方法。《齊民要術》卷八〈羹臛法〉第七十六下，載肺饌的製作方法：

> 肺饌法：羊肺一具，煮令熟，細切。別作羊肉臛，以粳米二合，生薑煮之。

盧諶《祭法》，《晉書》卷四十四〈盧欽傳〉說他「撰祭法傳於世」，《隋書》卷三十二〈經籍志・經部・禮類〉著錄了梁有《雜祭法》六卷，《新唐書》卷五十八〈藝文志・儀注類〉也有盧諶《雜祭法》六卷。《魏書》卷三十五〈崔浩傳〉：

> 浩著〈食經敘〉曰：余自少及長，耳目聞見，諸母諸姑所修婦功，無不蘊習酒食。朝夕養舅姑，四時祭祀，雖有功力，不任僮使，常手自親焉。昔遭喪亂，飢饉仍臻，饘蔬餬口，不能具其物用，十餘年間不復備設。先妣慮久廢忘，後生無知見，而少不習業書，乃占授為九篇，文辭約舉，婉而成章，聰辯強記，皆此類也。

所以，崔浩所撰《食經》主要資料來源，是由他母親口述，崔浩筆錄而成的。清河崔氏與范陽盧氏，是中原一流世家大族，當時世家大族的婚姻，講究的是門當戶對，清河崔氏與范陽盧氏世代聯姻。崔浩的母親盧氏，即「諶孫也」❾。當時世家大族由婦人主持中饋，也就是崔浩〈食經敘〉所謂「諸母諸姑所修婦功，無不蘊習酒食」。因此，盧氏家族的飲食習慣，出現在崔氏家族之中，是不足為奇的事。而且崔浩《食經》自敘也說其中一些食品，來自祭祀的供品，盧諶《祭法》中四時祭祀的菜餚，經過崔浩母親盧氏的口述，記載在崔浩的《食經》裡，也是非常可能的。上引盧諶《祭法》中的菹消，並謂「《食經》有此法也」。所謂《食

❾ 同❶。

經》，指的就是崔浩的《食經》。同時也說明北魏後期賈思勰《齊民要術》所引《食經》，即北魏前期崔浩所撰的《食經》，這部《食經》並不是出自南人的手筆。

《隋書》卷三十四〈經籍志〉與兩《唐書》〈經籍志〉、〈藝文志〉，所著錄的《崔氏食經》與崔浩撰《食經》，應該同是一書。至於一作四卷，一作九卷，卷帙有所不同，則一是以篇為卷，一是合併而言❿。事實上《崔氏食經》流傳至賈思勰之時，已有不同的抄本。《齊民要術》卷八〈蒸缹法〉第七十七引《食經》：

> 蒸熊法：取三升肉，熊一頭，淨治，煮令不能半熟，以豉清漬之一宿。生秫米二升，勿近水，淨拭，以豉汁濃者二升漬米，令色黃赤，炊作飯。以蔥白長三寸一升，細切薑、橘皮各二升，鹽三合，合和之，著甑中蒸之，取熟。蒸羊、肫、鵝、鴨，悉如此。一本：用豬膏三升，豉汁一升，合灑之。用橘皮一升。

所謂「一本」，是另一種抄本。也就是在賈思勰編撰《齊民要術》時，所用的《崔氏食經》，至少已有兩種不同的抄本，而烹調的方法也略有不同。食經或食譜一類的著作，流傳時最易

❿ 姚振宗，《隋書經籍志考證》。

相互仿襲，而又因時因地的不同，材料取製的差異，製作與烹飪的方法也有所改變。

《齊民要術》卷八〈蒸缹法〉第七十七：

作懸肉法：豬肉十斤，去皮，切臠。蔥白一升，生薑五合，橘皮二葉，秫米三升，豉汁五合，調味。若蒸七斗米頃下。

《北堂書鈔》卷一四五引《食經》作懸熟，則謂「以豬肉和米三升，豉五升，調味而蒸之，七升米下之。」其烹調法已與《齊民要術》所載製法略有不同。又《北堂書鈔》卷一四五引《食經》有「交趾丸炙法」，其製法「丸如彈丸，作臛，乃下丸炙煮之。」「交趾丸炙法」，顯然由《崔氏食經》的「跳丸炙」演變而來。《齊民要術》卷九〈炙法〉第八十引《食經》：

作跳丸炙法：羊肉十斤，豬肉十斤，縷切之，生薑三升，橘皮五葉，藏瓜（瓜菹也）二升，蔥白五升，合擣，令如彈丸。別以五斤羊肉作臛，乃下丸炙煮之。

所以，《北堂書鈔》所引《食經》的「懸熟」與「交趾丸炙法」，都出自《崔氏食經》。由此可知隋唐以後，南北混同，《崔氏食經》流傳的範圍很廣，甚至遠至嶺南交趾，其製作方法也因地域的不同有所改變。同時也反映了自東晉以後南北對峙，江左江右的飲食習慣，像當時的文化學術一樣，雖偶有交流卻各自發展。隋唐統一南北以後，南北的飲食習慣也有混同的傾向，發展到後來，甚至於不知其漂流了。所以段公路的《北戶錄》，才將源於《崔氏食經》跳丸炙的交趾丸炙法，視為「南朝食品」。

《齊民要術》所引用的《崔氏食經》，是最接近崔浩原著的飲食資料。這些飲食資料並非來自南方，實際反映了當時中原地區的飲食習慣與生活情況。上述《齊民要術》前後引《崔氏食經》三十七條，實際遠超過此數。因為《齊民要術》所引《崔氏食經》，有數條同時也見於《太平御覽》，如「種各果法」、「藏楊梅法」、「藏薑法」，所載略同。又《太平御覽》卷八六一引《食經》，「有豬蹄酸羹法、胡羹法、雞羹法、笋篙鴨羹法」，僅敘名目，沒有製法。又《太平御覽》同卷引《食經》，「有芋子酢臛法」，亦無製法。「芋子酢臛法」，《齊民要術》作「芋子酸臛法」，《齊民要術》卷八〈羹臛法〉第七十六引《食經》：

作芋子酸臛法：豬羊肉各一斤，水一斗，煮令熟。成治芋子一升——別蒸之——蔥白一升，著肉中合煮，使熟。粳米三合，鹽一合，豉汁一升，苦酒五合，口調其味，生薑十兩。得臛一斗。

此條引《食經》之後，《齊民要術》又列有作鴨臛法、作胡羹法、作胡麻羹法、作瓠葉羹法、作雞羹法、作筍箬鴨羹法，皆不言出自《食經》。但由上述《太平御覽》所引，知這些羹臛的製法，都出自《崔氏食經》。《齊民要術》引書的體例，往往是首引著書名，然後下引數條引自同書，不更著名，其先後引《食經》與《食次》敘述烹調方法，大都如此。如是則蒸缹法引《食經》蒸熊法後，有蒸肫法、缹豬肉法、缹豚法、缹鵝法、胡炮肉法、蒸羊法、懸熟法；以及〈脏、腤、煎、消法〉第七十八引《食經》脏鮓法後，又有五侯脏法、純脏魚法、腤雞、腤白肉、腤豬法、腤魚法、蜜純煎魚法、勒鴨消、鴨煎法等等，即出《崔氏食經》，再加上酒醬製作，餅飯的煮飪等等，《齊民要術》前後引用《崔氏食經》的材料，在百條以上。

綜合以上所述，《隋書》卷三十四〈經籍志〉著錄的《崔氏食經》，即兩《唐書》〈經籍志〉、〈藝文志〉的崔浩《食經》，《齊民要術》所引的《食經》，就是《崔氏食經》。而且《齊民要術》保存了《崔氏食經》豐富的材料。以這些材料與《魏書》卷三十五〈崔浩傳〉中的〈食經敘〉結合起來，這部見於中國目錄書記載最古老食經原來面目，似乎可以復原了。

二 《齊民要術》與《崔氏食經》

《隋書》卷三十四〈經籍志・子部・農家類〉有《齊民要術》十卷。魏高陽太守賈思勰撰。賈思勰的生平不詳。《齊民要術》所謂的「齊民」，《史記》卷三十八〈平準書〉謂「齊民無藏蓋」，又謂「世家子弟富人或鬥雞走狗馬，弋獵博戲，亂齊民。」齊民，晉灼曰：「中國被教整齊之人也。」如淳曰：「齊等無有貴賤，故謂之齊民。若今言『平民』矣。」所以，齊民可以解為中國的平民。所以，《齊民要術》是一部記載當時山東一帶，包括黃河流域中下游，農業技術與人民生活情況的一部著作。

《齊民要術》是一部總結自漢以來《氾勝之書》，崔寔《四民月令》的一部農書。書前有賈思勰的自序，節錄了自古以來諸家論稼穡農事要言。特別是漢以來，黃霸、任延、王景、皇甫隆、茨充、杜畿等地方官吏，教民耕作及改革農業技術的施政的資料。所以，《齊民要術》可能是賈思勰為高陽太守時，教民務農桑，民得以免於飢寒的治民資料，而編纂成的一部書。賈思勰在其自序最後說：

今採捃經傳，爰及歌謠，詢之老成，驗之行事，起自耕農，終於醯、醢，資生之業，靡不畢書，號曰《齊民要術》。凡九十二篇，束為十卷。卷首皆有目錄，於文雖煩，尋覽差易。其有五穀、果、蓏非中國所殖者，存其名目而已；種蒔之法，蓋無聞焉。捨本逐末，賢哲所非，日富歲貧，飢寒之漸，故商賈之事，闕而不錄。花草之流，可以悅目，徒有春花，而無秋實，匹諸浮偽，蓋不足存。

以上為賈思勰自序其書的體例與篇目的編排，以及對材料的採摭與取捨。所謂「捨本逐末，日富歲貧」的商賈之事闕而不錄。而「徒有春花，而無秋實」的花草之流，無補人民的生計，也不在編輯之列。由此可以了解《齊民要術》以實用為目的，基礎根植於中國傳統的民本思想。所謂民本思想，也就是人民以務農為本。務農為本的目的，為了解決人民食的問題。所以《漢書・藝文志・農家》小序說：「播百穀，勸農桑，以足衣食，故八政一曰食，二曰貨。孔子曰『所重民食』。所謂「八政以食為先，食者萬物之始，人所本也。」所以，作為一個君主，民食是首先要解決的問題。

所謂「知天之天者，王事可成；不知天之天者，王事不可成。王者以民人為天，而民人以食為天[11]」正是這種思想的具體表現。孝文帝遷都洛陽以後，也特別重視這個問題。太和二十年七月丁亥詔：「京民始業，農桑為本」。又太和二十年五月丙子詔曰：「農惟政首，稷實民先，澍雨豐洽，所宜敦勵。⓬」所以，解決民食問題，是代表天子治理人民的地方官吏的首要任務。高陽太守賈思勰的《齊民要術》，「起自耕農，終於醯、醢」，正是這種思想具體的實踐。

「起自耕農，終於醯、醢」，是取得民食的過程，《齊民要術》目次的編排就是這個過程的發展，前六卷是農作物及農業副產品的培育，包括糧食、菜蔬、瓜果、竹樹、桑麻的種植與栽培，家禽、家畜及池魚的飼養。後四卷則是食物的貯藏、加工與製作。第七卷第六十三是食物的儲藏技術。第六十四至六十七是麴與酒的培養與釀造。第八卷第六十八、六十九是鹽的淨化。第七十至七十二是豉、醋的製作。第七十三至第九卷第八十一，則是各種菜餚的烹飪方法，其中包括了八和齏，作魚鮓法，作脯腊法，作羹臛法，蒸缹法，胚腤煎消法，菹綠法，炙法，脺奧糟苞法。第九卷第八十二至八十七，則是主食的製作方法，包括餅法，糉糧法，煮糗法，醴酪，飧飯，素食。第八十八是菹、藏生菜法。第八十九是餳餔的作法。第九十至九十一是煮膠及筆墨的製作法。最後第十卷載五穀、果蓏、菜茹非中國所有者，也就

⓫《史記》卷九十七〈酈生陸賈列傳〉。

⓬《魏書》卷七下〈高祖紀下〉。

是非當時北魏地區所能生產者。

從以上《齊民要術》所列的卷目，反映了當時黃河中下游的中原地區，自給自足的農業社會經濟形態。這種社會經濟形態，正是《顏氏家訓》卷一〈治家篇〉所敘述的情況：

> 生民之本，要當稼穡而食，桑麻以衣。蔬果之畜，園場之所產；雞豚之善，塒圈之所生。爰及棟宇器械，樵蘇脂燭，莫非種殖之物也。至能守其業者，閉門而為生之具以足，但家無鹽井耳。

在這種社會經濟形態下，除了食鹽之外，一切無須外求，「閉門而為生之具以足」。《齊民要術》正提供了這樣一個社會生活條件，而且內容非常豐富。除了飲食之外，還包括治陶、造酒、伐木、製造家具、煮膠等工藝製作，並且文化生活的筆墨製造。在這種內容豐富的生活條件支持下，出現醬、菹、齏、鮓、羹、臛、蒸、缹、瀹、炒、炙、脺、奧、䐑、煎、拌、炸、醉、糟、蜜、燒、凍等等，多采多姿的烹調技術⑬。

《齊民要術》所提供的生活條件，不僅反映了當時農村社會自給自足的自然經濟形態，

---

⑬ 邱龐同，〈讀齊民要術第八、第九卷〉，《中國烹飪》編輯部編《烹飪史話》，一九八六，北京。

同時也表現了永嘉風暴後，黃河流域特殊的歷史環境。自永嘉風暴後，黃河流域戎狄盜賊交侵，政治社會秩序徹底破壞，中原士民避走他鄉。有北託慕容氏政權的，有西走涼州的，有南渡江左的。但還有大批不能背井離鄉遠走他方的，大都糾合宗親鄉黨，屯聚塢堡據險而守。以逃避戎狄盜賊的侵擾。蘇峻糾合數千家，結堡本縣。田疇入徐無山，營深險敞平地，躬耕以養父母，數年間來聚者五千餘家。郗鑒與千餘家，俱避於魯國嶧山中等等，他們為了求生存據險築堡自守，不僅躬耕自給，武裝自保，並且為了維持塢堡內部的團結安定，形成一系列自我約束的規範，在黃河流域動亂中，成為一個自給自足，自治自衛的社會單位。

這些在動亂中原地區的塢堡，為了解決生存與生活問題，「必居山勢險峻之區人跡難通之地無疑，蓋非此不足以阻胡馬之陵軼，盜賊之寇抄也。凡聚眾據險者因欲久支歲月及給養能自足之故，必擇險阻而又可以耕種及有山泉之地。其具備此二者之地必為山頂平原，及溪澗水源之地，此又自然之理也⓮。」中原地區人民據險築堡自守，必擇山險水源之處。但塢堡築於險阻之處，受自然環境的影響，耕地有限，必須在有限的土地上，積極生產大量的穀物、菜蔬、桑麻，解決塢堡避難者的衣食問題。這些作物的種植，分佈在塢堡四周，由於地少人多，必須改變耕作的制度與耕作的技術。

⓮ 陳寅恪，〈桃花記旁證〉，《金明館叢稿初編》，古籍出版社，一九八〇，上海。

《齊民要術・雜說篇》謂「凡人家營田，須量己力，寧可少好，不可多惡。」及「觀其地勢，乾濕得所，禾秋收了，先耕蕎麥地，次耕餘地。務遣深細，不得趁多。」這是對小面積土地的精耕深種。然後施肥：「凡田地中有良有薄者，即須加糞糞之。」播種：「看地宜納粟：先種黑地、微帶下地，即種糙種，然後種高壤白地。其白地，候寒食後榆莢盛時納種。以次種大豆、油麻等田。」選苗：「山田種強苗，以避風霜；深田種好苗，以求華實也。」瓜菜：「如去城郭近，務須多種瓜、菜、茄子等，且得供家。」等等。雖然賈思勰的《齊民要術》總結了漢以來北方農業技術的發展，但在某種程度上，卻反映了永嘉風暴後，黃河流域塢堡農業經濟的特色。所以，賈勰說他的《齊民要術》，「起自耕農，終於醯、醢」，完全是自己生產自己製作，一切無須外求，正是魏晉南北朝時期，塢堡自然經濟的社會形態表現。

和《齊民要術》相比，《崔氏食經》表現了當時另一種歷史現象。《齊民要術》引用了眾多《崔氏食經》的飲食資料，事實上，在當時還有較《崔氏食經》更精緻豪華的菜餚資料。《南齊書》卷三十七〈虞悰傳〉：

> 悰善為滋味，和齊皆有方法。豫章王嶷盛饌享賓，謂悰曰：今日肴羞，寧有遺不？悰曰：恨無黃頷臛，何曾《食疏》所載也。

知何曾有《食疏》傳世。《晉書》卷三十三〈何曾傳〉說他「食日萬錢，猶曰無下箸處。」何曾之子何劭更甚於其父，「食必盡四方珍異，一日之供以錢二萬為限。」西晉開國豪門巨卿，奢侈相競，王濟較何氏父子尤甚。王濟妻華陰公主是晉武帝之女。晉武帝幸王濟宅，《世說新語》卷三十〈汰侈〉稱其供饌：「並用瑠璃器。……蒸㹠肥美，異於常味。帝怪而問之，答曰：『以人乳飲㹠。』」這種豪門的烹調方法，是有食譜或食單流傳下來的。虞悰自己就有飲食方。《南齊書》卷三十七〈虞悰傳〉：

> 武帝幸芳林園就悰求味，悰獻粣及雜肴數十輿，太官鼎味不及也。上就悰求諸飲食方，悰祕不出。上醉後體不快，悰乃獻醒酒鯖酢一方而已。

豪門之食，甚於太官，當然不是一般普通百姓可以嘗試的。但《崔氏食經》裡的飲食菜餚，卻是當時中原地區士民日常的飲食，這是《齊民要術》引用《崔氏食經》的原因。從《齊民要術》引用的《崔氏食經》看來，《崔氏食經》對食品的製作，往往數量都很多，如作跳丸炙用羊肉十斤，豬肉十斤，另以五斤羊肉作臛，作大牒用大肉三十斤，作白餅用麵一石等等，又反映了當時黃河流域士民四下逃散，其留在中原地區的，一部份築堡據險自守。另一部份則在動亂中流徙，從一個邊疆政權過渡到另一個邊疆政權。崔浩的曾外祖父盧諶就是這樣。《晉書》卷四十四〈盧欽傳〉：

> 字子諒，……後州舉秀才，辟太尉掾。洛陽沒，隨（父）志北依劉琨，與志俱為劉粲所虜。粲據晉陽，留諶為參軍。琨收散卒，引猗盧騎還攻粲。粲敗走，諶得赴琨，先父母兄弟在平陽者，悉為劉聰所害。琨為司空，以諶為主簿，轉從事中郎。……諶流離世故且二十載。石季龍破遼西，復為季龍所得，以為中書侍郎、國子祭酒、侍中、中書監。屬冉閔誅石氏，諶隨閔軍，于襄國遇害，時年六十七，是歲永和六年也。諶名家子，早有聲譽，才高行潔，為一時所推。值中原喪亂，與清河崔悅、潁川荀綽、河東裴憲、北地傅暢並淪陷非所，雖俱顯于石氏，恆以為辱。諶每謂諸子曰：吾身沒之後，但稱晉司空從事中郎爾。

盧諶與崔悅、荀綽、裴憲、傅暢都是中原著名的士族，並淪陷非所。清河崔悅即崔浩的曾祖。《魏書》卷二十四〈崔玄伯傳〉：

祖悅，仕石虎，官至司徒左長史、關內侯。父潛，仕慕容暐，為黃門侍郎，並有才學之稱。玄伯少有儁才，號曰冀州神童。苻融牧冀州，虛心禮敬，拜陽平公侍郎，領冀州從事，管征東記室。出總庶事，入為賓友，眾務修理，處斷無滯。苻堅聞而奇之，徵為太子舍人，辭以母疾不就，左遷著作佐郎。苻丕牧冀州，為征東功曹。……堅亡，避難於齊魯之間，為丁零翟釗及司馬昌明叛將張願所留縶。……慕容垂以為吏部郎、尚書左丞、高陽內史。……太祖征慕容寶，次於常山，玄伯棄郡，東走海濱。太祖素聞其名，遣騎追求，執送於軍門。

崔玄伯是崔浩的父親，入魏前曾先後仕於前燕、苻秦、後燕。其流徙於五胡政權的經歷一如其父祖，先後仕於前燕、苻秦與後燕。這些世家子弟在五胡政權流轉，並不是隻身飄零，都是舉家流徙的，《魏書》卷二十四〈崔玄伯傳〉：

太祖幸鄴，歷問故事於玄伯，應對若流，太祖善之。及車駕還京師，次於恒嶺。太祖親登山頂，撫慰新民，適遇玄伯扶老母登嶺，太祖嘉之，賜以牛米。

所謂「新民」，是北魏新征服地區的人民。這些新被征服的人民，隨軍流徙，都是舉族而遷，崔玄伯扶母登嶺，即是一例。所以，這批中原士族，在動亂中流離失所，從一個邊疆政權，過渡到另一個邊疆政權，在征服者的羽翼下苟延殘喘，唯一的目的就是如何在動亂中，保存自己和家族親黨的生命，因而在不斷的流徙中，形成一種危亡相攜，患難共濟的心態。《魏書》卷四十八〈高允傳〉：

> 顯祖平青齊，徙其族望於代。時諸仕人流移遠至，率皆飢寒。徙人之中，多允姻媾，皆徒步造門。允散財竭產，以相贍賑，慰問周至。

事實上，高允的經濟並不寬裕，當時北魏的百官都沒有俸祿，高允「常使諸子樵采自給」，而他自己的生活不過「草屋數間，布被縕袍，廚中鹽菜而已。」但仍散財竭產贍賑姻親。至於情況較好的楊氏家族，《魏書》卷五十八〈楊播傳〉載其誡子孫曰：

> 我家入魏之始，即為上客，給田宅，賜奴婢、馬牛羊，遂成富室。自爾至今二十年。……親姻知故，吉凶之際，必厚加贈襚；來往賓僚，必以酒肉飲食。是故親姻朋

友無憾焉。

楊氏家族對親姻知故厚加贈遺，盧度世更惠及中表。《魏書》卷四十七〈盧玄傳〉：

度世，李氏之甥。其為濟州也，國家初平升城。無鹽房崇吉母傅氏，度世繼外祖母兄之子婦也。兗州刺史申纂妻賈氏，崇吉之姑女也，皆亡破軍途，老病憔悴。而度世推計中表，致其恭恤。每覲見傅氏，跪問起居，隨時奉送衣被食物，亦存賑賈氏，供其服膳。青州既陷，諸崔墜落，多所收贖。

在動亂中姻戚相攜，同族共居，因而形成北方世族「重同姓」的習慣。《宋書》卷四十六〈王懿傳〉說：「北土重同姓，謂之骨肉，有遠來相投者，無不竭力營贍，若不止者，以為不義。」所以，《顏氏家訓》卷二〈風操篇〉說：

凡宗親世數，有從父，有從祖，有族祖。江南風俗。自茲已往，高秩者，通呼為尊，同昭穆者，雖百世猶稱兄弟；若對他人稱之，皆云族人。河北士人，雖三二十世，猶呼為從伯從叔。

河北士人「雖三二十世，猶呼為從伯從叔」，這是北方世族累世同居的結果。《魏書》卷五十八〈楊播傳〉：

一家之內，男女百口，緦服共爨，庭無間言。

傳稱「魏世以來，唯有盧淵兄弟及播昆季，當世莫逮焉。」《魏書》卷四十七〈盧玄傳〉：

淵、昶等並循父風，遠親疏屬，敘為尊行，長者莫不畢拜致敬。閨門之禮，為世所推。謙退簡約，不與世競。父母亡，然同居共財，自祖至孫，家內百口。在洛時有飢年，無以自贍，然尊卑怡穆，豐儉同之。親從昆弟，常旦省謁諸父，出坐別室，至暮乃入。

北方世族累世聚族而居，家族之中財產共有是一個很重要的條件。《魏書》卷五十七〈崔挺傳〉：

三世同居，門有禮讓。於後頻值飢年，家始分析，挺與弟振推讓田宅舊資，惟守墓田而已。……（子）孝芬兄弟孝義慈厚，……孝暐等奉孝芬盡恭順之禮，坐食進退，孝芬不命則不敢也。雞鳴而起，旦參顏色，一錢尺帛，不入私房，吉凶有須，聚對分給。諸婦亦相親愛，有無共之。

「一錢尺帛，不入私房」，有無共之是北方世家大族生活的一個特色。但累族共居，一家百餘口，除了有無共之外，同爨共灶也是北方世族的一個特色。家族之中共同飲食，更是維繫北方世族累世同居的一個原因。《魏書》卷七十一〈裴叔業傳〉：

（叔業兄子）植雖自州送祿奉母及贍諸弟，而各別資財，同居異爨，一門數竈，蓋亦染江南之俗也。

「同居異爨，一門數竈」是江南之俗，中原的世族則是同炊共食的。《魏書》卷五十八〈楊播傳〉具體說明了這種現象，其戒子孫曰：「吾兄弟，若在家，必同盤而食，若有近行，不至，必待其還，亦有過中不食，忍飢相待。」傳稱：

> 椿、津恭謙，與人言，自稱名字。兄弟旦則聚於廳堂，終日相對，未曾入內。有一美味，不集不食。廳堂間，往往幃幔隔障，為寢息之所，時就休偃，還共談笑。椿年老，曾他處醉歸，津扶侍還室，仍假寐閤前，承候安否。椿、津年近六十，並登臺鼎，而津嘗旦暮參問，子姪羅列階下，椿不命坐，津不敢坐。椿每近出，或日斜不至，津不先飯，椿還，然後共食。食則津親授匙箸，味皆先嘗，椿命食，然後食。

一族之中共同飲食，食口眾多，這是《崔氏食經》食品製作數量多的原因。家族的飲食由家族中婦女主持，所以，崔浩〈食經敘〉說：「諸母諸姑所修婦功，無不蘊習酒食。」所謂「婦功」也就是《顏氏家訓》卷一〈治家篇〉說的「婦主中饋，惟事酒食衣服之禮耳。」也就是婦女在家族主持日常事務。這些日常事務主要的就是衣食。崔浩著有《女儀》（現已不存）。《太平御覽》引見一條：「近古婦人常以冬至日，上履襪於舅姑，踐長至之義也。」⑮反映當時婦女在家族中侍奉翁姑衣履情形，其中應有關於飲食的記載，《崔氏食經》其中一個作用就是「朝夕養舅姑」，《崔氏食經》由崔浩母親盧氏口述，就是盧氏主持崔氏家族飲食經

⑮《初學記》卷四：「後魏北京司徒崔浩《女儀》曰：『近古婦常以冬至日進履襪於舅姑』，無『踐長至之義』。」

驗的累積。

中原士族於動亂中流徙，形成危亡相攜，患難相濟的心理，因而出現了和江南不同的社會形態，那就是家族同居，更因同居共財，同爨共灶得以持久維繫，另一個維持中原世族累世同居的原因，則是世代相傳的家教。所謂家風，自魏晉門第社會形成後，門第之中上自父兄，下至弟子有兩個共同的願望，一則希望門第中人具有孝友的德行，在家族中和睦相處，一則希望能有經史文學的修養，前者是家風，後者是家學，二者合併而言則為家教⑯。尤其和睦相處的家風，是維持門第社會不墜的一個重要的因素。所以，魏晉南北朝時期家訓、家誡之作非常盛行。這種家訓、家誡之作在家族中經久以後，形成一種道德規範，最後成為家族成員奉行率守的禮法。這些家族成員奉行的禮法，是以儒家道德規範為基礎，結合了家族生活的實際情況形成的。所以，《顏氏家訓》卷二〈風操篇〉說：

> 吾觀《禮經》，聖人之教：箕帚匕箸，咳唾唯諾，執燭沃盥，皆有節文，亦為至矣。但既殘缺，非復全書；其有所不載，及世事變改者，學達君子，自為節度，相承行之，

⑯ 錢穆師，〈略論魏晉南北朝學術文化與門第之關係〉，見《中國學術思想史論叢》㈢，東大，一九七七，臺北。

故世號士大夫風操。而家門頗有不同，所見互稱長短；然其阡陌，亦自可知。

在家族之中對生者以家風約束規範，對死者則以祭祀表示崇敬。祭祀家族共同的先人，不僅慎終追遠，更是維繫家族成員向心力的重要環節，這也是魏晉門第社會特別重視喪禮的原因。各個家族也有不同的祭法，《隋書》卷三十二〈經籍志〉有王肅《祭法》五卷、盧諶《雜祭法》六卷、范汪《祭典》三卷，《太平御覽》又引繆襲《祭儀》，徐暢《祭記》等，《唐書》卷五十八〈藝文志〉有崔浩《婚儀祭儀》二卷。祭法或祭典和家訓、家誡一樣，在當時也是非常普遍的。祭法或祭典除了記載祭祀的儀式，並且詳細記載祭祀所用的供品。這些供品最普遍的是食物，多是死者生前所嗜食的。《南史》卷十一〈后妃傳〉：

永明九年，詔太廟四時祭，宣皇帝薦起麵餅鴨臛，孝皇后薦筍鴨卵脯醬炙白肉，高皇帝薦肉膾葅羹，昭皇后薦茗粣炙魚，並生平所嗜也。

祭祀時的供饗，不僅是受祭者生前所嗜，而且四時不同。繆襲《祭儀》所謂「夏祀以蒸餅」。「夏祀調和羹，芼以葵。秋祀羹以蔥。春祀和羹，芼以韭。」徐暢《祭記》則謂「五月麥熟，薦新作起漱白餅」。范汪《祠制》，於「仲夏薦杏酪，角黍絆；孟冬不鹹菹」⑰。不同季節用不同的菜果。盧諶《祭法》有較多祭祀時的供饗記載：四時皆用饊、㬅頭、餳餅、體牢丸。春秋冬祠皆用棗，春夏秋皆用𩞄血、䶫，夏祠用乳餅，秋祠用菹消，冬祠用荊餳等等。

如前所述，盧諶《祭法》中某些供饗，同時也出現在《崔氏食經》之中，也就是《崔氏食經》有些菜餚是祭祀時的供饗。《齊民要術》卷八〈脏法〉第七十八引《食經》：

> 純脏魚法：一名缹魚。用鱝魚。治腹裡，去鰓不去鱗。以鹹豉、蔥、薑、橘皮、酢，細切，合煮。沸，乃渾下魚。蔥白渾用。——又云：下魚中煮。沸，與豉汁、渾蔥白。將熟，下酢。又云：切生薑令長。——奠時，蔥在上。大，奠一；小，奠二。若大魚，成治准此。

又同卷引《食經》：

> 鯉魚臛：用大者。鱗治，方寸，厚五分。煮，和，如鱧臛。與全米糝。奠時，去米粒，

⑰ 以上諸條分見《食經》、《太平御覽》卷八六〇、八六一、八五八、八五六飲食部。

半奠。若過半奠，不合法也。

上引《食經》出現與烹調無關的「奠時」或「半奠」等字眼，同時也出現在其他食品製作之中。同卷引《食經》：

損腎……奠，亦用八。薑、韲，別奠隨之也。

臉臘………細切血，將奠與之——早與血則變。大可增米奠。

爛熟：爛熟肉，……臨用，寫臛中和奠。

奠是祭祀時用的供品，中國古代祭祀和宴饗是分不開的，祭祀後的食品在宴饗中食用。所以，《崔氏食經》中許多食品，是由祭祀時的奠供品轉變來的。這也是盧諶《祭法》中的許多祭品，又出現在《崔氏食經》裡的原因。這些食品的製作不論選材、刀工都比較一般食品精細，甚至在上碟時也有一定的規定。這些菜餚如崔浩在〈食經敘〉所說是為「四時祭祀」之用的。

《齊民要術》反映了永嘉後，黃河流域中下游社會經濟情況。《崔氏食經》則表現了這個時期，流徙在中原地區的生活情況，透過這兩種著作，可能對這個時期動盪的歷史，得到某種程度的了解。

三 《崔氏食經》與胡漢雜糅的文化形態

《齊民要術》卷十為「五穀、果蓏、菜茹非中國物產者」。所謂非中國物產者，也就是當時北魏統治區域不能生產的作物與果蔬。共列一百四十七種，多出自江南。這些作物與果蔬由於氣候或土壤的關係，不宜在北方種植。《齊民要術》卷三〈種薑〉第二十七：

> 中國土不宜薑，僅可存活，勢不滋息。種者，聊擬藥物小小耳。

薑產於江南溫濕地區，北方氣候寒冷而乾燥，不宜種植。《齊民要術》卷十〈廉薑〉條引《吳錄》：「始安多廉薑。」始安郡，三國吳置，故治在廣西桂林。《崔氏食經》有許多菜餚用薑調味，或由江南輸入。《齊民要術》卷十引《食經》：

藏薑法：蜜煮烏梅，去滓，以漬廉薑，再三宿，色黃赤如琥珀。多年不壞。

又《齊民要術》同卷引《食經》：

藏楊梅法：擇佳完者一石，以鹽一升淹之。鹽入肉中，仍出，曝令乾熇。取杬皮二斤，煮取汁漬之，不加蜜漬。梅色如初，美好，可堪數歲。

又《齊民要術》卷五〈種竹〉第五十一引《食經》：

淡竹筍法：取筍肉五六寸者，按鹽中一宿，出，拭鹽令盡。煮糜一斗，分五升與一升鹽相和。糜熟，須令冷，內竹筍醎糜中一日。拭之，內淡糜中，五日，可食也。

薑、楊梅、筍都是江南產物，此方得之不易，以不同的方法加工貯藏，可以長久食用。《崔氏食經》主要的資料，來自崔浩母親盧氏。但其中也有崔浩得自其他的材料。如安樂令徐肅藏瓜法、朗陵何公夏封清酒法、蜀中藏瓜法等等。因此，南方的飲食資料與烹調方法，也出現在《崔氏食經》之中。最使人感到興趣的，便是蓴羹一味。《齊民要術》卷八〈羹臛法〉引《食經》：

蓴羹：魚長兩寸，唯蓴不切。鱧魚，冷水入蓴；白魚，冷水入蓴，沸入魚。與鹹豉。又云：魚長三寸，廣二寸半。又云：蓴細擇，以湯沙之。中破鱧魚，邪截令薄，准廣二寸，橫盡也，魚半體。煮三沸，渾下蓴。與豉汁、漬鹽。

上述三種不同的調蓴羹之法，製法各有不同，顯然來自三個不同的來源，其第一種謂「唯蓴不切」。事實蓴菜是無法用刀切的。最後一種製法，所謂「蓴細擇，以湯沙之」，沙即汋之意，或沙是煠的借音字，今江南的菜仍謂水中一沙。其製法與今相似。這種蓴羹製法或傳自江左。崔浩不加選擇，三種蓴羹之法並列，可能他本人並不知蓴羹如何烹調。

在《食經》「蓴羹」條前，還有「食膾魚蓴羹法」一味，不知出自《食經》，還是《齊民要術》的原文：

芼羹之菜，蓴為第一。四月蓴生，莖而未葉，名作「雉尾蓴」，第一肥美。葉舒長足，名曰「絲蓴」。五月六月用絲蓴。入七月，盡九月十月內，不中食，蓴有蝸蟲著故也。蟲甚微細，與蓴一體，不可識別，食之損人。十月，水凍蟲死，蓴還可食。進十月盡至三月，皆食「瓌蓴」。瓌蓴者，根上頭、絲蓴下茇也。絲蓴既死，上有根茇，形似珊瑚，一寸許肥滑處任用；深取即苦澀。

又說：

凡絲蓴，陂池種者，色黃肥好，直淨洗則用；野取，色青，須別鐺中熱湯暫煠之，然後用，不煠則苦澀。絲蓴、瓌蓴，悉長用不切。

至於蓴羹的製法：

魚、蓴等並冷水下。若無蓴者，春中可用蕪菁英，秋夏可用畦菘、蕪菁葉，冬用薺葉以芼之。蕪菁等宜待沸，接去上沫，然後下之。皆少著，不用多，多則失羹味。乾蕪菁無味，不中用。豉汁於別鐺中湯煮一沸，漉出滓，澄而用之。勿以杓抳，抳則羹濁——過不清。煮豉但作新琥珀色而已，勿令過黑，黑則鹼苦。唯蓴芼而不得著蔥、䪥及米糝、菹、醋等。蓴尤不宜鹹。羹熟即下清冷水，大率羹一斗，用水一升，多則加之，益羹清雋甜美。下菜、豉、鹽，悉不得攪，攪則魚蓴碎，令羹濁而不能好。

《齊民要術》卷六〈養魚〉第六十一下附種蓴法：

近陂湖者，可於湖中種之；近流水者，可決水為池種之。以深淺為候，水深則莖肥而葉少，水淺則葉多而莖瘦。蓴性易生，一種永得，宜淨潔，不耐污，糞穢入池即死矣。種一斗餘許，足以供用也。

這是古代文獻中，對蓴菜的種植、生產的季節、採取與食用的方法，最詳細的記載。但這些資料可能來自江南，因為北方地理環境不宜於種蓴。雖然，賈思勰認為「芼羹之菜，蓴為第一」，但北方在沒蓴菜的情況下，祇有不同季節產生的嫩青菜代替，而且烹調的方法也不同，當然不是張翰「鱸膾蓴羹」之味了。

「蓴羹」，自張翰以後，成為魏晉南北朝時期的「雅食」。《晉書》卷九十二〈文苑・張翰傳〉稱翰為吳郡張儼之子，與會稽賀循並入洛陽。傳稱：

> 齊王冏辟為大司馬東曹掾。……翰因見秋風起，乃思吳中菰菜、蓴羹、鱸魚膾，曰：人生貴得適志，何能羈宦數千里以要名爵乎！遂命駕而歸。

張翰命駕而歸，另有政治的原因。但他的秋風起，而有鱸蓴之思，都是非常瀟灑的。後來成為思念故鄉的代名詞，並且進入詩詞之中。但張翰所思的蓴與鱸產於吳中，非洛陽所出。自來蓴羹就是江南飲食的象徵。《晉書》卷五十四〈陸機傳〉：

> 入洛，……嘗詣侍中王濟，濟指羊酪謂機曰：卿吳中何以敵此？答云：千里蓴羹，未下鹽豉。

乳酪和蓴羹成為南北食品不同類型的象徵，蓴產於江南，這種「葉大如手，赤圓有肥者著手中，滑不得停。莖大如匕柄，葉可以生食，又可鬻，滑美」的水生植物，江南人謂之蓴[18]。卻在北方飲食中出現，是非常有趣的事。這也說明《齊民要術》或《崔氏食經》中，的確有南方的飲食資料存在。對這些食品都無法實際製作，因為北方沒有這種材料。當然，某些南方的食品材料在北方可以生產。如澤蒜，《齊民要術》卷三〈種蒜〉第十九：「澤蒜可以香食，吳人調鼎，率多用此，根葉解菹，更勝葱、韭。」北方雖然有野生的澤蒜，但不如「種者美味」，故《要術》有種澤蒜法，可能是從南方引進的。而且將南方的調味方法，應用於北方的烹飪之中。

南方和北方的地理環境不同，產生的飲食資料也不相同，因而形成不同的飲食習慣，雖然不同的飲食習慣可以互相交流，但自永嘉風暴後南北對峙情勢逐漸形成，使南北飲食交流的機會減少，但卻沒有完全中斷。往往透過使節的往來，邊境間的關市的貿易，以及通過「邊荒」地區的間道走私，維繫著南北飲食的交流⑲。《南史》卷二十八〈褚裕之傳〉：

> 時淮北屬，江南無復鰒魚，或有間關至者，一枚直數千錢。有人餉彥回鰒魚三十枚，彥回時雖貴，而貧薄過甚，門生有獻計賣之，云可得十萬錢。

⑱《詩經・魯頌・泮水》孔疏。

⑲見本書〈北魏與南朝對峙期間的外交關係〉。又拙作，《魏晉史學及其他》〈何處是桃源〉。又拙作，《且做神州袖手人》。

即為一例，《齊民要術》與《崔氏食經》中的南方口味或南方飲食資料，可能是在這種情形下獲得的。不過，這些南味或南方飲食資料，在北方的飲食生活中衹是一種點綴，並不足以轉變北方的飲食習慣。在當時的中原地區，和當時的政治文化形態一樣，至少有兩種主要的飲食習慣同時並存，一種是拓跋氏統治者的飲食習慣，一種是中原地區原有的飲食習慣。

雖然，拓跋氏部族進入長城，和農業文化的漢民族接觸以後，其原來草原文化的遊牧形態開始轉變，並且有計劃地從事農業生產。雖然農業生產的範圍擴大，但拓跋氏部族遊牧經濟的畜牧事業，並沒有因此衰退，仍然是國家收入的主要部份，稅收還是以牛馬頭數為計算單位，對外征討俘虜品的賜賞，仍以畜產為單位。所以，他們的生活習慣，仍然是「食畜肉，飲其汁，衣其皮」，至於飲食，還是漢烏孫公主歌所謂「以肉為食，酪為漿」⑳。肉是羊肉，酪漿以羊乳製成。這種「以肉為食，酪為漿」的飲食習慣，甚至在孝文帝拓跋宏遷都洛陽、勵行華化以後，仍然沒有改變。《洛陽伽藍記》卷三：

（王）肅初入國，不食羊肉及酪漿等物，常飯鯽魚羹，渴飲茗汁。……經數年已後，肅與高祖殿會，食羊肉酪粥甚多。高祖怪之，謂肅曰：卿中國之味也，羊肉何如魚羹？

---

⑳ 見本書〈北魏前期的文化與政治形態〉。

茗飲何如酪漿？肅對曰：羊者是陸產之最，……唯茗不中，與酪作奴。

王肅是於太和十七年，從南方投奔北魏的，是孝文帝遷都洛陽的時間，經數年，正是孝文帝勵行華化之時，包括禁胡服、斷北語、改姓氏，並且通過中原士族通婚，泯滅華夷的界限。似乎企圖完全放棄自己原有的文化傳統，融於漢文化之中。但孝文帝拓跋宏本人卻仍堅持其原有的飲食習慣。

羊肉與乳酪是拓跋氏原有的飲食習慣，臨淮王元孚被阿那瓌拘留，每日供給他的給養，就是「酪一升，肉一段」㉑。長孫嵩隨太武帝伐蠕蠕，校獵陰山，曾建議太武帝「多殺禽獸，皮肉筋骨，以供軍實。」㉒魚羹和茗汁、羊肉和乳酪，是南北不同的飲食習慣。《世說新語》卷三十五〈排調〉：

陸太尉詣王丞相，王公食以酪。陸還遂病。明日與王牋云：昨食酪小過，通夜委頓。民雖吳人，幾為傖鬼。

㉑《魏書》卷十八〈臨淮王傳〉。

㉒《魏書》卷二十五〈長孫嵩傳〉。

傖鬼、傖人是吳人對北方人的稱呼。不僅說明南北飲食習慣不同，而且南人是不習慣飲乳酪的。王肅對孝文帝之言，不知是阿諛之辭，還是北來數年後已經習慣北方的飲食。不過，有一點卻是可以肯定的，雖然孝文帝傾心中原文化，但仍然維持草原生活的習慣。同時也反映出他所推行的華化，政治的目的超越了他個人的文化理想。

雖然，在拓跋氏統治者的宮廷之中，偶爾也會品嘗南方的食品。《魏書》卷四十三〈毛脩之傳〉：

> 脩之能為南人飲食，手自煎調，多所適意。世祖親待之，進太官尚書，……常在太官，主進御膳。

毛脩之善為南人飲食，得到太武帝拓跋燾的歡心，而主進御食。〈毛脩之傳〉又說崔浩認為他是「中國舊門，雖學不博洽，而猶涉獵書傳，每推重之，與共論說。」案《南史》卷十六〈毛脩之傳〉：

> 脩之在洛，敬事嵩高道士寇謙之。謙之為魏太武帝信敬，營護之，故不死。脩之嘗為

羊羹薦魏尚書（崔浩），尚書以為絕味，獻之太武，大悅，以為太官令。

由是知毛脩之是由崔浩薦於太武帝的，其所獲太武帝歡心的南方飲食是羊羹。羊羹應是北味。《魏書》卷八十六〈孝感・趙琰傳〉：

嘗送子應冀州娉室，從者於路偶得一羊，行三十里而琰知之，令送於本處。又過路傍，主人設羊羹，琰訪知盜殺，卒辭不食。

毛脩之所調治的羊羹，或即《崔氏食經》中的「胡羹」。《齊民要術》卷八〈羹臛法〉第七十六引《食經》：

胡羹法：用羊脇六斤，又肉四斤，水四升，煮；出脇，切之。蔥頭一升，胡荽一兩，安石榴汁數合，口調其味。

名胡羹，應是草原民族的食品，安石榴即石榴。案《齊民要術》卷七〈笨麴餅酒法〉，即以乾薑，胡椒擣粉，好美安石榴壓汁，置於酒中。胡羹所用的安石榴汁數合，或即用安石榴壓汁。毛脩之所治的羊羹，或即以此為基礎，而以南方的烹調手法製成，才能獲得太武帝拓跋燾的欣賞。

據《魏書》前後負責宮廷飲食的，有閹者成軌、趙黑，他們分別是上谷與涼州人。上谷與涼州，都處於草原和農業文化的過渡地帶。這個地區的人，生活在兩種文化之間，對草原文化的生活方式沒有隔閡的困難，能適應兩種不同文化的生活習慣[23]，由於他們熟悉兩種不同文化的飲食習慣，所以可以主持宮中的御食。孝文帝遷都洛陽時，成軌即「從駕南征，專進御食」。另一個主持孝文帝御食的是侯剛。《魏書》卷九十三〈恩倖・侯剛傳〉：

> 字乾之，河南洛陽人，其先代人也。本出寒微，少以善於鼎俎，進飪出入。久之，拜中散，累遷冗從僕射、嘗食典御。世宗以其質直，賜名剛焉。……詔曰：太和之季，蟻寇侵疆，先皇於不豫之中，命師出討。……剛於違和之中，辛勤行飪。追遠錄誠，宜先推敘。其以剛為右衛大將軍。

[23] 同[20]。

傳稱侯剛「自太和進食，遂為典御，歷兩都、三帝、二太后，將三十年。」侯剛主持宮中飲食近三十年。侯剛後改籍洛陽，其先是代人。案《魏書》卷一一三〈官氏志〉：「胡古口引氏，後改為侯氏。」侯剛是拓跋部族的部氏㉔，他的烹調技術當然是胡味。他卻是孝文帝飲食的主要負責人，傳稱「高祖不豫，常居禁中，晝夜無懈」地侍候飲食。由此可知孝文帝對其原有的傳統飲食是非常堅持的。

雖然，拓跋氏統治者堅持自己的飲食傳統，但在宮廷之內，應是百味雜陳，也有中原甚至南方的飲食存在。這些中原或南方的飲食技術，則由因罪沒入宮的婦女，帶進拓跋氏的宮廷。按〈傳母王遺女墓誌〉：

> （因夫）與刺史競功亢衡，互相陵壓，以斯難躓，遂入宮焉。……顯祖文明太皇太后擢知御膳。至高祖幽皇后，見其出處益明，轉當御細，達世宗順后，善其宰調酸甜，滋味允中，又進嘗食監。㉕

㉔ 姚薇元，《北朝胡姓考》，頁八七，內篇第三「內入諸姓」侯氏條下。

㉕ 趙萬里，《漢魏六朝墓誌遺文集釋》，圖版三五—三六。

又〈宮第一品張安姬墓誌〉：

> 諱字安姬，兗東平人也。故兗州刺史張基之孫。濟南太守張愭之女。年十三，因遭羅難，家戮沒宮。年廿，蒙除御食監。[26]

知御膳、御細、嘗食監、御食監等負責宮中飲食的女官，其品序不見於魏晉〈后妃傳〉及〈官氏志〉。張安姬墓誌說她是「兗東平人也。故兗州刺史張基之孫。濟南太守張愭之女。」魏之濟南郡隸濟州，即劉宋之冀州，皇興三年更名。案《魏書》卷六〈顯祖紀〉：「（皇興元年正月）劉彧青州刺史沈文秀、冀州刺史崔道固並遣使請舉州內屬。」誌稱張安姬卒於正光二年，享年六十五歲，逆推至皇興初，其與入宮之年十三歲略合。至於王遺女，誌稱其為勃海陽信人，她們來自江左或中原地區。因罪沒入宮廷之後，負責宮中的飲食事業，使中原或江南的飲食習慣，進入拓跋氏的宮廷之中。不過這些中原或江南的飲食，並不能影響或轉變拓跋氏宮廷原有的傳統飲食習慣。

不過，在孝文帝遷都洛陽勵行華化後，這批追隨孝文帝從平城到洛陽的拓跋氏部民，遠

---

[26] 同[25]，圖版三三—三四。

離了他們北方的文化中心，受到更多中原農業文化與生活習慣的影響，逐漸轉變了他們的飲食習慣。另一方面，孝文帝強制中原士族和代北大族通婚，企圖以政治力量突破魏晉以來世家大族累世婚姻的鎖鍊，藉此提高代北大族的社會地位。這些中原士族之女下嫁代北家族之後，不僅將中原文化帶進拓跋氏部民的家族之中，同時也將中原的飲食習慣與烹調技術傳入這些家族之中㉗，漸漸改變了他們的生活與飲食習慣。

農業和草原文化是兩種不同的類型，基本表現在衣食方面。所謂「人食畜肉，飲其汁，衣其皮」，表現了草原文化的特質，「力耕桑以求衣食」，是農業文化的生活習慣。在兩種不同文化接觸過程中，首先相互影響的是生活方式。在生活方式中最具體的是飲食習慣，飲食習慣是一種文化的特質。所謂文化特質，是一種附著文化類型枝椏上的文化叢中，最小但卻是最強固的基本單位，而且是不易被同化或融合的㉘。即使強制兩種不同類型文化相互間的模仿，但經過雜糅以後，仍然保持原來的狀態，而且是容易分辨的㉙。這種情況最具體表現在飲食習慣方面。因為兩種不同類型文化接觸之初，最先相互模仿的是飲食習慣。不過，經過

㉗ 見本書〈拓跋氏與中原士族的婚姻關係〉。

㉘ Kroeler, A. L. *The Nature of Culture.*

㉙ Herskovits, M. J. *Cultural Anthropology.* (1955)

互相模仿與雜糅後，吸收彼此的優點作某程度的改變，但仍然保持其原來的本質。這也是孝文帝拓跋宏遷都洛陽以後，雖然鼓勵他的部民放棄原有的文化傳統，融於漢文化之中，但自己卻堅持原有的飲食習慣，其原因在此。

拓跋氏進入長城，直接和漢文化接觸後，在黃河流域建立了他們的政權，不僅結束了永嘉北方的動亂，並且又維持了一百五十年的統治政權。包括崔浩父親在內的中原士大夫，對北魏建國基礎的奠定，都曾作出積極的貢獻。由於他們過去都有與其他邊疆政權合作的經驗，因此，不敢觸動統治者某些草原文化的特質，而使許多草原文化特質被保存下來，形成北魏建國初期，包括官制、禮樂、車服各方面，和當時人民生活一樣，「稍僭華典，胡風國俗，雜相揉亂」的形態[30]。

這種雜相揉亂的文化形態，自太祖拓跋珪建國以後，發展到太武帝拓跋燾時期，面臨一個抉擇時刻，也是北魏前期歷史文化轉變的關鍵階段。因為這時北魏不僅完全統一了黃河流域，而且其勢力又深入西域，這是自漢帝國崩潰以後所沒有的現象。另一方面，江南的情勢也在變化，劉宋篡晉自立，形成中國歷史上南北對峙的局面。不過，這時北魏的內部，卻有許多草原與農業文化接觸後，所產生的問題等待解決。到底保持原有的文化形態，或是放棄

---

[30] 同[20]。

自己文化傳統融於漢文化之中，還是仍然維持雜相揉亂的文化現狀？這是拓跋氏部族匆匆採用農業文化的形式，鑄造自己國家發展到這個時候，需要作一次文化接觸後的調整。在這種情況下，崔浩躍上了歷史的舞臺㉛。

崔浩是一個從中國文化傳統裡，薰陶出來的典型知識份子。不僅對中國文化，有宗教的熱誠，而且對動亂中沒落的門第社會，懷有濃厚的感情，更對因為門第形成的世族政治充滿了懷念與憧憬。但我們卻不能忽略他的一生，完全消磨在這種胡漢雜糅的社會中。在他七十歲生命的前二十年，隨他父親崔玄伯在不同的邊疆政權中流轉，最後隨著他的家族進入拓跋氏政權。因此，在他人格形成階段，就分享著兩種不同的文化生活。他的家族所教育他的是一種行為模式；他生活的社會所給予他的，卻是另一種形態。尤其進入北魏以後，所面臨的又是一個胡漢雜糅的社會。因此，等他掌握了實際政治權力以後，就想對這個社會進行改革。這種改革在不觸動現實政權的情況下，實現他的世族政治的理想㉜。但是他卻忽略客觀的現實環境。使他的改革變成殘酷的政治鬥爭。這次殘酷的政治鬥爭由修國史不典，觸及拓跋氏部族的忌諱而展開，使他的家族姻戚，及他的支持者數百人同遭殺戮。這真是一個悲劇，不

㉛ 本書〈崔浩世族政治的理想〉。

㉜ 同㉛。

僅是崔浩個人的悲劇，也是一個由文化的衝突，轉變成殘酷政治鬥爭的悲劇㉝。

清河崔氏是北方第一流的世家大族，崔浩則是自東漢以來，經西晉末年五胡之亂，留居北方未能南渡的世家的代表㉞。在動亂中維繫世家持續的，則賴其家教，如前所述，家教由家學與家風二者構成。崔浩是北方的學術領袖，曾注《易》、《詩》、《尚書》、《論語》等儒家經典，又撰《五行論》、《漢書音義》及《晉後書》等著作，更工書法，這是他家學的表現。至於家風，崔浩有《女儀》、《婚儀》、《祭儀》之作。〈崔氏食經敘〉說明他撰《食經》的目的，為了保存其家族中，婦女「朝夕養舅姑，四時祭祀」的飲食資料。這正是魏晉以來世家大族家風的實踐，也是他世族理想之所繫。當然，他撰《食經》還有另一個目的，那就是在胡漢雜糅的社會中，使代表農業文化特質的中原飲食傳統，得以持續，這也是崔浩撰《食經》的意義所在。所以，《崔氏食經》不僅是中國最早的烹飪之作，同時也反映了當時歷史與文化的實際情況。

㉝ 同㉛。

㉞ 陳寅恪，〈崔浩與寇謙之〉，《金明館叢稿初編》。

北魏孝文帝遷都與其家庭悲劇

一　遷都的過程及周折

北魏前期的首都平城，是拓跋氏部族從草原文化過渡到農業文化的象徵，所以這座都城的規制，和當時其他文物典章制度一樣，也是「稍僭華典，胡風國俗，雜相揉亂」的❶。這座都城的建構，除了採用某些中原文化的特質外，同時也保存了許多草原文化的色彩。因此，這座都城對於北魏建國百年後，企圖將兩種不同文化混合後的形態，作一次徹底調整與重組的孝文帝來說，的確是一種有形的阻礙。

所以，在他親政後，除了推行一系列的漢化運動外，同時也進行對平城的改建工作，《魏

❶《南齊書》卷五十七〈魏虜傳〉。

書》卷七下〈高祖紀下〉：

（太和十二年（西元四八八年）七月）起宣文堂、經武殿。

（閏十月）帝觀築圓丘於南郊。

（十三年七月）立孔子廟於京師。

（十五年四月）經始明堂，改營太廟。

（十月）明堂、太廟成。

（十一月）遷七廟神主於新廟。

（十六年二月）帝移御永樂宮。庚寅，壞太華殿，經始太極。

（十月）太極殿成。

（十七年春正月）帝饗百僚於太極殿。

從太和十二年到遷都洛陽的前一年，孝文帝在平城大興土木，並且在改建的過程中，進行了一連串有關禮儀，祭祀問題的討論與決定。❷他似乎有意從有形的建築工程的拓建，更進一

❷《魏書》卷一〇八〈禮志〉。

步促進意識形態的轉變。他最初的希望，祇是利用平城現有的基礎，將它轉變為一座典型的中國文化式的都城，並沒有積極南遷的意念。後來所以匆匆南遷，乃由於北方保守勢力，對他所作的改革有一種難以排除的壓力。但選擇洛陽作為新的都城，卻完全表現他是一個理想主義者，並未顧及到現實的問題。❸以當時的經濟、軍事、政治的情勢分析，鄴城似乎比洛陽更適於作為新都。

因為當時中原最富庶的地區在河北，所謂「國之資儲，唯藉河北」。❹這個地區是糧食和絹布的產地，冀、定二州的戶調絹，一年便在三十萬匹以上，負擔了北魏王朝主要財政的支出。

從軍事戰略的價值而言，洛陽作為國都顯得太突出，南方除了壽陽之外，再沒有其他可供戍守的天險重鎮，北魏後期，元顥之叛，以江南數千之眾，數日之間，即長驅進入洛陽。而鄴有「三臺之固，西接平陽，山河四塞」，❺據此之後，便可以控制河北地區，更重要的是

❸ 勞榦師，〈北魏後期的重要都邑與北魏政治的關係〉，《史語所集刊外編第四種》；又〈論北朝的都邑〉，《大陸雜誌》第二十二卷三期，及本書〈北魏平城對洛陽規建的影響〉。

❹ 《北史》卷十五〈魏諸宗室傳〉。

❺ 顧祖禹，《讀史方輿紀要》卷四十九。

洛陽在黃河以南，而鄴卻在黃河以北。

從政治方面而言，洛陽雖然是漢魏，西晉的京城，但鄴卻也是石趙與慕容燕的故都。而且從北魏建國以來一直將鄴視為陪都，拓跋珪平定慕容燕以後，曾在這裡建行臺，有意遷都於此。❻後來在拓跋燾時代，因為平城一帶發生飢荒，也有遷都於鄴的計劃，雖然這次遷都的計劃，因崔浩的諫阻而沒有實現，❼但事實上，鄴城已被北魏視為遷都的第一選擇對象。而且孝文帝拓跋宏南伐，也曾經營鄴，並建宮殿於鄴西，太和十八年（西元四九四年）正月，曾朝群臣於鄴，❽似乎有選擇鄴城為都城的可能。

可是孝文帝最後卻放棄鄴，而選擇洛陽，完全是為了實現他的文化理想。《太平御覽》卷一五六「京都」條下引《後魏書》：

> 太和十八年，卜遷都鄴，登銅雀臺，魏御史大夫崔吉（光）❾等曰：鄴城平原千里，

---

❻《魏書》卷二〈太祖紀〉。

❼《魏書》卷三十五〈崔浩傳〉。

❽《魏書》卷七下〈高祖紀下〉。

❾《太平御覽》作崔吉，《讀史方輿紀要》卷四十九作崔光，案《魏書》無吉傳，當從《讀史方輿紀要》。

運漕四通，有西門使起舊跡，可以饒富，在德不在險，請都之。孝文曰：君知其一，未知其二，鄴城非長久之地，石虎傾於前，慕容滅於後，國富主奢，暴成速敗，且西有枉人山，東有列人縣，北有柏人城，君子不飲盜泉，惡其名也。遂止，乃都洛陽。

所謂「君子不飲盜泉，惡其名也」，惡其為亡國的都城，正因為鄴曾是石趙和慕容燕的都城，這兩個五胡政權的都城，都享國不久，在形勢上不佳。他所以離開平城準備南遷，正因為平城是「用武之地，非可文治」。《魏書》卷十九〈任城王傳〉：

（孝文帝）乃獨謂澄曰：今日之行，誠知不易。但國家興自北土，徙居平城，雖富有四海，文軌未一，此間用武之地，非可文治，移風易俗，信為甚難。

而洛陽，正是表現中國文化傳統比較優越的地方。孝文帝遷都洛陽的最初動機，即因為洛陽所表現的文化傳統激發而成的，《魏書》卷七下〈高祖紀下〉「太和十七年九月」條下：

庚午，幸洛陽，周巡故宮基趾。帝顧謂侍臣曰：晉德不修，早傾宗祀，荒毀至此，用傷朕懷。遂詠〈黍離〉之詩，為之流涕。壬申，觀洛橋，幸太學，觀石經。……冬十月戊寅朔，幸金墉城。詔徵司空穆亮與尚書李沖、將作大匠董爵經始洛京。

孝文帝巡幸洛陽荒毀的舊跡，觸發他思古之幽情，而經營洛陽，最後為了貫徹他文化的理想，決定放棄鄴而定都洛陽。他最初所以準備南遷，由於親政前後幾年中，所作的許多改革，在平城受到保守勢力的阻礙，迫使他不得不放棄原來以平城為基礎的改革計劃，另外尋找適合實現他改革理想的環境，在這個條件下，洛陽當然要比鄴優越得多。

在孝文帝遷都華化的過程中，除了獲得一部份北方年青一代新生的力量，與中原士族的支持和擁護外，仍受到北方保守勢力強烈的反對，而且這個保守集團的勢力一直很大。他們反對華化，因為他們認為拓跋氏部族，所以能夠征服中原地區，完全靠他們那種「馬背中，領上生活」的草原習慣，❿和他們的戰鬥方式一致，如果改變他們原有的生活方式，他們過去強悍善戰的性格，也會隨著消逝。那麼，不僅不能統治漢族，反而會被漢人同化。至於遷都，他們認為一旦脫離自己的文化中心南遷，黃河流域的氣候比較熱，拓跋氏部人不服水土，最後的死亡率一定很高。⓫所以他們不僅反對華化，同時更反對遷都。這個保守集團以穆泰、

❿《宋書》卷九十五〈索虜傳〉。

元丕、陸叡等為代表。元丕更是保守勢力的典型人物。《魏書》卷十四〈拓跋謂傳〉：

丕雅愛本風，不達新式，至於變俗遷洛，改官制服，禁絕舊言，皆所不願。……至於衣冕已行，朱服列位，而丕猶常服列在坐隅。晚乃稍加弁帶，而不能修飾容儀。

元丕死在景明四年（西元五〇三年），年八十二，遷都時他已是七十開外的人。他是一個對草原文化有濃厚感情的人，所謂「博記國事，饗讌之際，恒居坐端，必抗音大言，敘列既往成敗」。⓬歷仕五朝，在當時政治上有一定的影響力。在這些舊勢力鉗制下，既然無法展開既定的改革計劃，擺脫這種約束最好的辦法，就是離開他們。所以孝文帝藉南征而離開平城，到達洛陽以後，又經過一次戲劇性的演出，然後才定遷都之計，《魏書》卷十九〈任城王傳〉：

高祖外示南討，意在謀遷，齋於明堂左側，詔太常卿王諶，親令龜卜，易筮南伐之事，其兆遇革。高祖曰：此是湯武革命，順天應人之卦也。群臣莫敢言。澄進曰：《易》

⓫《魏書》卷四十〈陸俟傳〉。

⓬《魏書》卷十四〈拓跋謂傳〉。

言革者更也。將欲應天順人，革君臣之命，湯武得之為吉。陛下帝有天下，重光累葉。今日卜征，乃可伐叛。不得云革命。此非君人之卦，未可全為吉也。……高祖勃然作色曰：社稷我社稷，任城欲沮眾也！澄曰：社稷誠知陛下之社稷，然臣是社稷之臣子，豫參顧問，敢不愚衷。高祖既銳意必行，惡澄此對，久之乃解，曰：各言其志，亦復何傷。車駕還宮，便召澄，未及昇階，遙謂曰：向者之革卦，今更欲論之。明堂之忿，懼眾人競言，阻我大計，故厲色怖文武耳，想解朕意也。乃獨謂澄曰：今日之行，誠知不易。

又《魏書》卷五〈高祖紀〉：

（十有七年九月）庚午，幸洛陽，……丙子，詔六軍發軫。丁丑，戎服執鞭，御馬而出，群臣稽顙於馬前，請停南伐，帝乃止。

又《魏書》卷五十三〈李沖傳〉：

自發都至於洛陽，霖雨不霽，仍詔六軍發軫。高祖戎服執鞭，御馬而出，群臣啟顙於馬首之前。……高祖大怒曰：方欲經營宇宙，同一區域，而卿等儒生，屢疑大計，斧鉞有常，卿勿復言！策馬將出。於是大司馬、安定王休，兼左僕射、任城王澄等並殷勤泣諫。高祖乃諭群臣曰：今者興動不小，動而無成，何以示後？苟欲班師，無以垂之千載。朕仰惟遠祖，世居幽漠，違眾南遷，以享無窮之美，豈其無心，輕遺陵壤。今之君子，寧獨有懷？……若不南鑾，即當移都於此，光宅土中，機亦時矣，王公等以為何如？議之所決，不得旋踵，欲遷者左，不欲者右。安定王休等相率如右。

綜合以上材料，可知孝文帝藉南伐離開平城，在離開平城之前，曾召開御前會議，討論關於遷都的問題，元丕、穆真、陸叡等保守派的人物，也參加了這次的會議，分別表示他們反對遷都的意見，所以在這次會議中，對遷都的問題並沒有獲得一致結論。於是便發兵南下，至洛陽後對於定都的問題，仍然是「儒生，屢疑大計」，經過一再討論還是沒有結果，於是他又擺出繼續南征的架式，《魏書》卷五十三〈李沖傳〉說：

高祖初謀南遷，恐眾心戀舊，乃示為大舉，因以脅定群情，外名南伐，實其遷也舊人懷土，多所不願，內憚南征，無敢言者，於是定都洛陽。

由此可知，孝文帝決定定都洛陽的計劃，是很突然而機密的，甚至於連當時被視為左右手的元澄、李沖事先都不知道，所以，定都洛陽與全身披掛準備發兵南征策略的制定，很顯然出於另外一批人之手，後來張彝、郭祚、崔光都因「以參遷都之謀」而進爵。⓭這幕戲劇性的演出，很可能是由他們在幕後製作的。同時，也可以證明孝文帝的遷都計劃不僅在平城，受到保守勢力堅決的反對，即使離開平城到洛陽以後，仍然不能獲得全體的支持，「安定王休等相率如右」，便是一個很好的說明。

決定定都洛陽之後，孝文帝一面命李沖、穆亮、董爵等經營洛陽。一面命任城王澄赴平城，傳達他定都洛陽的旨意，並且說服北方的保守勢力。《魏書》卷十九〈任城王傳〉：

及駕幸洛陽，定遷都之策，高祖詔曰：遷移之旨，必須訪眾。當遣任城馳驛向代，問彼百司，論擇可否。近日論革，今真所謂革也，王其勉之。既至代都，眾聞遷詔，莫

⓭《魏書》卷六十七〈崔光傳〉：「以參贊遷都之謀，賜爵朝陽子。」又《魏書》卷六十四〈張彝傳〉：「以參定遷都之勳，進爵為侯」，同卷〈郭祚傳〉：「以贊遷洛之規，賜爵東光子。」

不驚駭。澄援引今古，徐以曉之，眾乃開伏。澄遂南馳報還，會車駕於滑臺。高祖大悅曰：若非任城，朕事業不得就也。

又案《魏書》卷七下〈高祖紀下〉：

（冬十月）乙未，解嚴，設壇於滑臺城東，告行廟以遷都之意。大赦天下。

任城王澄就在這個時候，從平城完成說服的使命南歸，孝文帝獲得北方某些保證，才祭告行廟，公開表示遷都之意，同時也宣佈解除以南伐為幌子的軍事行動。不過，雖然任城王澄完成了最艱巨的說服工作，但是北方由於突然接到遷都詔書，所產生的「莫不驚駭」的情緒還沒有平穩，所以，雖然在李沖一再催促下，孝文帝仍然遊駕在外，沒有北歸的意思。《魏書》卷五十三〈李沖傳〉：

沖言於高祖曰：陛下方修周公之制，定鼎成周。然營建六寢，不可遊駕待就；興築城郛，難以馬上營訖。願暫還北都，令臣下經造，功事成訖，……巡時南徙，軌儀土中。

高祖曰：朕將巡省方岳，至鄴小停，春始便還，未宜遂不歸北。

又案〈高祖紀〉：

（十有七年九月）仍定遷都之計。冬十月戊寅朔，幸金墉城。詔徵司空穆亮與尚書李沖、將作大匠董爵經始洛京。己卯，幸河南城。乙酉，幸豫州。癸巳，次於石濟。乙未，解嚴，設壇於滑臺城東，告行廟以遷都之意。……癸卯，幸鄴城。十有八年春正月丁未朔，朝群臣於鄴宮澄鸞殿。……戊辰，經殷比干之墓，祭以太牢。乙亥，幸洛陽西宮。二月乙丑，行幸河陰，規建方澤之所。……壬寅，車駕北巡。……閏（二）月壬申，至平城宮殿。癸酉，臨朝堂，部分遷留。……（三月）壬辰，帝臨太極殿，諭在代群臣以遷移之略。

從太和十七年九月「定遷都之計」，到次年三月，臨平城太極殿召開御前會議。公開「諭在代群臣以遷移之略」，前後經過七個月的時間（其間包括一個閏二月），孝文帝僕僕風塵奔走在外，駕不北返。他所以不願回到北方，可能是怕北方因獲得遷都消息後，由不滿的情緒所形成的反對壓力，破壞了他既定的計劃。所以在這段期間內，除了任城王澄赴代進行說服的工作外，還有其他的人員，奔走於南北道上，擔任折衝調和的任務。但可惜沒有材料再作進一步的說明。直等到孝文帝對北方的保守勢力，作了某些程度妥協的讓步，以換取北方保守勢力對於遷都的保證後，他才回到平城，這是非常可能的。由此也可以了解北方保守派潛勢力的雄厚，以及他們對孝文帝遷都所發生的影響。

二　遷都集團的權力結構

太和十八年十一月，孝文帝率領著遷都集團，離開平城向洛陽進發，途中又經比干墓，《魏書》卷七下〈高祖紀下〉：

（十一月）甲申，經比干之墓，傷其忠而獲戾，親為弔文，樹碑而刊之。⓮

⓮《魏書》卷五十五〈劉芳傳〉：「從駕南巡，撰述行事，……高祖遷洛，路由朝歌，見殷比干墓，愴然悼懷，為文以弔之。芳為注解……。」

在這塊碑的碑陰，共分四列，上三列刻鐫隨祭的官名，列名的共八十一人。⓯這八十一人可以說是孝文帝遷都集團的核心份子。他們之中包括拓跋氏的宗室、皇族、貴戚、代北功勳、四裔部落酋帥，和大批中原士族。當然，在這些人中，屬於中原士族的，他們自始至終都擁護孝文帝的遷都華化。現在從碑陰所列代北諸臣稍加分析，或可以對孝文帝的遷都集團進一步了解。

(一) 拓跋氏帝裔十姓

案《魏書》卷一一三〈官氏志〉：「獻帝時，七分國人，使諸兄弟各攝領之，乃分其氏。……以兄為紇骨氏，後改為胡氏。次兄為普氏，後改為周氏。次兄為拓拔氏，後改為長孫氏。弟為達奚氏，後改為奚氏。次弟為伊婁氏，後改為伊氏。次弟為丘敦氏，後改為丘氏。次弟為侯氏，後改為亥氏。又命叔父之胤曰乙旃氏，後改為叔孫氏。又命疏屬曰車焜氏，後改為車氏。」以上九族和拓跋氏合起來，就構成所謂「百世不婚」的帝室十姓。

在〈弔比干碑〉碑陰列名的拓跋氏的宗室有：「使持節驃騎大將軍都督司豫荊郢洛東荊

⓯《金石萃編》卷二十七，吳處厚撰碑陰記稱，〈弔比干碑〉原刻已亡，現存為宋元祐五年九月十五日重刻，碑陰共分四十列，上三列刻鐫隨祭者官名。

六州諸軍事開府司州牧咸陽王河南郡元禧，特進太子太保廣陵王河南郡元羽，侍中始平王河南郡元勰，兼尚書右僕射吏部尚書任城王河南郡元澄，散騎常侍祭酒光祿勳卿高陽伯河南郡元徵，散騎常侍北海王河南郡元詳，散騎常侍領司宗中大夫河南郡元景，散騎常侍河南郡元纂，右衛將軍河南郡元翰，司衛監河南郡元虯，太子率更令襄陽伯河南郡元尉，射聲校尉河南郡元洛平。」計十二人，是屬於拓跋氏宗室的近支。

又給事中河南郡乙旃恬，給事中河南郡乙旃免，直閣武衛中河南郡乙旃阿各仁，直閣武衛中河南郡乙旃應仁，武騎侍郎河南郡乙旃侯莫干等五人，案〈官氏志〉：「叔父之胤曰乙旃氏，後改為叔孫氏」，其中「乙旃侯莫干」，《魏書》卷三十一〈于栗磾傳〉：

> 太尉、咸陽王禧謀反也，……（世宗）駕還宮，禧已遁逃。詔烈遣直閣叔孫侯將虎賁三百人追執之。

上述叔孫侯可能就是乙旃侯莫干，因為咸陽王元禧與乙旃侯莫干的名字並列碑陰，時代相同。碑陰乙旃侯莫干的官名武騎侍郎即為統領虎賁之官。而侯為侯莫干譯音的第一音階，叔孫侯即乙旃侯莫干。

又宰官令河南郡伊婁顧;案〈官氏志〉:「伊婁氏,後改為伊氏」。

又符璽郎中河南郡拔拔臻;案〈官氏志〉:「次兄為拓拔氏,後改為長孫氏」,此處所謂「拓拔氏」亦即「拔拔」之誤,《通鑑》卷一四〇〈齊紀〉「建武三年」條下:「於是始改拔拔氏為長孫氏」,清湯球輯崔鴻《十六國春秋補》卷五十六:

姚泓以晉師之逼,遣使乞師於魏,魏遣司徒平南公拔拔嵩進據河內。

《魏書》卷二十五嵩本傳所記略同,長孫嵩即拔拔嵩,所以拔拔臻即長孫臻。為拓跋氏帝室十姓之一。

(二) 功勳八姓

案《魏書》卷一一三〈官氏志〉:太和十九年詔定代人姓族,「其穆、陸、賀、劉、樓、于、嵇、尉八姓,皆太祖已降,勳著當世,位盡王公;灼然可知者」,即所謂「功勳八姓」。在碑陰列名屬於穆氏的有三人:他們是使持節司空公太子太傅長樂公河南郡丘目陵亮,員外散騎常侍光祿勳少卿黃平子河南郡丘目陵純,員外散騎常侍帶呂輿給事中河南郡丘目陵惠。

案〈司空公長樂王丘穆陵亮夫人為牛橛造像記〉：

太和十九年，使持節司空公長樂王丘穆陵亮夫人尉遲為亡息牛橛請工鏤石，造此彌勒像一區。

〈弔比干碑〉陰所列的丘目陵亮，是丘穆陵亮的異譯。案《魏書》卷一一三〈官氏志〉：「丘穆陵氏，後改為穆氏」，穆氏為代北功勳八姓之首，碑所載之丘目陵亮即《魏書》卷二十七〈穆崇傳〉中之穆亮。他們的家族從魏初即和拓跋氏有密切的婚姻關係。即穆觀尚宜陽公主，觀子壽尚樂陵公主，壽子平國尚城陽公主，平國長子伏干尚濟北公主，伏干弟羆尚新平公主，羆弟穆亮尚中山公主，後來穆亮的兒子穆紹，又尚琅琊公主。

穆亮在顯祖時，和中山公主結婚後封趙郡王，後改封長樂王，高祖即位委以重任，為侍中尚書右僕射。太和十三年征南齊將陳顯達，次年還為司空，太和十七年孝文帝擬定遷都計劃，他與李沖同被委任經營洛陽，在遷都政府中擔任樞機重任。至於丘目陵惠、丘目陵純皆不見於傳，但他們都是近臣，該是穆亮的家族。

又司衛監河南郡萬忸于勁，給事河南郡萬忸于羚，顯武將軍河南郡萬忸于吐拔，武騎侍郎河南郡萬忸于澄；

案〈官氏志〉萬作勿，志云：「勿忸于氏，後改為于氏」，《金石錄》卷二十二〈後周延壽公頌碑〉引〈洛拔子烈碑〉：

> 遠祖之在幽州，世首部落，陰山之北有山號萬忸于者，公之奕葉，居其原趾，遂以為姓，暨高祖孝文皇帝時始賜姓為于氏焉。

于氏因原居萬忸于山，因山為部，以部為氏，《魏書》卷一一三〈官氏志〉誤。碑陰所載「司衛監萬忸于勁」，《魏書》卷三十一〈于栗傳〉稱子洛拔，洛拔長子烈，第四子勁，則萬忸于勁即是于勁，《魏書》卷八十三〈外戚・于勁傳〉：

> 太尉拔之子。頗有武略。以功臣子，又以功績，位沃野鎮將，……世宗納其女為后，……後拜征北將軍、定州刺史。卒，贈司空，諡曰恭莊公。自栗磾至勁，累世貴盛，一皇后，四贈公，三領軍，二尚書令，三開國公。

所以于氏家族在遷都前後，在政治上軍事上有實際的潛勢力。雖然于氏家族在孝文帝遷都時，對華化與遷都都採取保留的態度，即所謂「樂遷之與戀舊，唯中半耳」，⑯但是在後來代北大族因遷都所引起的叛變事件中，他們的家族卻採取堅定的立場，絕對效忠孝文帝並且支持他的遷都政策。

又散騎侍郎東郡公河南郡陸昕，員外散騎侍郎河南郡陸怖道：

案〈官氏志〉：「步六孤氏，後改為陸氏」，陸昕，即陸昕之，《魏書》卷四十〈陸俟傳〉：

昕之……風望端雅。襲爵，例降為公。尚顯祖女常山公主，……初，（父）定國娶河東柳氏，生子安保，後納范陽盧度世女，生昕之。二室俱為舊族而嫡妾不分。定國亡後，兩子爭襲父爵。僕射李沖有寵於時，與度世子淵婚親相好。沖遂左右申助，昕之由是承爵尚主。

案陸定國本傳：「及顯祖踐阼，拜散騎常侍，特賜封東郡王」，昕之傳稱「襲爵，例降為公」，

---

⑯《魏書》卷三十一〈于烈傳〉。

與碑載「東郡公」合，則陸昕即昕之。陸怖道或即陸希道之譌，案希道傳：「叡長子希道，字洪度，有風貌，美鬚髯。歷覽經史，頗有文致。初拜中散，遷通直郎，坐父事徙於遼西。」

又武騎侍郎河南郡獨孤遙：

案〈官氏志〉：「獨孤氏，後改為劉氏。」

綜合以上，屬於功勳八姓的共十人。

㈢「內入諸姓」與「四方諸姓」

所謂「內入諸姓」，即〈官氏志〉所謂「神元皇帝（拓跋力微）時，餘部諸姓內入者」。至於「四方諸姓」，即〈官氏志〉所謂「凡此四方諸部，歲時朝貢，登國初，太祖散諸部落，始同為編民。」

直閤武衛中代郡若干侯莫仁：

案〈官氏志〉：「若干氏，後改為苟氏。」又《北周書》卷十七〈若干惠傳〉：「若干惠字惠保，代郡武川人也。其先與魏氏俱起。」則若干是北方部落名，後以部為氏。

又直閤武衛中河南郡叱羅吐蓋：

案〈官氏志〉：「叱羅氏，後改為羅氏。」又《文苑英華》卷九六三〈周大都督陽林伯長孫瑕夫人羅氏墓誌〉：

夫人諱某，恆州代郡太平縣人。祖某，父協，周大將軍、南陽郡公。

《周書》卷十一〈叱羅協傳〉，稱協以建德三年賜爵南陽郡公，可知長孫夫人羅氏，即叱羅協之女，代郡羅氏，原姓叱羅氏，《魏書》卷四十四〈羅結傳〉：

羅結，代人也，其先世領部落，為國附臣。劉顯之謀逆也，太祖去之。結翼衛鑾輿，從幸賀蘭部。

監御令河南郡莫耐婁悅：

案〈官氏志〉：「莫那婁氏，後改為莫氏。」《魏書》卷一〈序紀〉「昭帝四年」：「東部未耐婁大人倍斤入居遼東。」未，當為「末」之譌，「那」，「耐」雙聲，故莫耐婁或即莫那婁的異譯，則是這個部落歸附拓跋氏極早，最初居於遼東，後來徙居代郡。

苻節令代郡賀拔舍：

案〈官氏志〉：「賀拔氏，後改為何氏。」《周書》卷十四〈賀拔岳傳〉：「先是，……鐵勒斛律沙門、斛拔彌俄突、紇豆陵伊利等，並擁眾自守，至是皆款附。」鐵勒，《新唐書》卷二一七上〈回鶻傳〉作勅勒，勅勒為高車族。斛拔，《北史》卷六〈齊高祖神武紀〉「天平三年」條下作賀拔，據此可知賀拔氏即為高車部之一。又案《魏書》卷一〇三〈高車傳〉：「太祖時，分散諸部，唯高車以類粗獷，不任使役，故得別為部落。」

直閣武衛中河南郡俟呂阿倪：

案《魏書》卷一一三〈官氏志〉：「叱呂氏，後改為呂氏」，俟呂為叱呂之異譯，《魏書》卷七上〈高祖紀上〉：「（太和十三年）蠕蠕別帥他稽率眾內附。」又《魏書》卷一〇三〈蠕蠕傳〉：「（蠕蠕主）伏圖納豆崙之妻俟呂陵氏」，俟呂陵或即俟呂陵，俟，俟形之譌。又案《魏書》卷一〇三〈蠕蠕傳〉：「又有俟呂鄰部，眾萬餘口，常依險畜牧。登國中，其大人叱伐為寇於苦水河。八年夏，太祖大破之，并禽其別帥焉古延等。」是則叱呂氏是高車所屬的別部，於太祖登國年間歸魏。

直閣武衛中河南郡吐難萇命：

案〈官氏志〉：「土難氏，後改為山氏。」

給事臣河南郡俟文福：

案〈官氏志〉：「東方宇文、慕容氏，即宣帝時東部，此二部最為強盛……。」俟文或即宇文之異譯，宇文部屬鮮卑東部的一支。

給事中河南郡郁久閭麟，散騎侍郎河南郡郁久閭敏：

郁久閭不見《魏書》卷一一三〈官氏志〉，案〈齊御史中丞赫故夫人閭氏墓誌〉：「夫人諱炫，字光暉，代郡平城人，即茹茹國主步渾之玄孫也。……曾祖大肥，……來賓有魏朝嘉乃烈，親而貴之，尚隴西長公主，拜駙馬都尉，錫爵滎陽公，尋授使持節安南將軍冀州刺史……。」誌所載與《魏書》卷三十〈閭大肥傳〉略同，又案閭大肥本傳：「蠕蠕人也。太祖時，與其弟大涅倍頤率宗族歸國。」大肥為蠕蠕的宗室，《魏書》卷三十五〈崔浩傳〉：「蠕蠕子弟來降，貴者尚公主，賤者將軍、大夫，居滿朝列。」可知當時蠕蠕入魏者很多，〈世祖紀〉中的安豐公閭振，〈高宗紀〉中的濮陽公閭若文，零陵王閭拔等皆屬蠕蠕，雖然無法肯定郁久閭大肥的後裔，然為蠕蠕族是沒有問題的。

直閣武衛中高車部人斛律慮：

案《北齊書》卷十七〈斛律金傳〉：「朔州敕勒部人也。高祖倍侯利，……（魏）道武時率戶內附。」敕勒部即高車。又案《魏書》卷一〇三〈高車傳〉：

高車，……初號為狄歷，北方以為勑勒，……其種有……斛律氏……。（太祖時，蠕蠕社崙）侵入高車之地。斛律部部帥倍侯利患之，……遂來奔。

由是知斛律氏是高車部人，因部為氏，在道武時，由他們的酋長率領入魏，斛律慮即其族人。

驢驤將軍河南郡大野慤：

案大野氏不見《魏書》卷一一三〈官氏志〉，唐室先人李虎，於北周時賜姓大野氏。⑰據陳寅恪先生〈李唐氏族之推測〉及〈李唐氏族之推測後記〉考證，李唐為北魏李初古拔的後裔，名雖胡化，姓實漢族。但此處的大野慤則非漢人，疑或為高車部人。

在上述四十一人中，屬於拓跋氏帝室十姓的二十人，其中近支的宗室十二人，疏屬八人。功勳八姓十人；內附部落與四方諸姓十一人，但在這十一人中，高車部人又佔四人。

北魏前期的政治結構形態，大致是這樣的，即以姓氏為基礎，而編結成部落聯盟的網。網的核心是拓跋氏皇室；其他的帝室十姓拱衛在他們四周，外面是功勳八姓，功勳八姓之外，則是內附部落與四方諸姓，層次非常分明。⑱雖然從以上四十一人職位的分工看來，似乎仍

⑰ 陳寅恪，〈李唐氏族之推測〉及〈李唐氏族之推測後記〉。分見《史語所集刊》三本第一、四分。

⑱ Wolfram Eberhard, *Conquerors and Rulers: Social Forces in Medieval China*, Leiden, 1965.

然保持舊日類似的形式，但卻有了新的內容。

因為這一批人，包括孝文帝在內，他們都屬於政治上新的一代，在遷都時，拓跋宏的年齡是二十八歲，幫助他華化與遷都最得力的助手任城王澄，在輩份上雖然是他的叔叔，可是年紀卻和他一樣大，至於咸陽王禧、廣陵王羽、始平王勰都是孝文帝的弟弟，年紀更輕，在功勳中，穆亮的年紀比較大些，那時是四十三歲，陸昕之的年紀在三十歲左右，于勁的女兒是世宗的皇后，因此他的年齡也不會超過四十歲，所以他們是政治上年青的一群。

雖然，他們都是在草原與農業文化的邊際社會中誕生與長成。不過，這種混合社會的草原文化因素，自崔浩之獄以後，已逐漸減少。因此他們都像孝文帝一樣，受過良好的漢化教育，《魏書》卷二十一上〈咸陽王傳〉載文明太后令：

> 自非生知，皆由學誨，皇子皇孫，訓教不立，溫故求新，蓋有闕焉。可於閒靜之所，別置學館，選忠信博聞之士為之師傅。

孝文帝本人對於他的皇族與代北功勳的教育問題，也非常關心，《魏書》卷二十一上〈廣陵王傳〉：

高祖引陸叡、元贊等於前曰：北人每言北人何用知書，朕聞此，深用憮然。今知書者甚眾，豈皆聖人。

由此可知，代北年青一代之中，有許多深受漢化教育影響的，在諸王之中，像彭城王勰「敏而耽學，不捨晝夜，博綜經史，雅好屬文。」像任城王澄對漢文化的了解，並不下於一般中原士大夫，《魏書》卷十九中〈任城王傳〉：

蕭賾使庾華來朝，華見澄音韻遒雅，風儀秀逸，謂主客郎張彝曰：往魏任城以武著稱，今魏任城乃以文見美也。

這些宗室諸王在漢文化的薰陶下，已經變得儒雅風流，對於武事已非他們所長。《魏書》卷二十一上〈北海王傳〉：

高祖自洛北巡，詳常與侍中、彭城王勰並在輿輦，陪侍左右。至高宗射銘之所，高祖停駕，詔諸弟及侍臣，皆試射遠近，唯詳箭不及高宗箭所十餘步。高祖嘉之，拊掌欣笑。

所以，〈高祖紀〉太和二十年下，所謂「以代遷之士皆為羽林、虎賁」。但從碑所列率領近衛軍的軍官，已不是拓跋氏的族人，或功勳八姓，而是屬於內附部落與四方諸姓，其中以高車部人為多。《北史》卷八十〈外戚・賀納傳〉：「從道武平中原，……其後離散諸部，分土定居，不聽遷徙，其君長大人，皆同編戶。」拓跋珪這種「離散諸部」、「皆同編戶」的措施，將原來的部落形態打散，使他們固定在土地上，從事農業生產，可是對於高車部卻仍然保持原有的部落形態。《魏書》卷一〇三〈高車傳〉：

> 太祖時，分散諸部，唯高車以類粗獷，不任使役，故得別為部落。

由此可知，當拓跋氏族部落向農業社會轉化時，內附的高車族並沒有放棄他們部落遊牧生活，仍然維持原有的戰鬥形式。由他們的部落酋長擔任近衛軍的長官，可以說明兩點事實：一是拓跋氏部人過渡到農業社會，已失去原有的強悍戰鬥力，二是由他們出任近衛軍的長官，他們所率領的部隊，即是他們的部人，至於北魏的實際軍事力量，這時卻掌握在北方保守派的手中，他們不僅不支持孝文帝的華化與遷都，並且構成他貫徹華化的一種阻礙與威脅，迫使他不得不遷都，但支持保守勢力控制的武力，又形成遷都後北方叛亂的主要力量。

因此可以說明，孝文帝的遷都並沒有獲得北方大多數的支持，可是卻得到政治上新生力量的熱誠擁護。他們在思想和意識方面，和孝文帝是一致的；他們認為自拓跋燾以來的「稍僭華典，胡風國俗，雜相揉亂」的邊際形態，發展到某個階段後，還要堅持所保留的草原文化特質，已經完全不可能。所以必須放棄原有文化的成見，施行徹底的漢化，唯有通過這條途徑，將北魏前期文化的發展，作一次調整與重組以後，才能消除胡漢間所存的矛盾，就政權的現實意義而言，這也是鞏固北魏政權唯一的方法。

當然在他們之中，也有「樂遷之與戀舊，唯中半耳」一類的人，他們對於孝文帝所勵行的華化，採取某種保留的態度。他們認為鮮卑族和漢族所承繼的文化傳統不同，風俗習慣也有顯著的差異，遷都洛陽以後，朝廷的典章制度，雖然可以斟酌採用魏晉故事，加以改革，但對於他們原有的語言、服裝、風俗習慣等，卻希望不要硬性的干涉，可任其自由發展。對於遷都，他們是完全贊同的，這是由於當時塞上經濟的發展，從農業與畜牧的比重看來，祇能維持六鎮軍糧的消費，卻不足維持全民的生活。另外塞上的荒漠六月飄雪，並且常有風沙，因此他們有「悲平城」的哀嘆，所謂「悲平城，驅馬入雲中。陰山常晦雪，荒松無罷風」。⑲在這種自然環境影響下，他們當然希望「紇干山頭凍死雀，何不飛去生處樂」了。所以他們

⑲《魏書》卷八十二〈祖瑩傳〉。

並不反對遷都，祇希望在不要完全放棄草原文化下，而相應接受漢化。對於這些態度中庸的開明份子，在當時多數反對華化與遷都的情況下，孝文帝認為他們「既不唱異，即是同」。⑳也把他們視為同志。

這批鮮卑的新生的一代，在中原士族的策劃和支持下，結合而成孝文帝華化與遷都集團，他們協助孝文帝推行改革，已引起保守集團的國戚及舊人「怏怏有不平之色」㉑，最後因遷都形成這兩個集團正式的分裂。

三　遷都的犧牲者——拓跋恂

孝文帝率領著支持他的遷都集團，離開平城遷往洛陽以後，北方留下的是「變俗遷洛，改官制服，禁絕舊言，皆所不願」的保守勢力。為了緩和保守勢力對遷都所引起的憤怒，為了獲得他們對華化的諒解，孝文帝曾作了某種程度的妥協，《魏書》卷十五〈昭成子孫傳〉：

⑳ 同⑯。

㉑ 《魏書》卷四十〈陸俟傳〉。

初，高祖遷洛，而在位舊貴皆難於移徙，時欲和合眾情，遂許冬則居南，夏便居北。

這種「冬則居南，夏便居北」的情況，稱為「雁臣」，《北齊書》卷十七〈斛律金傳〉：「秋朝京師，春還部落，號曰雁臣。」又《魏書》卷七十四〈爾朱榮傳〉：「及遷洛後，特聽冬朝京師，夏歸部落。」這是對北方的勳舊不能適應南方氣候，所作的一種折衷的決定，《北史》卷五十四〈厙狄干傳〉：

以家在寒鄉，不宜毒暑，冬得入京師，夏歸部落。

這種折衷的決定，當然是由於陸叡對遷都所提出的意見而形成的。《魏書》卷四十本傳：

叡表曰：……南土昏霧，暑氣鬱蒸，師人經夏，必多疾病。……沉雨炎陽，自成癘疫。

至於改革服制，孝文帝推行得非常積極。在遷都洛陽之前，已經命李沖、馮誕、高閭、游明根、蔣少游等，議定衣冠於「禁中」，因為服制沒有議定，而以袴褶作為朝賀大會，不合典禮，曾下詔暫停太和十五年十二月初一的小歲朝賀，和十六年正月初一的元旦朝賀。經過六年不斷的研究，始制定官吏的冠服。至於婦女的服飾也有了規定，大都模仿南朝。太和二十年，孝文帝自前方回到洛陽，見婦女服裝仍然夾領小袖，就責備留守京都的官員，認為禁止胡服不徹底。太和二十三年，又從前方歸來，第二天引見公卿，《魏書》卷十九〈任城王傳〉：

……曰：朕昨入城，見車上婦人冠帽而著小襦襖者，若為如此，尚書何為不察？澄曰：著猶少於不著者。高祖曰：深可怪也！任城意欲令全著乎？

由此可見孝文帝對於禁胡服的注意，可是他對「雅愛本風，不達新式」的元丕，卻採取容忍的態度。《魏書》卷十四〈拓跋調傳〉：

至於衣冕已行，朱服列位，而丕猶常服列在坐隅。晚乃稍加弁帶，而不能修飾容儀。高祖以丕年衰體重，亦不強責。

至於禁鮮卑語，《魏書》卷二十一上〈咸陽王傳〉：

今欲斷諸北語，一從正音，年三十以上，習性已久，容或不可卒革；三十以下，見在朝廷之人，語音不聽仍舊。若有故為，當降爵黜官。

所謂「年三十以上，容或不可卒革」，當然是由於人過三十，鄉音難改，但是那些保守份子，年紀都在三十歲以上，所以這也可以說是一種讓步的方法。

雖然，孝文帝對於北方的保守勢力，作了許多妥協與讓步的工作，仍然不能獲得保守集團的諒解。他們企圖發動政變，推翻這個改變他們文化傳統的執政者。《魏書》卷十四〈拓跋丕傳〉：

丕父子大意不樂遷洛。高祖之發平城，太子恂留於舊京，及將還洛，（丕子）隆與超等密謀留恂，因舉兵斷關，規據陘北。

於是拓跋恂捲入了遷都政爭的漩渦。《魏書》卷二十二〈廢太子傳〉：

> 太和十七年七月癸丑，立恂為皇太子。及冠恂於廟，高祖臨光極東堂，引恂入見，誡以冠義曰：夫冠禮表之百代，所以正容體，齊顏色，順辭令。容體正，顏色齊，辭令順；故能正君臣，親父子，和長幼。然母見必拜，兄弟必敬，責以成人之禮。字汝元道，所寄不輕。汝當尋名求義，以順吾旨。

案〈高祖紀上〉太和七年條：「閏（三）月癸丑，皇子生」。又〈高祖紀下〉太和十年條：「（六月）己卯，名皇子曰恂，大赦天下。」則是太和十七年，拓跋恂被立為太子時，年紀祇有十歲，可是孝文帝對於他的王位繼承人，卻寄很大的希望，希望拓跋恂不僅繼承他的王位，同時更能貫徹他華化的事業，所謂「字汝元道，所寄不輕」的本義也在此。因此孝文帝更期望他的皇子隨時「溫讀經籍，今日親見吾也」，由此可以了解孝文帝有意把拓跋恂塑造成像他一樣傾向漢化的君主，所以對於拓跋恂的教育問題特別重視。《魏書》卷六十二〈李彪傳〉：

> ……今誠宜準古立師傅以訓導太子，訓導正則太子正，太子正則皇家慶，皇家慶則人幸甚矣。

所謂「太子正則皇家慶」，也正是孝文帝希望之所寄，所謂「正」，是指在儒家教育薰陶下的「正」，所以對於拓跋恂督促很嚴，《魏書》卷五十五〈劉芳傳〉：

> 後與崔光、宋弁、邢產等俱為中書侍郎，俄而詔芳與產入授皇太子經，遷太子庶子、兼員外散騎常侍。

劉芳是北魏的經學家，所謂「雅沉方正，槩尚甚高，經傳多通」，除此之外，隴西李韶、廣平游肇、頓丘李平以及高道悅等，都先後教授過拓跋恂，他們這些人都是名重一時的學者。孝文帝希望在他們的教導下，拓跋恂所沾染的草原文化氣息，可以洗滌殆盡，蛻變而成一個典型中原文化的君主，可是關於這方面，卻使孝文帝非常失望。《魏書》卷二十二〈廢太子傳〉：

> 恂不好書學，體貌肥大，深忌河洛暑熱，意每追樂北方。

所以，拓跋恂雖然在孝文帝苦心的教育下，仍然無法消除他內心所存留的草原文化特質，因此，他被北方的保守勢力，視為可恢復他們草原文化的象徵。他們企圖推翻孝文帝的遷都政府，而擁立拓跋恂。

在孝文帝遷都洛陽以後，北方的保守集團計劃把孝文帝誘到北方來，然後他們利用在北方的軍事力量，把遷都集團的勢力徹底摧毀，於是他們利用太師馮熙之喪，上表要求孝文帝北上奔喪。《魏書》卷十四〈拓跋謂傳〉：

> 丕又以（馮）熙薨于代郡，表求鑾駕親臨詔曰：今洛邑肇構，跂望成勞，開闢暨今，豈有以天子之重，遠赴舅國之喪？朕縱欲為孝，其如大孝何？縱欲為義，其如大義何？天下至重，君臣道懸，豈宜苟相誘引，陷君不德。令、僕已下可付法官貶之。

又《魏書》卷四十〈陸俟傳〉：

> 叡表請車駕還代，親臨太師馮熙之葬，坐削奪都督三州諸軍事。

元丕、陸叡是北方保守勢力的領袖，兩人聯袂上表，請孝文帝車駕還代臨喪，顯然是一個有預謀計劃，孝文帝當然知道他們的企圖，在他詔書裡「令、僕已下可付法官貶之」，表示了他的態度，這是離開保守勢力控制的北方以後，第一次對他們採取強硬的態度，但他又不希望因此造成他與北方保守集團正式的分裂，所以派太子拓跋恂為代表，到代郡弔喪，《魏書》卷二十二〈廢太子傳〉：

今汝不應向代，但太師薨於恆壤，朕既居皇極之重，不容輕赴舅氏之喪，欲使汝展哀舅氏。

孝文帝深切了解，當時北方的環境，對於保有很多胡化的拓跋恂來說，當然是不適合的，這樣，將使他對拓跋恂所實施的文化隔離的教育方法，毀於一旦，不過在當時的現實情勢下，他卻別無選擇，也許他想由於拓跋恂的赴代，可能消彌南北的爭端。

《通鑑》卷一四〇「齊明帝建武二年（西元四九五年）六月」條：「癸卯，魏主使太子如平城赴太師熙之喪。」他這次赴代，卻種下拓跋氏家庭悲劇的種子。拓跋恂到代郡後，北方保守勢力希望利用拓跋恂作一塊招牌，公開反對孝文帝，所以，拓跋恂從北方回來不久，趁著孝文帝幸嵩岳，他留守金墉的時候，與左右召牧馬奔代。《魏書》卷二十二〈廢太子傳〉：

高祖幸崧岳，恂留守金墉，於西掖門內與左右謀，欲召牧馬輕騎奔代，手刃（高）道悅於禁中。領軍元儼勒門防遏，夜得寧靜。厥明，尚書陸琇馳啟高祖於南，高祖聞之駭惋，外寢其事，仍至汴口而還。引恂數罪，與咸陽王禧等親杖恂，又令禧等更代，百餘下，扶曳出外，不起者月餘。拘於城西別館。引見群臣於清徽堂，議廢之。……高祖曰：……古人有言，大義滅親。今恂欲違父背尊，跨據恒朔。天下未有無父國，何其包藏，心與身俱。此小兒今日不滅，乃是國家之大禍，脫待我無後，恐有永嘉之亂。乃廢為庶人，置之河陽，以兵守之，服食所供，粗免飢寒而已。

從以上材料分析，拓跋恂這時才是一個十四歲的孩子，他做出這種召牧馬奔代的行動不是偶然的，而是一種有計劃的行動，也就是上述〈拓跋謂傳〉中所謂「隆與超等密謀留恂，因舉兵斷關，規據陘北」計劃的執行，這是孝文帝「聞之駭惋」的主要原因。因為拓跋恂的行動和北方保守集團是一致的，因此，他非常震怒，如果拓跋恂奔代的行動成功，那麼就會使北魏有分裂的可能，這種情形發展下去，最後必然形成「永嘉之亂」草原文化籠罩黃河流域的局面。那麼，孝文帝辛勤培植華化幼苗，將會受到嚴重的摧殘。

不過北方保守勢力所發動的叛變，並沒有因為拓跋恂事件而終止，《魏書》卷二十七〈穆崇傳〉：

泰自陳久病，乞為恆州，遂轉陸叡為定州，以泰代焉。泰不願遷都，叡未及發而泰已至，遂潛相扇誘，圖為叛。乃與叡及安樂侯元隆，撫冥鎮將、魯郡侯元業，驍騎將軍元超，陽平侯賀頭，射聲校尉元樂平，前彭城鎮將元拔，代郡太守元珍，鎮北將軍、樂陵王思譽等謀推朔州刺史陽平王頤為主。頤不從，偽許以安之，密表其事。高祖乃遣任城王澄率并肆兵以討之。澄先遣治書侍御史李煥單車入代，出其不意，泰等驚駭，計無所出。煥曉諭逆徒，示以禍福，於是凶黨離心，莫為之用。泰自度必敗，乃率麾下數百人攻煥郭門，冀以一捷。不克，單馬走出城西，為人擒送。澄亦尋到，窮治黨與。高祖幸代，親見罪人，問其反狀，泰等伏誅。

又案〈任城王傳〉：「(澄)窮其黨與，……鉅鹿公陸叡、安樂侯元隆等百餘人皆獄禁。」這次的叛變在元澄迅速的行動下敉平了，可是這次叛亂牽涉的範圍很廣，留在北方沒有遷都洛陽的動舊，都被牽連在內，《魏書》卷三十一〈于栗磾傳〉：

及穆泰、陸叡謀反舊京，高祖幸代，泰等伏法。……是逆也，代鄉舊族，同惡者多，唯烈一宗，無所染預。

經過這次叛亂以後，留在代北主要的保守份子已被剷除，孝文帝推行華化的阻礙，暫時被消除。

至於拓跋恂，案《魏書》恂本傳：

高祖幸代，遂如長安。中尉李彪承間密表，告恂復與左右謀逆。高祖在長安，使中書侍郎邢巒與咸陽王禧，奉詔齎椒酒詣河陽，賜恂死，時年十五。殮以粗棺常服，瘞於河陽城。

又同傳：

二十二年冬，御史臺令史龍文觀坐法當死，告廷尉，稱恂前被攝左右之日，有手書自理不知狀，而中尉李彪、侍御史賈尚寢不為聞。

又《北史》卷一〇〇〈序傳〉㉒：

（李）詔……遷太子右詹事，尋罷左右，仍為詹事、肆州大中正。出為安東將軍、兗州刺史。帝自鄴還洛，詔朝於路，帝言及庶人恂事曰：卿若不出東宮，或未至此也。

就這三段材料排比觀之，拓跋恂之死似乎另有委曲。案恂傳，他被廢為庶人後，被禁於河陽，所謂「服食所供，粗免飢寒而已」，並且派兵監視，那麼，他既然被廢，原有東宮的屬官與建制同樣被廢除，《魏書》卷六十九〈裴延儁傳〉：

又領本邑中正及太子友，太子恂廢，以宮官例免。

㉒《魏書》卷三十九〈李寶傳〉略同。

所以拓跋恂當時既無「左右」可共謀，且是待罪之身，完全在監視下失去自由，即使有左右可共謀，但在眾兵環伺下也無法與外交通消息。李彪「承間密表」向孝文帝打的小報告，可能是代郡變事發生後，李彪奉命調查拓跋恂與此次亂事的關係，所以才有拓跋恂「有手書自理不知狀」的記載，可是李彪卻將這份自白書從中扣留，這也表示中原士族對於遷都與華化的意見。

在遷都的過程中，孝文帝曾與北方的保守勢力，展開多次激烈的辯論，分則見於〈拓跋謂〉、〈穆崇〉、〈陸俟〉、〈任城王〉等傳，可是，卻沒有看到中原士族對於遷都贊同和反對的意見，雖然高閭對於遷都洛陽，曾諫言「遷有十損」。但他並不反對遷都於鄴。㉓可能是因為在北方保守勢力的壓力下，他們恐怕崔浩悲劇的重演，案《魏書》卷四十〈陸俟傳〉：

> 初，高祖將議革變舊風，大臣並有難色。又每引劉芳、郭祚等密與規謨，共論時政，而國戚謂遂疏己，怏怏有不平之色。

所謂「國戚」也就是北方保守勢力。所以，在整個遷都過程中，中原士族很少表示他們的意

㉓《魏書》卷五十四〈高閭傳〉。

見，但事實上，他們卻以行動表示他們的意見，參與實際的工作，像李沖就是一個很明顯的例子。其他像孝文帝〈弔比干碑〉中所列的四十個中原士人中，除馮誕是外戚、王翔是寵倖、李堅與秦松是中官，他們和孝文帝有特殊的關係，在個人的情感上，不能不贊同遷都之外，至於隴西的李韶、太原的郭祚、廣平的游肇、河間的邢巒、京兆的韋纘、中山的甄琛、博陵的崔廣等都是當時知名的士族，他們隨孝文帝遷都洛陽，關於這個問題可以從〈邢巒傳〉中尋得答案，《魏書》卷六十五〈邢巒傳〉：

> 高祖因行藥至司空府南，見巒宅，遣使謂巒曰：朝行藥至此，見卿宅乃住，東望德館，情有依然。巒對曰：陛下移構中京，方建無窮之業，臣意在與魏昇降，寧容不務永年之宅。高祖謂司空穆亮、僕射李沖曰：巒之此言，其意不小。

由此，可知中原士族對於遷都華化所持的態度，所以不論中原士族族望的高低，或政治黨派不同，但他們所表現支持孝文帝遷都華化態度是一致的，就是完成崔浩過去所沒有實現的理想，促使拓跋氏草原文化，迅速溶解在中原文化的長流之中。所以，李彪雖然出身寒微，在許多政治見解方面，和出身隴西的李沖有顯著的不同，而且還發生衝突；但在遷都與華化方面，他們的意見卻是一致的。

在《魏書》中李彪與高道悅同傳，高道悅是被拓跋恂準備奔代時，手刃於宮中的。案《魏書》恂本傳，說他：

> 不好書學，體貌肥大，深忌河洛暑熱，意每追樂北方。中庶子高道悅數苦言致諫，恂甚銜之。

又案《魏書》卷六十二〈高道悅傳〉：

> 太和二十年秋，車駕幸中岳，詔太子恂入居金墉，而恂潛謀還代，忿道悅前後規諫，遂於禁中殺之。

兩傳同言高道悅之死，因拓跋恂討厭他「數苦言致諫」與「前後規諫」而引起的。他所規諫的，是因為拓跋恂「不好書學」與「意每追樂北方」，而引起拓跋恂的反感，也就是說高道悅的教育方式並沒有成功，所以孝文帝見李韶時，才有「卿若不出東宮，或未至此」之嘆！因此，可以說高道悅是草原與農業文化衝突下的犧牲者。雖然，高道悅和李彪之間的關係不明，但他們兩個同傳，可能有不平凡的友誼存在。也許李彪寢拓跋恂的自白書，就私人的感情而論，有為高道悅復仇的意味在內。

另外，從農業和草原文化的角度觀察，拓跋恂在被困河陽之時，案恂傳說他「在困躓，頗知咎悔，恆讀佛經，禮拜歸心於善」。又案〈高祖紀下〉，孝文帝幸代如長安的時間，是太和二十一年的四月，雖然在這年的正月已立拓跋恪為太子，世宗拓跋恪與拓跋恂完全不同，他「雅愛經史，尤長釋氏之義」，受華化的程度頗深。對一般中原士族而言，比較容易接受，但拓跋恂既知悔改，又有自白書申訴與代北的叛亂沒有瓜連，而從高祖與李韶的談話，表示對這件事也頗有惋惜之意，因此在上述種種因素下，即使高祖無意恢復他太子的地位，但赦免他的罪，並不是不可能的。一旦拓跋恂被赦免之後，再有北方保守集團殘餘勢力的支持，重登皇位並非不可能，那麼，整個的局面就完全改觀。所以，李彪雖然出身寒微，而且和中原大族之間，在政治上的意見分歧，但在維護中原文化的持續這一點上，他們的步調卻是一致的。從上述兩方面推論，不難了解拓跋恂的死因。

結語

綜合以上各節所論，孝文帝最初祇是希望利用平城現有的基礎，改建為一座典型的中原文化的都城，並沒有積極遷都的企圖。後來為了避免北方保守勢力的壓力，不得不南遷。但由當時的情勢分析，鄴似乎更適於建都，他所以選擇洛陽，因為那裡是漢、魏、晉的舊都。

由於遷都而造成南北的分裂，北方所留下的是一批保守勢力，而他的遷都集團，則是由拓跋氏政治權力的中心，所產生的一批新生力量與中原士族結合而成。他的華化曾引起北方保守勢力普遍的抗議，後來因遷都終於形成公開的叛亂。就單純政治意義而言，這次叛亂是青年與老年兩代間，因意識形態不同所引起的政治歧見。就文化意義而言，則是因北魏建國以來，所形成的「稍僭華典，胡風國俗，雜相揉亂」的邊際狀態，一次徹底的調整與重組，而引起的草原文化與農業文化觀念不同的衝突。

不過，在這次文化的調整與重組的過程中，孝文帝為獲得北方強大保守勢力的諒解，曾作了某種程度的妥協與讓步，而使許多草原文化的殘餘留存下來。這種妥協與讓步，對他個人而言，產生了家庭的悲劇，拓跋恂之死，正是草原文化殘餘，與農業文化衝突的結果。就政權的掌握而言，南北的分裂因此形成，遷都集團由此迅速融合於中原文化之中，留在北方殘餘的保守勢力，又退回草原文化狀態中去，後來爾朱榮的叛亂，北齊、北周鮮卑化的復辟，都種因於此。

孝文帝為實現自己的理想，曾付出很高的代價，不僅犧牲自己王位繼承人，而且放棄自己文化傳統，接受另一種意識形態。完全放棄自己文化傳統，投入另一種文化之中，就這種文化的本身而論，總是可悲的。

北魏平城對洛陽規建的影響

孝文帝匆促間選定洛陽為他的新都，又迫不及待地從平城南遷，所以洛陽的建構工程，到他死後還沒有完成，至世宗元恪景明二年（西元五〇一年）才告一個段落。❶不過還有許多重要的工程，如明堂、辟雍等，到孝明帝元詡正光元年（西元五二〇年）❷還沒有完成。參與洛陽新都建築計劃的人除李沖、穆亮、董爵外，還有蔣少游和王遇等，這一批人同時也是孝文帝改建平城時，各項重要工程建築的主持人。在他們完成平城的改建工程後，又立即參與洛陽新都的規建工作。因此，平城的改建工程，對洛陽新都的規建就發生了直接的影響。

❶《魏書》卷八〈世宗紀〉。

❷《魏書》卷四十一〈源子恭傳〉。

一

北魏對平城的經營，開始於太祖拓跋珪時代。在拓跋珪天興元年（西元三九八年），建國號為魏的同時，也將他的都城遷到平城，於是平城就成為北魏前期固定的國都。《魏書》卷二〈太祖紀〉：

> 秋七月，遷都平城，營宮室，建宗廟，立社稷。

案《通鑑》卷一一〇「晉安帝隆安二年七月」條下：「魏王珪遷都平城，始營宮室。」這是北魏經營平城的開始，從此北魏就有了固定的都城。❸不過最初的營建還停留在草創階

---

❸ 前此，拓跋氏部族也有建都定居的意思，不過沒有實現，《魏書》卷十三〈皇后列傳〉：「昭成初欲定都於灅源川，築城郭，起宮室，議不決。后聞之曰：『國自上世，遷徙為業。今事難之後，基業未固。若城郭而居，一旦寇來，難卒遷動。』乃止。」又《魏書》卷一〈序紀〉：「築盛樂城於故城南八里。」但築城並非就是制定都邑。都邑之制在農業發展到某個階段才會出現。

段。所謂「始都平城，猶逐水草，無城郭」，❹正是當時的寫照。至於大規模的建構平城，則在天賜三年（西元四〇六年），也就是拓跋遷都平城的後八年，又《魏書》卷二〈太祖紀〉：

> （天賜三年）六月，發八部五百里內男丁築灅南宮，門闕高十餘丈；引溝穿池，廣苑囿；規立外城，方二十里，分置市里。

所謂「發八部五百里內男丁」，即《魏書》卷一一〇〈食貨志〉所說：

> 既定中山，分徙吏民及徒何種人、工伎巧十餘萬家以充京都，……天興初，制定京邑，東至代郡，西及善無，南極陰館，北盡參合，為畿內之田；其外四方四維置八部帥以監之。

這次的徙民是天興元年移來的，又案〈太祖紀〉：

---

❹《南齊書》卷五十七〈魏虜傳〉。

（天興元年正月）徙山東六州民吏及徒何、高麗雜夷三十六萬，百工伎巧十萬餘口，以充京師。

這是北魏前期，向代京十一次移民中的第一次，也是最多的一次。❺在上述兩段材料中，「吏民及徒何種人、工伎巧」及「山東六州民吏及徒何、高麗雜夷」和「百工伎巧」，所指的是同一事。同時在這兩段材料裡，「吏民」與「百工伎巧」分別計數，所謂「吏」，當然是平中山後，所俘的慕容燕的官吏。至於「民」，則是指中原地區有經驗的農民而言。❻這批農民抵達代郡後，立即「計口授田」，❼投入農業生產，後來對於拓跋氏草原文化，向農業社會過渡發生很大的影響。❽至於那十萬餘口的「百工伎巧」，卻對平城最初的規建有直接的貢獻。

❺ 自太祖拓跋珪天興元年（西元三九八年），至顯祖拓跋弘皇興三年（西元四六九年）「徙青州平齊民于京師」，前後七十年間，北魏共向平城移民十四次，計四十餘萬口，十四萬九千餘家。以天興元年的一次徙民最多。分見《魏書》〈太祖〉、〈太宗〉、〈世祖〉、〈顯祖〉各紀。

❻ 另詳本書〈北魏前期的文化與政治形態〉。

❼ 《魏書》卷一一〇〈食貨志〉。

❽ 同❻。

關於「百工」和普通的人民，從西漢以來就是分別記載的，❾表示他們的身份和普通人民不一樣。這種身份的區別，至西晉以後格外嚴格，更以法律的形式限制他們的服乘，並且將「百工」與「士卒」並列。❿所謂「士卒」，是魏晉以來所形成的一種「世兵制」，也稱為「士家」制度，「士家」又稱為「兵戶」，由於他們都是父子相承佃耕政府的土地，所以他們的身份也就世代相襲。兵戶的戶籍也和一般民戶不同，稱為「兵籍」或「士籍」，是一種不屬州郡，而屬於軍營的特種戶口。⓫「百工」既與士卒並列，那麼他們的身份和地位當然相同，即百工也是世傳其業，採用一種軍事編組，而不屬於州郡的戶口。這是繼承漢代政府集中控制工匠，發展而形成的一種制度。⓬

---

❾《史記》卷一〇九〈李將軍列傳〉索隱如淳曰：「良家子，非醫巫，商賈，百工也。」又《晉書》卷三〈武帝紀〉：「將吏渡江復十年，百姓及百工復二十年。」

❿《晉書》卷四十六〈李重傳〉：「八年己巳詔書申明律令，諸士卒百工以上，所服乘皆不得違制。若一縣一歲之中，有違犯者三家，洛陽縣十家以上，長官免。」關於士卒百工的服乘規定，見嚴可均，《全上古三代秦漢六朝文》卷一四五，輯《御覽》諸條。

⓫何茲全，〈魏晉南朝的兵制〉，《史語所集刊》第十六本；又谷霽光，《府兵制度考釋》。

⓬唐長孺，〈魏晉至唐官府作場及官府工程的工匠〉，《魏晉南北朝史論叢續編》。

自永嘉風暴以後，內遷各族相繼在中原地區建立割據的政權。由於這些內遷各族的征服者和他們的部人，不熟稔農業社會的技巧，所以對於具有專業技術的工匠，需要特別迫切。因此他們從掠奪的人口中，吸取大量的工匠加以控制。在石勒政權中，任汪就擔任「典匠少府」，這是一個管理與分配使用百工的機構。⓭石勒修建鄴的宮殿時，就由任汪「使工匠五千採木以供之」。⓮至於其他內遷的各族政權，對百工控制使用的情形也大致相似。⓯

北魏也是由內遷民族而建立的國家，所以對百工控制的情形也相同。《左傳》襄公二十三年孔疏注引《魏律》：

緣坐配沒為工樂雜戶者，皆用赤紙為籍，其卷以鉛為軸。

⓭《晉書》卷一〇五〈石勒載記下〉。

⓮同⓭。

⓯《晉書》卷一〇九〈慕容皝載記〉：「百工商賈，……量軍國所須，置其員數，已外歸之於農。」又《晉書》卷一三〇〈赫連勃勃載記〉：「造五兵之器，精銳尤甚。既成呈之，工匠必有死者：射甲不入即斬弓人，如其入也，便斬鎧匠。……凡殺工匠數千。」

所謂赤紙為籍，鉛為軸，在法律上已經規定，他們的身份與一般人不同。這些具有專業技巧的工與樂、雜戶並列，雜戶是「不屬守宰」的，而由設有「雜、營戶帥」的特殊機構管理。⓰由此可以了解，北魏時的「百工伎巧」，與一般普通人民的身份不同。同時，管理他們的長官既稱為「帥」，他們管理與控制，當然是採用軍事編組的。⓱這是天興元年的徙民中，六州民吏與百工伎巧分別計數的原因。

不過，這十餘萬「百工伎巧」，既然在遷徙之初，就可以與其他的「六州民吏」分劃清楚，那必然是慕容燕統治下已有的組織。所以這批「百工伎巧」被遷至代郡後，仍然保持原來的組織，被指定在一個固定區域居住，而為官府操作。雖然，在他們之中，並不完全是建築的專業人才，但其中的建築專業人才，在平城建構之初，貢獻出他們農業社會特有的技巧，促使拓跋氏的草原文化，迅速向農業文化過渡，那是必然的。

⓰《魏書》卷九十四〈閹官・仇洛齊傳〉：「魏初禁網疏闊，民戶隱匿漏脫者多。東州既平，綾羅戶民樂葵因是請採漏戶，供為綸綿。自後逃戶占為紬繭羅穀者非一。於是雜、營戶帥遍於天下，不屬守宰。」

⓱唐長孺，〈拓跋國家建立及其封建化〉，《魏晉南北朝史論叢》。

二

由於現在對平城最初的規制不易考察，因此推論北魏曾徙涼州民於平城，而平城的建築和雕刻，又受到河西文化的影響。這種影響特別表現在雲崗石窟的造像和雕刻方面，因此，平城的新制是摹擬涼州的都會，⑱這種推論當然可以成立。不過，河西文化對平城的影響，應該在世祖拓跋燾時代，拓跋燾太延五年（西元四三九年），曾徙涼州民三萬餘家於平城。⑲這次的徙民不僅對平城的規制有影響，同時對於北魏前期的文物制度與學術文化，更有不可磨滅的貢獻。同時這次的徙民，卻在平城始建的四十年以後，所以，平城初建時期受河西的影響並不大。

平城宮城最初的規制，是直接模仿長安、鄴、洛陽的。《魏書》卷二十三〈莫含傳〉：

太祖欲廣宮室，規度平城四方數十里，將模鄴、洛、長安之制，運材數百萬根。

---

⑱ 陳寅恪，《隋唐制度淵源略論稿》。

⑲ 《魏書》卷四上〈世祖紀上〉。

關於平城規制受長安的影響，《魏書》卷二十四〈燕鳳傳〉：

……及昭成崩，太祖將遷長安。鳳以太祖幼弱，固請於苻堅曰：代主初崩，臣子亡叛，遺孫沖幼，莫相輔立。……待其孫長，乃存而立之，是陛下施大惠於亡國也。堅從之。

拓跋氏部落聯盟，在拓跋珪祖父什翼犍時代，曾被苻秦兼併。案《通鑑》卷一〇一「海西公太和元年五月」條下：「代王什翼犍遣左長史燕鳳入貢於秦。」這時拓跋氏部落聯盟已淪為苻秦的附庸。而苻秦對於拓跋氏部族的控制也非常嚴密，不僅「散其部落於漢鄣邊故地」⑳，並且還「立尉、監行事，官僚領押」。㉑這是受苻秦控制與支配的時期。這個時期一直到拓跋珪即位後的二年，也就是東晉太元八年（西元三八三年）淝水之戰為止，前後二十多年之久。而且在這段時期中，苻秦統一黃河流域，長安變成北方唯一的政治首都。西元三九八年，拓跋珪遷都平城，西元四〇六年開始大規模經營平城，如果說拓跋珪在遷都平城時，就打下規制平城的藍圖的話，那麼距擺脫苻秦的控制祇有十六年，即使在天賜三年開始興建平城，距

⑳《晉書》卷一一三〈苻堅載記上〉。

㉑同⑳。

此也不過二十四年。雖然拓跋珪對於「羌習」的印象不好，但長安在他與他權力核心人士的心目中的影響力，並沒有消逝。因此，以長安作為興建都城的藍圖，是非常可能的。

至於洛陽，因為當時拓跋氏的勢力一直偏處北方，所以在平城初建之時，其影響並不顯著。不過，慕容燕的都城鄴，對平城的規制卻有直接的影響。《魏書》卷二〈太祖紀〉：

天興元年春正月，慕容德走保滑臺，(拓跋)儀克鄴，……庚子，車駕自中山行幸常山之真定，……遂幸于鄴。帝至鄴，巡登臺榭，遍覽宮城，將有定都之意。乃置行臺，以龍驤將軍日南公和跋為尚書，與左丞賈彝率部吏及兵五千人鎮鄴。

拓跋珪在定中山後不久，即巡幸鄴，並巡登臺榭，遍遊「宮城」，而且還有遷都於此的意念。所以這次巡幸，鄴的宮室建制規模，給他的印象是非常深刻的，這種印象後來必然會反映在平城的規制上。同時上述自中山遷來的十餘萬口「百工伎巧」之中，必定有大批工匠曾參加慕容燕的都城的建構，現在又以他們過去的經驗，轉輸於平城的規制之中。所以平城最初的構建，可能是以長安為藍圖，但在內容方面，卻充滿慕容氏都邑的色彩，至於河西因子的注入，卻是以後的事。

不過平城的規制，除上述的影響之外，還有一個重要的因素，那就是像當時的文物、典章制度一樣，仍然保持某些草原文化的色彩。《魏書》卷二十三〈莫含傳〉：

太祖欲廣宮室，規度平城……。以題機巧，徵令監之。召入，與論興造之宜。題久侍頗怠，賜死。

莫題是莫含的孫子，案〈莫含傳〉：

雁門繁畤人，家世貨殖，貲累巨萬。劉琨為并州，辟含從事。含居近塞下，常往來國中。穆帝愛其才器，善待之。及為代王，備置官屬，求含於琨。琨遣入國。

莫含既「居近塞下」，又「常往來國中」，所以他對中原文化也非常了解。由於他生活在兩種不同的文化之間，能夠適應草原文化的方式，不會發生隔閡的困難。㉒更因為他熟稔農業文化，可以協助拓跋氏解決兩種不同文化接觸時，所產生的種種問題。這一類的人物是拓

㉒ 姚從吾師，〈遼金元時期通事考〉，《臺灣大學文史哲學報》第十六期。

跋氏與中原文化接觸之初，最迫切需要的。㉓而拓跋珪在規建平城時，卻用了一個農業與草原文化接觸過渡時期的「媒介人物」的後裔，負責主持平城興建工程。充份表示拓跋珪在規制平城時，雖欲模仿長安、鄴、洛陽，但卻沒有完全放棄草原文化的企圖。所以，某些草原文化的色彩，被保留在平城的建築之中。《南齊書》卷五十七〈魏虜傳〉：

> 城西有祆壇，立四十九木人，長丈許，白幘、練裙、馬尾被，立壇上，常以四月四日殺牛馬祭祀，盛陳鹵簿，邊壇奔馳奏伎為樂。

四月祀天，案《通鑑》卷一三七「齊武帝永明十年」條下，說這是「魏舊制」。《三國志・魏書》卷三十〈鮮卑傳〉注引《魏書》：「常以季春大會，作樂水上」。又同卷〈烏丸傳〉注引《魏書》：「敬鬼神，祠天地日月星辰山川，及先大人有健名者。」所以四月祀天，即保持其原始宗教的形式。至於祭祀典禮的儀式，更充滿濃厚的草原風味，有帝室弟子七人陪祭，並且還有女巫參與。㉔至於上述「邊壇奔馳」，則是「蹋壇」與「繞天」的草原儀式。㉕既然

㉓ 同❻。
㉔ 同❻。

祭天的典禮是草原文化的遺痕，那麼，作為祀天典禮的「祠天壇」的建築，當然也保持了草原文化的形式。

除此，還可以尋出草原文化過渡到農業文化的痕跡，那就是所謂的「坊里」制度，《南齊書》卷五十七〈魏虜傳〉：

> 其郭城繞宮城南，悉築為坊，坊開巷。坊大者容四五百家，小者六七十家。每南坊搜檢，以備奸巧。

這種坊里制度，後來直接影響洛陽，間接影響唐代長安的宮城建築。都市坊里制度來由已久，是中國邑居最基本的自然區分。[26] 不過大規模有計劃而相當整齊的坊里制，則創始於北魏洛陽。[27] 北魏洛陽的坊里制，不僅是京都土地利用的制度，最主要的特徵，是京都社會

---

[25] 同[4]。

[26] 宮崎市定，〈中國における村制の成立——古代帝國崩壞の一面〉，《東洋史研究》，第十八卷第四號。

[27] 何炳棣，〈北魏洛陽城郭規劃〉，《慶祝李濟先生七十歲論文集》（上），何氏在他的英文稿：Lo-yang, A. D. 495–534: A Study of Physical and Socio-Economic Planning of a Metropolitan Area,

經濟的設計，依照當時社會階級觀念，北魏政府將洛陽城郭，分劃成若干不同的區域，所以，北魏洛陽的坊里制，充份反映當時社會經濟制度。㉘這種坊里制度，應和上述平城的坊里制度有密切的關係。㉙

雖然，現在已無法尋檢平城坊里制詳細的資料，但從上述平城坊里制的材料，可以了解平城坊里制雖然沒有洛陽那樣規模，不過其在「有計劃」與「相當整齊」方面，應該和洛陽是一致的。而且平城的坊里制按照人民的等級與生計性質分類，和以後洛陽坊里情形相似，是可以肯定的。《魏書》卷五十三〈李孝伯傳〉：

> 國家有江南使至，多出藏內珍物，令都下富室好容服者貨之，令使任情交易。使至金玉肆問價……。

㉘ 同㉗。

㉙ 何炳棣在他的英文稿中，曾討論到平城的坊里與洛陽的關係，不過他說平城的坊里集中在宮城之南，而且規模也比較小。但從《南齊書》的記載看來，這種坊里制也是有計劃的設計。

Harvard Journal of Asiatic Studies, Vol. 26, 1966. 更深入討論這個問題。

上述材料敘述江左使者劉纘抵達平城後，李安世為主客陪同劉纘參觀平城市場的情形。所謂「使至金玉肆問價」可以證明當時的平城，也像後來的洛陽一樣，是將某類的行業，集中在某一個地區經營的。這種根據人民所經營的性質，限制他們居住地區，限制貿易者的區域的分劃，雖然和漢武帝抑商政策有關；[30]但北魏時期京城的坊里制度，和拓跋氏部族由遊牧而「分土定居」，然後演變成的「宗主督護制」，有密切的關聯性。

「宗主督護制」的本身，就是一種由遊牧轉變為農業，由部落聯盟進入國家時期的過渡產物。這種制度是由於拓跋珪時代，「離散諸部，分土定居，不聽遷徙」逐漸形成的。不過這些被離散的部落，在「分土定居，不聽遷徙」之初，仍然以一個民族為單位同居一處。這種情形和永嘉風暴後，中原地區的地方豪強聚族自保而居的情形相似。這兩種形態結合後，就形成「通行於胡漢」的宗主制。[31]聚族而居的情形，在北魏時期是非常普遍的。後來由李沖建議創立「三長制」，於是變得更鞏固與制度化了。[32]

這種通行於胡漢的宗主制，和自天興元年以後，拓跋氏部族從他們武力控制的地區，大

[30] 同[26]。

[31] 余遜，〈讀魏書李沖傳論宗主制〉，《史語所集刊》第二十本（下）。

[32] 另詳未刊拙作，〈永嘉風暴後黃河流域地方勢力的持續〉。

量向代京移民政策配合後，就含有社會等級的意味在內了。這些被遷到代京附近的人民，他們的身份不僅不同於編戶，㉝而且還被分配在一個固定的區域居住，《魏書》卷五十〈慕容白曜傳〉：

（皇興）二年（西元四六八年），崔道固及兗州刺史梁鄒守將劉休賓並面縛而降。白曜皆釋而禮之。送道固、休賓及其僚屬于京師。後乃徙二城民望於下館，朝廷置平齊郡，懷寧、歸安二縣以居之。

由此可知，這些被遷到平城的徙民，和上述十萬餘口「百工伎巧」一樣，被列入受管制的特種戶口。《魏書》卷三十八〈王慧龍傳〉：

（慧龍）臨沒，謂功曹鄭曄曰：吾羈旅南人，恩非舊結，蒙聖朝殊特之慈，得在疆埸效命。誓願鞭屍吳市，戮墳江陰。不謂嬰此重疾，有心莫遂。……夫復何言。身歿後，乞葬河內州縣之東鄉，依古墓而不墳，足藏髮齒而已。庶魂而有知，猶希結草之報。

㉝ 同㉛。

時制，南人入國者皆葬桑乾。曄等申遺意，詔許之。

由上述「南人入國者皆葬桑乾」，所謂「入國者」，包括自動歸附，戰敗降附及戰敗被俘等，依照歸附的性質，與歸附者過去的社會與政治地位，分別享受「上客」，「次客」和「下客」的差別待遇。所謂「上客」是「給田宅，賜奴婢、馬牛羊」，「下客」僅「粗衣蔬食」而已。[34]王慧龍是太原王愉之孫，而且是自動歸服，歸魏後抗劉宋有功，卒後贈安南將軍荊州刺史，諡穆侯，尚且如此，其他的人可以想見。所以那些被遷到平城來的徙民，不僅生無居住的自由，死後也沒有選擇埋葬地點的自由。他們可能依照入魏的性質，與個人過去社會和政治地位，不同的專業技巧分劃成若干不同的社會等級，分住在不同的地區，而形成後來平城的「坊里」制度，又直接影響到洛陽的規劃，所以洛陽「坊里」制度，根據當時社會等級觀念而確立的論點是可以成立的。不過，這種坊里制度的建立，卻有著它所代表的時代意義與歷史背景，也可以說這種坊里制度，是草原文化轉向農業文化的過渡時期的產物，就其所蘊藏的內容，與其所表現的精神而言，似乎和「涼州都會」的形式，沒有太多的關聯性。[35]

---

[34]《魏書》卷六十六〈崔亮傳〉；卷六十七〈崔光傳〉；卷六十八〈高聰傳〉；卷七十〈傅永傳〉；卷九十一〈術藝・蔣少游傳〉。

三

平城的建築從天賜三年開始，以後不斷的拓建：

（天賜三年）六月，發八部五百里內男丁築灅南宮，門闕高十餘丈；引溝穿池，廣苑囿；規立外城，方二十里，分置市里，經塗洞達。三十日罷。

（四年秋七月）築北宮垣，三旬而罷。

（泰常元年（西元四一六年）十一月）築蓬臺於北苑。

（二年）秋七月，作白臺於城南，高二十丈。

（三年十月）築宮於西苑。

（四年三月）築宮於蓬臺北。……九月，築宮於白登山。

（五年四月）起灅南宮。

（六年三月）發京師六千人築苑，起自舊苑，東包白登。

㉟《魏書》卷五十八〈楊播傳〉；卷四十三〈房法壽傳〉；卷六十一〈沈文秀傳〉。

（七年秋九月）築平城外郭，周圍三十二里。

（八年十月）廣西宮，起外垣牆，周圍二十里。㊱

以上是拓跋珪、拓跋嗣時代對平城經營的情形，後來拓跋燾即位後又不斷拓建，但據當時劉宋出使北方使臣的報告，平城的建築仍然非常簡陋。《南齊書》卷五十七〈魏虜傳〉：

截平城西為宮城，四角起樓，……城又無塹。南門外立二土門，內立廟，開四門，各隨方色，凡五廟，一世一間，瓦屋。其西立太社。佛狸（拓跋燾）所居雲母等三殿，又立重屋，居其上。飲食廚名「阿真廚」，在西，皇后可孫恒出此廚求食。……殿西鎧仗庫屋四十餘間，殿北絲綿布絹庫土屋一十餘間。偽太子宮在城東，亦開四門，瓦屋，四角起樓。妃妾住皆土屋。……太官八十餘窖，窖四千斛，……又有懸食瓦屋數十間，置尚方作鐵及木。……其郭城繞宮城南，悉築為坊，……城西南去白登山七里，於山邊別立父祖廟。城西有祠天壇。……

㊱《魏書》卷二〈太祖紀〉至卷四上〈世祖紀〉、卷三〈太宗紀〉。

這些建築後來在文成、獻文兩朝，沒有太大的變動。37所以，平城是拓跋氏草原文化轉向農業文化的象徵。這座都城的建築，和當時拓跋氏其他典章制度一樣，是稍僭華典，胡風國俗，雜相揉亂的。這種情況的存在，對北魏建國百年以後，企圖將草原農業混合的文化，作一次徹底調整與重組的孝文帝來說，不能不是一種「有形」的阻礙。因此在他親政以後，除了推行一系列的漢化運動外，同時也進行對平城的改建工作，他最初希望利用原有的基礎，將平城轉變為一座典型的中原文化都城。《魏書》卷七下〈高祖紀下〉：

（太和十二年（西元四八八年）七月）起宣文堂、經武殿。

（閏十月）帝觀築圓丘於南郊。

（十三年七月）立孔子廟於京師。

（十五年四月）經始明堂，改營太廟。

（十月）明堂、太廟成。

（十一月）遷七廟神主於新廟。

37 《魏書》卷五〈高宗紀〉：「（太安四年三月）車駕還宮。起太華殿。」又《魏書》卷九十一〈術藝・蔣少游傳〉：「高宗時，郭善明甚機巧，北京宮殿，多其制作。」

（十六年二月）帝移御永樂宮。庚寅，壞太華殿，經始太極。

（十月）太極殿成。

（十七年春正月）帝饗百僚於太極殿。

從太和十二年到遷都洛陽前一年，孝文帝拓跋宏在平城大興土木，同時在他改建平城建築的過程中，還進行一連串有關禮儀、祭祀問題的討論。[38]他似乎有意從有形的建築工程，更進一步促進意識形態的轉變，並沒有積極遷都的意思。[39]

孝文帝改建平城的初期，主持改建工程的是蔣少游。案《南齊書》卷五十七〈魏虜傳〉：

少游，安樂人。虜宮室制度，皆從其出。

又《魏書》卷九十一〈術藝・蔣少游傳〉：

[38]《魏書》卷一〇八〈禮志〉。

[39]另詳本書〈北魏孝文帝遷都與其家庭悲劇〉。

慕容白曜之平東陽，見俘入於平城，充平齊戶，後配雲中為兵，性機巧，頗能畫刻。……後於平城將營太廟、太極殿，遣少游乘傳詣洛，量準魏晉基趾。後為散騎侍郎，副李彪使江南。高祖修船乘，以其多有思力，除都水使者，遷前將軍、兼將作大匠，仍領水池湖泛戲舟楫之具。

蔣少游曾「副李彪使江南」。他出使的時間，案《魏書》卷七下〈高祖紀下〉：

（十五年冬十月）明堂、太廟成。十有一月丁卯，遷七廟神主於新廟。……詔假通直散騎常侍李彪、假散騎侍郎蔣少游使蕭賾。

這時蔣少游的本官是「將作大匠」，他隨李彪出使江南，卻另有任務，即所謂「密令觀（南齊）京師宮殿楷式」。《南齊書》卷五十七〈魏虜傳〉：

（永明）九年遣使李道固、蔣少游報使。少游有機巧，密令觀京師宮殿楷式。清河崔元祖啟世祖曰：少游，臣之外甥，特有公輸之思。宋世陷虜，處以大匠之官。今為副使，必欲模範宮闕。豈可令氈鄉之鄙，取象天宮？臣謂且留少游，令使主反命。世祖以非和通意，不許。

不過，在蔣少游出使江南的時候，平城重要的建築已大致完成，他這次南使欲「規模」的可能是平城太極殿的設計工作，以及其他的園林設計。因為太極殿在他北返以後才動工，同時這時他又兼領「水池湖泛戲舟楫之具」。不過，在太極殿興建的時候，主持工程的卻是李沖，案《魏書》卷五十三〈李沖傳〉：

（高祖）詔曰：……我皇運統天，……銳意四方，未遑建制，宮室之度，頗為未允。……明堂、太廟，已成於昔年。又因往歲之豐資，藉民情之安逸，將以今春營改正殿。……成功立事，非委賢莫可；改制規模，非任能莫濟。尚書沖器懷淵博，經度明遠，可領將作大匠；司空、長樂公（穆）亮，可與大匠共監興繕。其去故崇新之宜，修復太極之制，朕當別加指授。

綜合以上所述，從太和十二年七月，孝文帝拓跋宏開始改建平城，到太和十六年十月太極殿建築完成為止，前後四年多的時間，相繼完成許多重要的建築。在建築的過程中，可分成兩個階段，即太廟、明堂、孔廟等，由蔣少游主持完成。在他主持這些建築工程時，曾「乘傳詣洛，量準魏晉基趾」，所以在這時的建築的工程中，受魏晉舊制的影響較大。至於後一個階段，也就是李沖擔任將作大匠，主持太極殿建築工程階段，雖然蔣少游不擔任將作大匠，但實際上，他卻參加了這項工作，而且在這工程開始前不久，他曾出使江南，所以南齊宮殿的影響，必然注入太極殿建築的形式之中。而且他又再度赴洛陽丈量舊址。因此平城太極殿建築的形式，是綜合了洛陽與江南的形式而成，更由於李沖主持這件工程，而滲入了某些所謂「河西因子」。

所以平城的改建工程，是綜合了江南、洛陽、河西的各種因素而成，同時，由於王遇也參加了這項工作，可能又加進某些長安與關中的分子。《水經注》卷十三〈濕水〉：

> (平城)東郭外，太和中閹人宕昌公鉗耳慶時，立祇洹舍於東皐。

鉗耳慶時即是王遇，《魏書》卷九十四〈閹官・王遇傳〉：

王遇，……馮翊李潤鎮羌也。與雷、党、不蒙俱為羌中彊族。自云其先姓王，後改氏鉗耳，世宗時復改為王焉。自晉世已來，恆為渠長。……遇坐事腐刑，為中散，……遇性巧，彊於部分。北都方山靈泉道俗居宇及文明太后陵廟，……皆遇監作。

王遇是一個漢化的羌人，其家世居關中。❹所以他所監修的建築，很可能感染了長安的色彩。因此，平城經孝文帝改建後，變成一座色彩非常複雜的城市，除了某些中國都邑的因素外，還保存了某些拓跋氏文化轉變期間的痕跡。這許多不同的色彩，不久後，又直接影響洛陽新都的建構。

四

這一批參與平城改革工程的人，在平城太極殿完成後，又參加洛陽的規制工作，《魏書》卷七下〈高祖紀下〉：

❹ 姚薇元，《北朝胡姓考》。

（太和十七年）冬十月戊寅朔，幸金墉城。詔徵司空穆亮與尚書李沖、將作大匠董爵經始洛京。

由於在參與洛陽規制的三個人中，穆亮代表北方勳舊，且職為司空，營國之事本冬官所掌，所以兼領此職。董爵則官為將作大匠，建築是他的職務，不能不參與其事，其實洛陽新都的規制，完全出於李沖一人之手。案《魏書》卷五十三〈李沖傳〉：

沖機敏有巧思，北京明堂、圓丘、太廟，及洛都初基，安處郊兆，新起堂寢，皆資於沖。

因此，洛陽新都的建構當充滿河西的色彩。41不過，平城的明堂，圓丘，太廟等，是在蔣少游監製下完成的。而洛陽的新都雖在李沖的主持建構下，可是蔣少游、王遇等卻實際參與工作，《魏書》卷九十一〈術藝．蔣少游傳〉：

……華林殿、沼修舊增新，改作金墉門樓，皆所措意，號為妍美。……又為太極立模

---

41 同18。

範，與董爵、王遇等參建之，皆未成而卒。

又《魏書》卷九十四〈閹官・王遇傳〉：

洛京東郊馬射壇殿，修廣文昭太后墓園，太極殿及東西兩堂、內外諸門制度，皆遇監作。

洛陽的規建到景明二年才告一個段落，但李沖卻卒於太和二十二年（西元四九八年）八月，也就是孝文帝遷都洛陽工程告一段落的前三年。李沖死後，餘下的工程當然由蔣少游、王遇、董爵繼續進行。案〈術藝・蔣少游傳〉載，少游卒於景明二年，董爵、王遇的卒年不可考。但既與蔣少游並列，他們三人的卒年應相去不遠。太極殿就在這年十一月落成，《魏書》卷八〈世宗紀〉：

（景明二年）十有一月己卯，詔：京洛兵蕪，歲踰十紀。先皇定鼎舊都，惟新魏曆，翦掃榛荒，創茲雲構……，規模長遠。今廟社乃建，宮極斯崇，便當以來月中旬，蠲吉徙御。……十有二月戊子，……饗群臣于太極前殿，賜布帛有差，以初成也。

那麼，他們三人雖然沒及見太極殿的落成，但都實際參加太極殿的營建工作。同時，即連李沖在內，他們都曾參加過平城的改建工作。他們以改建平城的經驗創建洛陽，因此洛陽必然承受平城建築的影響。《魏書》卷四十一〈源賀傳〉：

正光元年（西元五二〇年），為行臺左丞，巡行北邊。轉為起部郎。明堂、辟雍並未建就，子恭上書曰：……（洛陽）高祖所以始基，世宗於是恢構。……訪遺文，修廢典，建明堂，立學校，……永平之中，始創雉構，基趾草昧，迄無成功。故尚書令、任城王臣澄按故司空臣沖所造明堂樣，并連表詔答、兩京模式，奏求營起。

這段材料說明洛陽的建構，經過二十幾年不斷的經營，到正光元年還沒有完成。明堂的始基在永平三年（西元五一〇年）開始，雖然用的是李沖的設計圖樣，不過這時李沖的墓木已拱，蔣少游、王遇、董爵又相繼而亡，當然不是他們監造的。不過材料裡說到「兩京模式」，所謂「兩京」，是指平城與洛陽而言，平城的明堂，是由蔣少游考察過去洛陽廢置明堂舊址後建造的，所以平城明堂的建築曾受洛陽的影響。任城王元澄與李沖，同是孝文帝遷都時得力的助手，當然能深切了解李沖的意旨，在他的奏章裡，既提到李沖的設計是依「兩京模式」，但當時洛陽明堂廢置已久，無「模式」可供參考，所以必然是根據平城新建明堂為藍圖而設計的。因此，可以證明洛陽宮城的建築，直接承受的平城的影響。因為在平城改建的過程中，已融合了許多不同地方的色彩，這許多不同的地方色彩，後來又繪成洛陽新都的圖樣。

至於平城的坊里制對洛陽的影響，雖然無法找到直接的材料證明，但是洛陽的坊里建築，與洛陽宮宮城建築並不是同時進行，《魏書》卷十八〈太武五王傳〉：

（高祖）遺詔以嘉為尚書左僕射，與咸陽王禧等輔政。遷司州牧，嘉表請於京四面，築坊三百二十，各周一千二百步，乞發三正復丁，以充茲役，雖有暫勞，姦盜永止。詔從之。

案《魏書》卷八〈世宗紀〉景明二年九月條下：「發畿內夫五萬人築京師三百二十三坊，四旬而罷。」坊里的設立，是拓跋氏王朝為了解決「代遷之民」居住的問題。[42]《魏書》卷十

[42] 何炳棣認為北魏洛陽城內坊里既全部保留為統治階級之用，四郭坊里之區域的劃分，也是社會階級身份的。那麼景明二年，由元嘉建議開始築建的三百二十座坊里，則是落座「於京四方」的。所以

九〈任城王傳〉：

今代遷之眾，人懷戀本，細累相攜，始就洛邑，居無一椽之室，家闕儋石之糧，而使怨苦即戎……。

又《魏書》卷六十五〈李平傳〉：

洛邑俶營，雖年跨十稔，根基未就。代民至洛，……資產罄於遷移，牛畜斃於輦運，陵太行之險，越長津之難，辛勤備經，得達京闕，富者猶損太半，貧者可以意知。兼歷歲從戎，不遑啟處，自景明已來，差得休息。事農者未積二年之儲，築室者裁有數間之屋。

以上兩段材料，說明「代遷之眾」，初抵洛陽之時，「居無一椽之室，家闕儋石之糧」。洛陽經營十數年之後，仍然「根基未就」，所謂「事農者未積二年之儲，築室者裁有數間之屋」。景

這些坊的設立，就不是專為統治階級而用的了。

明二年宮城的建築已告一個段落，於是注意力轉向「代遷之眾」的問題。元嘉這時擔任司州牧，解決京邑人民的生計問題，是他應負的職責，所以由他建議在京城的四周，統籌建築坊里，有計劃的分配居住，以解決「代遷之眾」所面臨的居住問題。雖然以五萬之眾，四十個工作天，無法完成三百二十個坊里建築工程，㊸但卻是一個有計劃的開始。既然這些坊里，將來準備分配給「代遷之眾」居住，那麼，當然根據他們平城的形式築構，從元嘉所謂「姦盜永止」這一點看來，與平城的「每南坊搜檢，以備奸巧」，似有相似之處。所以關於洛陽的坊里制中，所呈現相當嚴格的階級與身份的區分，不僅表示當時社會門第的凝結，同時也反映出北魏文化轉變中的宗主督護制的持續。

孝文帝為了實現他的文化理想而遷都洛陽，㊹但因匆匆規劃洛陽的新都，許多平城建築色彩，被塗抹在洛陽的設計之中，這些色彩分別表現在洛陽的宮城建築，與都市計劃的坊里制度方面。

㊸ 何炳棣，Lo-yang, A.D. 495–534: A Study of Physical and Socio-Economic Planning of a Metropolitan Area.

㊹ 勞貞一師，〈北魏後期的重要都邑與北魏政治的關係〉，《史語所集刊外編第四種》；又〈論北朝的都邑〉，《大陸雜誌》二十二卷三期。

拓跋氏與中原士族的婚姻關係

前言

拓跋氏原來是一個「統幽都之北，廣漠之野，畜牧遷徙，射獵為業」的草原民族，進入中原以後，和源遠流長的中國文化接觸，後來又經過孝文帝所作一連串政治、經濟、社會的改革，促使拓跋氏文化迅速的融化在中國文化裡。

在孝文帝所作的許多改革中，最有意義的便是「婚禁詔令」的頒佈，他利用政治力量，打破魏晉以來鞏固門閥制度的婚姻鎖鍊，這樣不但使其家族透過婚姻關係，獲得和中原世族同等的社會地位，同時使其文化能夠和中國文化徹底凝固在一起，對中國文化而言，由於這些新血液加入的刺激，又變得活潑生動，迸發出新的創造力量，此後隋唐兩代盛世，也是多由這些混合血統的人們在領導，這個新經融合的民族，又創造出一個在某些方面能超越前代的燦爛文化，這是兩種不同類型的文化融合過程中，很重要的問題，但卻很少人注意。

楊愔批評《魏書》，認為「枝葉親姻，過於繁碎」。❶雖然魏收所撰的《魏書》，在某些方面是失敗的，可是在這方面，卻把握住當時的時代精神。不過僅利用《魏書》的材料，探討拓跋氏初期的婚制，以及後來中原士族的婚姻關係，還是不夠，因此不得不利用北魏的墓誌，與史傳連綴在一起。雖然非常瑣碎，但或可了解當時拓跋氏婚姻的情形。

本章是筆者在新亞研究所碩士畢業論文中所抽出的一部份，由於個人的識見與材料的限制，有些地方仍不能周全。在撰寫期間，承牟潤孫師指導，錢賓四師、嚴耕望師批閱，孫同勛兄通訊討論，且提供若干材料，並此致謝。

一　拓跋氏初期的婚姻形態

和拓跋氏初期文化一樣，作為其社會結構重要環節的婚姻制度，也有它的原始形態，雖然這種原始形態的婚制，由於和中原文化接觸而發生轉變，但其中某些特質，所謂「仲春奔

❶ 《北齊書》卷三十七〈魏收傳〉。

會」的婚姻形式，即使在孝文帝遷都華化以後，仍然保存在他們的社會中。這的確是一個有趣，也是值得我們探討的問題。

(一) 婚姻的形式

《後漢書》卷九十〈烏桓傳〉：

> 其嫁娶則先略女通情，或半歲百日，然後送牛馬羊畜，以為娉幣，婿隨妻還家，妻家無尊卑，旦旦拜之，而不拜其父母為妻家僕役，一二年間，妻家乃厚遣送女，居處財物一皆為辦。其俗妻後母，報寡嫂，死則歸其故夫。

以上這段敘述是烏桓的婚姻情況，拓跋鮮卑初期習俗與烏桓相同，根據上述材料，也可得到拓跋部族初期婚姻制度的梗概。

「其嫁娶則先略女通情」，案裴注《三國志》引《魏書》作：「其嫁娶皆先私通，略將女去」。同書同卷〈鮮卑傳〉：

唯婚姻先髡頭，以季春月大會於饒樂水上，飲讌畢，然後配合。

饒樂水的季春大會，就政治而言，是部落酋長決定軍國大事的會議，就整個部落社會言，則是全體部民一律參加，有著聯誼和促進部落間感情的意味在內，所以在這一年一度的部落聯歡會上，凡達到婚嫁年齡的青年男女都先髡頭，《史記索隱》引服虔云：「（烏桓）父子男女悉髡頭，為輕便也」，又《三國志・烏桓傳》注稱：「案《說文》鬃注云『大人曰髡，小兒曰鬃。』」由是可知，髡頭是北方遊牧民族的風尚，而且表示青年男女已達到成年的階段，於是這些青年男女在聚會的「飲讌」中，互相選擇自己理想的對象，先行私通，然後再略將去。

《魏書》卷七下〈高祖紀下〉：

（太和二十年詔曰）夫婦之道，生民所先，仲春奔會，禮有達式，男女失時者以禮會之。

由此可知在拓跋氏遷都洛陽以後，「仲春奔會」的情形，仍然存在，所謂「仲春奔會」是早期拓跋氏婚姻制度的遺跡，和「季春月大會於饒樂水上」的聚會有著密切的關係，「男女失時者以禮會之」，和〈世宗紀〉正始二年的詔書稱「男女怨曠，務令媾會」，及〈肅宗紀〉正光二年的詔書稱：「男女怨曠，務令會偶」，諸詔書看來，似乎拓跋氏雖入中原已久，還保留「仲春奔會」的遺跡。

至於「略將女去」，則是一種掠奪婚 (Marriage by Capture) 的遺跡，證明掠奪婚曾經存在拓跋氏最初的社會裡，這是一種最原始的婚姻形式，後經演變，這種婚制雖已不存在，但假戰 (Sham-fight) 仍然被認為是一種結婚的儀式。

「婿隨妻還家，……為妻家僕役」，《三國志》裴注引《魏書》：「婿隨妻歸，為妻家僕役二年」。

這是典型的勞役婚 (Marriage by Service)，在最初的掠奪婚是一種無賠償的結婚方法，勞役婚則是對女家損失的補償，同時也測驗男方耐苦的精神，勞役婚在遊牧民族中間頗盛行，❷同時勞役婚的從妻居婚是母系社會特徵之一。(另詳第一章) 因為男子移居於婦人族中，他為妻族親屬所環繞，婦人遂成為社會的中心。❸《北史》卷九十九〈鐵勒傳〉：「其俗大抵與突厥同。唯丈夫婚畢，便就妻家，待產乳男女，然後歸舍」，鐵勒是匈奴民族的一支，早期和拓跋氏部族有婚姻關係，又《隋書》卷八十四〈契丹傳〉：「婚嫁之法，二家相許，婿輒盜

---

❷ *The History of Human Marriage*, Vol. II Ch. XXIII.

❸ F. Muller-Lyer 著，葉啟芳譯《婚姻進化史》第三章。

婦將去，然後送牛馬為娉，更將歸家。待有娠，乃相隨還舍」，這段記載和〈烏桓傳〉所載相似，契丹和初期的鮮卑同為東北民族，其俗應相去不遠，另一個東北民族女真也是行勞役婚的，據《大金國志》稱，凡婿婚後隨妻至岳家稱「男下女」。

「其俗妻後母，報寡嫂，死則歸其故夫。」《三國志·魏書》卷三十〈烏丸傳〉裴注引《魏書》則稱：「父兄死，妻後母執嫂；若無執嫂者，則己子以親之次妻伯叔焉，死則歸其故夫。」案《三國志》注引《漢律》稱：「淫季父之妻曰報。」由是知裴注所引訛報為執。

據上述可知，父死，子可以妻其後母，兄死，弟可以報其寡嫂，如寡嫂之小叔死，小叔之子可以妻其伯母，小叔若無子，則輪及其他的叔伯，這很明顯的是一種收繼婚制，這種婚制盛行在北方的遊牧民族中，《史記》卷一一〇〈匈奴列傳〉稱：「父死，妻其後母；兄弟死，皆取其妻妻之。」《北史》卷九十九〈突厥傳〉：「父、兄、伯、叔死，子、弟及姪等妻其後母、世叔母、嫂」，在初民社會裡，認為婚姻是一種團體契約，而不是個人的事，所以配偶死亡，其團體必須再供給一個，這表示團體對婚姻的責任與義務。這種收繼婚制在北魏初期也曾有過。

《魏書》卷十五〈昭成子孫傳〉：

子儀，……儀弟烈，……烈弟觚……觚使於慕容垂，垂末年，政在群下，遂止觚以求賂。太祖絕之。觚率左右數十騎，殺其衛將走歸。為慕容寶所執，歸中山，垂待之逾厚。……太祖之討中山，慕容普驎既自立，遂害觚以固眾心，……追諡秦愍王。

同書卷十三〈皇后列傳〉：

獻明皇后賀氏，……後后少子秦王觚使于燕，慕容垂止之。后以觚不返，憂念寢疾，皇始元年崩，時年四十六。

兩傳所載之秦王觚，同名、同事、同爵，其為一人可知，但一為賀后少子，即拓跋珪之同母弟，一為秦王翰之子，即拓跋珪的從父弟。又《通鑑》卷一〇七「太元十三年八月」條：「儀，珪母弟，翰之子也。」

如上所載，儀的情形和觚相同，即是珪的同母弟，又是從父弟，如果儀和觚是翰之子，那麼賀后則應為翰之妻，拓跋珪也應該是秦王翰之子，如果儀和觚不是翰之子，則應為獻明之子，但是珪是遺腹子，賀后生珪後不應再有少子。

又《魏書》卷十五〈昭成子孫傳〉：

秦明王翰，昭成皇帝第三子。少有高氣，年十五便請率騎征討，……建國十年卒。

而翰與獻明帝實為慕容后之子，獻明為長，翰為次，慕容氏為慕容皝之女，建國七年六月始至魏，如八年生獻明，則最早在九年始生翰，即照中國年齡計算法，到建國十年也不過二歲，《北史》謂翰死於建國十五年，也不過七歲，何來「年十五便請率騎征討」的事？

又賀后卒於皇始元年（西元三九六年），年四十六，則她當生於建國十四年（西元三五一年），即令翰卒於建國十五年，那時她不過兩歲，根本無法生少子觚，因此可知翰的記載錯誤，崔浩因直書拓跋氏舊俗而見殺，由此可見他們當有許多見不得人的鄙風陋俗，其一即為收繼婚制，後人記《魏書》者不敢直書，無意中漏下此一錯誤，推此而知，慕容氏先生獻明帝，再生翰，獻明娶賀后，建國三十四年獻明死，遺腹生珪，那時賀后也不過廿一歲，翰加以接收，其後兩三年翰死，因此氏又生儀與觚，此並非憑空推測，翻閱《北史》、《魏書》所載，則不難發現道武與翰子孫間的特殊關係。翰的長子，道武依為左右臂，其子纂「五歲，太祖命養於宮中。……太祖愛之，恩與諸皇子同」，若前論不假，則纂為道武之親姪，視為己子乃是人之常情，至於道武為觚報仇的慘烈情況，尤其發人深思。

《魏書》卷十五〈昭成子孫傳〉稱：

太祖之討中山，慕容普驎既自立，遂害觚以固眾心，太祖聞之哀慟。及平中山，發普驎柩，斬其屍，收議害觚者高霸、程同等，皆夷五族，以大刃剉殺之。乃改葬觚，追謚秦愍王，封子夔為豫章王以紹觚。

魏宗室之被殺者，並不限觚一人，獨為觚報仇，且如此慘烈。

又同書同卷：

世祖之初育也，太祖喜，夜召儀入。太祖曰：卿聞夜喚，乃不怪懼乎？儀曰：臣推誠以事陛下，陛下明察，臣輒自安。勿奉夜詔，怪有之，懼實無也。太祖告以世祖生，儀起拜而歌舞，遂對飲申旦。

世祖誕生，太祖在許多宗室中，獨召儀入宮告之，而且暢飲達旦，由此可證他們的關係決非泛泛，綜合上述，那麼在拓跋氏初期必有收繼婚制存在。

《北史》卷十六〈太武五王傳〉：

古諸侯娶九女，士有一妻二妾。晉令：諸王置妾八人；……而聖朝忽棄此數，由來漸久，……習以為常，婦人多幸，生逢今世，舉朝略是無妾，天下殆皆一妻。

這是臨淮王曾孫孝友所上的表奏，他依農業社會「廣繼嗣，修陰教」的觀念，請求宗室廣娶媵妾，從他的表奏裡可知拓跋氏「殆皆一妻」，是「由來漸久，習以為常」的，因此也可由此推論在拓跋氏初期的社會裡是行一夫一妻制 (Monogamy) 的。

(二) 婚姻的範圍

《魏書》卷七上〈高祖紀上〉：

淳風行於上古，禮化用乎近葉。是以夏殷不嫌一族之婚，周世始絕同姓之娶。斯皆教隨時設，治因事改者也。皇運初基，中原未混，撥亂經綸，日不暇給，古風遺樸，未

> 遑釐改，後遂因循，迄茲莫變。朕屬百年之期，當後仁之政，思易質舊，式昭惟新。自今悉禁絕之，有犯以不道論。

這是孝文帝禁「一族之婚，同姓之娶」的詔令，因此有人肯定同姓之婚，曾盛行在拓跋氏的社會裡，❹「一族之婚，同姓之娶」即是所謂的內婚制 (endogamy)，案李氏立論據趙翼而來，《陔餘叢考》卷三十一「同姓為婚」條下：「北魏本無同姓為婚之禁，至孝文帝始禁之。」《北史》卷二十二〈長孫道生傳〉：

> 出為河州刺史。河右戎落，向化日近，同姓婚姻，因以成俗。紹遠導之以禮，大革弊風。

案《魏書》卷一〇六下〈地形志〉稱：「河州（注：有伏乾。闕二字。真君六年置鎮，後改。治枹罕。）」在今甘肅蘭州附近，河右即河西之地，當時為匈奴別種稽胡所盤據，這個民族「俗好淫穢，女尤甚，將嫁之夕，方與淫者敘離，夫氏聞之，以多為貴」。❺長孫紹遠所導化

---

❹ 見李亞農《周族的氏族制與拓跋族的前期封建制》。

❺ 《北史》卷九十六〈稽胡傳〉。

的「河右戎落」，可能就是這個民族。依照他們淫亂的情形看來，有行「同姓之婚」的可能性。因此可以推論，在拓跋氏部落聯盟時期，其中有某些部落可能有內婚現象，但並不是說即是拓跋氏，至少在拓跋氏部落由東北進入草原以後，他們所行的是外婚制。根據現有材料分析，內婚情形絕對沒有，同時〈官氏志〉也說明「凡與帝室為十姓，百世不通婚」，如果有，那不是拓跋氏，雖然《魏書》卷十三〈皇后列傳〉稱，「魏氏王業之兆雖始於神元，至於昭成之前，世崇儉質，妃嬙嬪御，率多闕焉。」但在初期有兩個不屬於鮮卑民族的部落，與拓跋氏有婚姻關係存在。他們是乙旃部落與紇骨部落。

《魏書》卷一〇三〈高車傳〉：

> 高車之族，又有十二姓……三曰乙旃氏。

《晉書》卷一二五〈乞伏國仁載記〉稱：「以其將乙旃音埿為左相」；又《周書》卷二〈文帝紀下〉有「茹茹乙旃達官寇廣武」，這個乙旃達官應為高車種，在當時蠕蠕族中便有許多高車部落，此可知乙旃氏是高車的姓氏，李清《南北史合注》稱：「《魏書・氏族志》❻稱獻帝

❻ 按應作〈官氏志〉。

以叔父之胤為乙旃氏，孝文改叔孫氏，此又一乙旃邪！」《魏書》卷一一三〈官氏志〉稱：「又命叔父之胤曰乙旃氏，後改為叔孫氏」，叔孫氏屬於「百世不婚」帝室十裔之一，可是在沒有改姓以前，其姓氏和高車部乙旃氏相同，他們之間的關係，頗耐人尋味。

又〈官氏志〉：「獻帝以兄為紇骨氏，後改為胡氏。」而《魏書》卷一〇三〈高車傳〉稱其種有「護骨氏」；《隋書》卷八十四〈鐵勒傳〉稱，鐵勒部族中有紇骨部。紇骨，《舊唐書》卷一九五〈回紇傳〉又作護骨；《新唐書》卷二一七上〈回鶻傳上〉：「回紇，……元魏時亦號高車部，或曰敕勒，訛為鐵勒。」由此知鐵勒亦是高車種，紇骨氏既屬鐵勒部，亦應為高車部族之一，其與拓跋氏的長孫氏必定有特殊的關係。

《魏書》卷一一三〈官氏志〉稱：太和十九年詔曰：「代人諸胄，先無姓族」，《後漢書》卷九十〈烏桓列傳〉亦稱烏桓「氏姓無常」。拓跋鮮卑既與烏桓言習相同，也可證其早期是沒有姓氏的，《元和姓纂》卷十「紇骨氏」條下稱：「後魏獻帝兄為紇骨氏」，又《魏書》卷一一三〈官氏志〉稱：「獻帝時，七分國人，使諸兄弟各攝領之，乃分其氏」，則其有姓氏在分國人之後，高車部族當時居在阿爾渾、土拉河流域，可能也在「七分國人」各攝領的範圍以內，與之互通婚姻，而當時拓跋氏可能仍停留在母系社會狀態中，「所生子皆以母族為姓」，因而得以高車部乙旃與紇骨為氏，以此類推其他諸兄弟的姓氏也是由外婚的結果，就是拓跋氏本身的姓氏，也是外婚的象徵，因「拓跋」二字是由「胡父鮮卑母」，於「胡母鮮卑父」轉變而來的。

後來由於拓跋氏力量日漸壯大，四方部落不斷內附，於是四方諸姓不斷向內姓方面轉變，與最初內附諸姓不斷分化，於是拓跋氏部族的婚姻範圍也隨著擴大。

《魏書》卷二十一上〈咸陽王傳〉：

王國舍人應取八族及清修之門。

這即指拓跋宗室的妃嬪，應娶於八族之內，八族即是功勳八姓，穆、陸、賀、劉、樓、于、稽、尉等而言，但是根據〈皇后列傳〉與宗室諸王傳的資料分析，北魏前期諸帝的后妃並不僅限於所謂「八族」之中，灼然可知的「功勳八姓」是拓跋氏入中原後，受中原門閥制度的影響而定下的，前此拓跋氏的婚姻範圍的界限，並不十分嚴格，統計神元至孝文前期后妃的姓氏，共有五十五人，其中功勳八姓十二人，漢人十七人，然而這十七人都不是中原顯族，其餘三十二人則屬於內附諸姓與四方諸姓。(詳見本章附表) 由此可知拓跋氏在和中原文化接觸前後，仍然保持著其他部落間的婚姻的關係。

至於拓跋氏的宗室，也和其他部落有著婚姻關係。〈元龍墓誌〉：

> 君諱龍……平文六世孫……祖諱阿斗那，夫人洛陽紇干氏。❼

案《魏書》卷一一三〈官氏志〉：「紇干氏，後改為干氏」，《元和姓纂》卷十「紇干氏」條下：「紇干氏，代人，孝文帝改為干氏」。《姓氏辨證》卷三十七「紇干氏」條引《西秦錄》云：「乞伏部老父無子，請養（一小兒）為子，眾許之。老父忻然，自以有所依憑，字曰紇干，紇干華言依倚也，後因為氏」。《晉書》卷一二五〈乞伏國仁載記〉：「紇干者，夏言依倚也」。唐紇干濬撰〈女紇干氏墓誌〉：「初〈官氏志〉有紇干，與後魏同出於武川，孝文南遷洛陽，改為干氏。……虜言『紇干』，夏言『依倚』，為國家之依倚。」將紇干釋為依倚都是附會《晉書》之說。

《新五代史》卷二十一〈梁臣寇彥卿傳〉稱：

> （太祖）欲遷都洛陽，……（昭宗）徬徨不忍去，謂其左右為俚語云：紇千山頭凍死

❼ 見趙萬里，《漢魏南北朝墓誌集釋》，以下所引同。

雀，何不飛去生處樂。

《御覽》卷四十五「紇真山」條引〈郡國志〉稱：「夏恆積雪，故彼人語曰紇真山頭涼死雀，何不飛去生處樂？」則紇干山又作紇真山。《元和郡縣圖志》卷十四「雲州」條稱：「紇真山，在（雲中）縣東三十里。虜語『紇真』，漢言『三十里』。其山夏積雪霜」。案唐時的雲中縣即今之山西大同縣。《欽定大清一統志》卷一〇九「大同府山川」條：「紇真山在大同縣東，亦名紇干山」。因此《晉書》、《十六國春秋》之「紇干」，可能紇干氏依山為部，後即因山而為氏。

又〈元龍墓誌〉稱其祖母紇干氏之「祖和突，南部尚書新城侯。父萇命，代郡尹」。俱於史無徵，干氏後來在西魏時又復其舊姓，龍門有〈紇干汗煞興造像〉謂：「大統五年四月九日……東平將軍中散大夫長史雍丘縣開國伯紇干汗煞興為父母造像一臣」。《周書》卷二十七〈田弘傳〉稱弘「（大統時）賜姓紇干氏」。《庾子山集》卷十四有〈周柱國大將軍紇干弘神道碑〉，紇干弘即田弘。又《周書》卷十一〈晉蕩公傳〉稱護母閻姬沒在齊，「作書報護曰：『得汝母紇干同居』」。《北齊書》卷十七〈斛律金傳〉：「（武平二年）周遣其柱國紇干廣略圍宜陽」。以上所述，除北齊的田弘是賜姓外，其餘極易相混，太和改姓，乃改胡人複姓為單姓，故十之八九，同於漢姓，大統復姓，乃去單姓而復胡之複姓，亦可言去漢姓而復胡姓。至於賜姓應分為二，有賜漢人以胡姓者，有賜胡人以胡姓者，且賜姓與賜名同，皆易其原名姓，決不可與複姓相混。❽西魏的紇干汗煞，宇文護母紇干氏，及《姓纂》卷十所載唐河南紇干承基都是紇干氏部的後裔，元龍祖母之祖和突與其父萇命或即是他們的遠祖，雖然他們的事蹟史書不載，但依其官爵必為紇干部落的酋長。

〈元昭墓誌〉：

> 曾祖兜，使持節撫軍征南大將軍右丞相常山王。曾祖親太妃劉氏。祖連，使持節侍中征西大將都督河西諸軍事……。祖親太妃赫連氏。親太妃宇文氏。

劉氏原來是獨孤氏，為功勳八姓之一，赫連氏為〈官氏志〉未載的東胡姓氏之一，宇文氏則為四方諸姓之一，元昭曾祖、祖、父三代都婚於其他部落，由此可知拓跋氏初期的宗室，與當時的部落酋長有密切的婚姻關係。即使分土定居以後，這些部落分散在各處，似仍有其潛在的勢力。拓跋氏一方面娶其酋長的女兒，另一方面也將公主下嫁其他的部落，其目的在透

---

❽ 見朱希祖，〈西魏賜姓原流考〉，載《張菊生先生七十生日紀念論文集》。

過婚姻關係，以維繫部落間向心的團結。

二 拓跋氏初期與漢人通婚所發生的問題

自拓跋氏放棄遊牧而定居以後，在高度的農業文化影響下，其原有的社會結構開始鬆懈，文化與社會形態發生變化，在轉變過程中，拓跋氏原來的婚姻制度也在轉變，因此在這個時期的婚姻，呈現出紊亂的現象。雖然他們仍然和部落酋長維持著婚姻關係，另一方面開始和漢人通婚。一個文化落後的民族，渴望著和一個文化較高的民族通婚，這是文化接觸過程中必然的現象。同時也祇有透過婚姻關係，才能使得兩個民族在種族與文化上，更密切的結合與融化，不過這時期祇是一個開始，至於真正的結合與融化卻在孝文遷都洛陽以後。

(一) 「婚禁詔令」產生的背景

由於拓跋氏對外迅速擴展，政治向君主專制集權方面轉化，其勢力逐漸控制黃河流域，形成五胡亂華後安定中原社會的一種力量，於是那些流徙在暴風雨裡的人口漸漸集中，同時對外戰爭不斷勝利，劫掠大量的漢人遷徙到代京京畿之地，於是拓跋氏和漢人接觸的機會漸多，經過一個時期的雜居共處，然後進一步便是互相聯婚。

在這個時期，拓跋氏和漢人通婚的範圍，大概限於中原的徙民、流民、犯罪沒官的罪犯及戰爭的俘虜，至於和中原士族的通婚情形並不顯著。

關於拓跋氏移民代京的情形，從天興元年到皇興三年五十一年間，據〈太祖紀〉、〈太宗紀〉、〈世祖紀〉等統計，有天興元年山東六州四十六萬口，又同年十二月六州二十二郡二千家，泰常三年龍城萬家，始光三年十一月統萬七千家，延和三年營丘、成周、遼東等六郡三萬家，太延元年七月龍和六千口，太延五年涼州三萬餘家，太平真君七年長安二千家，太平真君九年西河五千餘家，正平元年宋國五萬家，皇興三年清州八千九百戶。

以上十一次的移民，計四十六萬口，十四萬六千九百戶，案〈太祖紀〉稱：「徙山東六州民吏及徒何、高麗雜夷三十六萬，百工伎巧十萬餘口，以充京師。」又《魏書》卷三十三〈張濟傳〉稱晉雍州刺史楊佺期問：「魏定中山，徙幾戶於北」，張濟答曰：「七萬餘家。」又據《魏書》卷五十〈慕容白曜傳〉謂其平青州「凡獲……城內戶八千六百，口四萬一千」，上述三十六萬口合七萬餘戶，四萬一千口合八千六百戶，則每戶平均在五口左右，今戶以五口計，則十四萬六千餘戶合七十三萬餘口，與山東六州等地所徙的四十六萬三千口，拓跋氏徙往代京人口總數在百萬以上。而在這些所遷徙的人口中，雖雜有吳蠻、徒何、高麗雜夷、匈奴、稽胡等族，但其中仍以漢人佔絕大多數。

再加上原居於該處的「雁門人」與「晉人」，在這樣的情況下，由雜居而通婚的情況一定很普遍。

另一方面，拓跋氏部族在流民飢口中，選得妻妾的情形也很多。

《魏書》卷七上〈高祖紀上〉：

> 今自太和六年已來，買定、冀、幽、相四州飢民良口者，盡還所親，雖娉為妻妾，遇之非理，情不樂者亦離之。

上述定、冀、幽、相等州正是中原地區，這些飢民良口當然盡屬漢人，雖然書上說「太和六年已來」，但前此拓跋氏宗室從「飢民良口」中，選稍具姿色的作為妻妾的情形一定不在少數，否則孝文帝決不會為此小事而特下詔書。

在戰爭勝利中掠劫了大量的「生口」，將這些俘虜公賜與有功者，也是拓跋氏與漢人通婚的另一個來源。

《魏書》卷三十〈王建傳〉：

從征伐諸國，破二十餘部，以功賜奴婢數十口。

《魏書》卷三十〈宿石傳〉：

父沓干，世祖時……從駕討和龍，以功賜奴婢十七戶。

《魏書》卷二十九〈奚斤傳〉：

涼州平，以戰功賜僮隸七十戶。

以上是因戰功而獲得賞賜的，《魏書》像此類的記載尚多。拓跋氏每次對外勝利，不但參與戰爭的人都可以獲得賞賜，即留守後方的也不例外。

《魏書》卷四上〈世祖紀上〉：

（始光四年）車駕西討赫連昌。……以昌宮人及生口……班賚將士各有差。

同書同卷：

（神䴥三年）獲……（赫連）定車旗，簿其生口、財畜，班賜將士各有差。

又同書同卷：

（延和三年）命諸軍討山胡白龍于西河。……虜其妻子，班賜將士各有差。

又同書同卷：

（正平元年三月）車駕至自南伐，……賜留臺文武所獲軍資生口各有差。

那些被賜的奴婢與生口之中，一定有很多後來成為拓跋氏宗室與大臣妻妾，更有直接賜以妻妾的，如〈秦明王傳〉：「慕容德之敗也，太祖以（慕容）普驎妻周氏賜儀。」

根據《魏書》史傳及碑誌，統計北魏宗室婚姻之親家，共八十四人，計中原士族三十六人，代北部落酋長二十四人，后族十人，其他十四人，由此比例觀之，就可以了解當時的婚姻情況。

《魏書》卷五〈高宗紀〉：

中代以來，貴族之門多率不法，或貪利財賄，或因緣私好，在於苟合，無所選擇，令貴賤不分，巨細同貫，塵穢清化，虧損人倫。

這說明當時拓跋氏的宗室婚姻情形，在這個時期拓跋氏對於「諸王娉合之儀」及「宗室婚姻之戒」並沒有一定的限制，他們和漢人通婚，所娶的不是「罪入掖庭」，便是「舅氏輕微」、「族非百兩」人家的女兒，很少是中原顯族，當然在中原士族也有「營事婚宦」的人，為了攀附這些新貴而將女兒下嫁，有時甚至還附帶經濟條件，所以《顏氏家訓》卷五〈治家篇〉說：「近世嫁娶，遂有賣女納財，買婦輸絹」，這是顏之推對北方婚姻制度的批評，其所謂「近世」，殆是北齊，如果上溯至北魏初期這種情形可能更普遍。

後來拓跋氏和中原士族接觸後，這種「巨細同貫」的婚姻，引起中原士族的卑視，首先對這種婚姻制度批評的是高允。

《魏書》卷四十八〈高允傳〉：

古之婚者，皆揀擇德義之門，妙選貞閑之女，先之以媒娉，繼之以禮物，集僚友以重其別，親御輪以崇其敬，婚姻之際，如此之難。今諸王十五，便賜妻別居。然所配者，或長少差舛，或罪入掖庭，而作合宗王，妃嬪藩懿。失禮之甚，無復此過。往年及今，頻有檢劾。誠是諸王過酒致責，跡其元起，亦由色衰相棄，致此紛紜。

中原士族認為「妃嬪藩懿。失禮之甚，無復此過」，因此拓跋氏要想和中原士族進一步結合，必須先改革這種婚制，所以他們注意到「夫婦之義，三綱之首，禮之重者，莫過於斯。尊卑高下，宜令區別」，因此限制皇族等不得與百工伎巧卑姓為婚。

《魏書》卷五〈高宗紀〉：

……今制皇族、師傅、王公、侯伯及士民之家，不得與百工、伎巧、卑姓為婚，犯者加罪。

孝文帝更重申前令，於太和二年下詔稱：

> 皇族貴戚及士民之家，不惟氏族，下與非類婚偶。先帝親發明詔，為之科禁，而百姓習常，仍不肅改。朕今憲章舊典，祇案先制，著之律令，永為定準。犯者以違制論。

孝文帝所以將此「著之律令，永為定準」，完全由於當時拓跋宗室對於高宗「不得與百工、伎巧、卑姓為婚」的詔令的漠視，所以在二年下詔以後，更於六年對於那些娶了「飢民良口」的宗室，而「遇之非理，情不樂者亦離之」，表面上看來是憑著各人的志願，實際上卻有強迫的意味在內，及咸陽王娶任城王的隸戶，引起孝文帝對這種婚制徹底的改革：

> （咸陽王）禧取任城王隸戶為之，深為高祖所責。詔曰：……太祖龍飛九五，始稽遠則，而撥亂創業，日昃不暇。至於諸王娉合之儀，宗室婚姻之戒，或得賢淑，或乖好逑。自茲以後，其風漸缺，皆人乏窈窕，族非百兩，擬匹卑濫，舅氏輕微，違典滯俗，深用為歎。以皇子茂年，宜簡令正，前者所納，可為妾媵。將以此年為六弟娉室。

這次改革當然還有其他客觀的因素，但是自此以後，拓跋氏宗室的婚姻範圍，祇能限於「八族」或「清修」之門了。

(二)「納不以禮」的問題

在拓跋氏和漢人通婚，其對象祇是徙民、流民、俘虜以及罪入掖庭的時候，都沒有經過正式的婚姻手續，因此給後來北魏宗室的婚制留下一個問題，那就是所謂「納不以禮」。《魏書》卷二十〈齊郡王傳〉：

> 簡……妻常氏，燕郡公常喜女也，文明太后以賜簡。性幹綜家事，頗節斷簡酒……，〈簡薨〉子祐，字伯授，襲。母常氏，高祖以納不以禮，不許其為妃。世宗以母從子貴，詔特拜為齊國太妃。

案洛陽出土的〈元簡墓誌〉，後半殘缺，未載及簡與常氏的婚姻關係，而〈元簡妃常氏墓誌〉於出土時損壞，僅餘篆文「太保齊郡順王常妃誌銘」幾字。案除傳稱簡薨後，高祖「謚曰靈王。世宗時，改謚曰順」，與常氏誌蓋「齊郡順王」合，其他事蹟多不可考，頗為可惜。所幸元簡子元祐與其妃常季繁墓誌完整無缺，還可從此兩誌間尋找出些證據。〈元祐墓誌〉稱：「王姓元諱祐，……高宗文成皇帝之孫，太保齊郡順王之世子。」又其妃〈常季繁墓誌〉稱：

妃諱季繁，侍中太宰遼西獻王澄之曾孫，遼西公冏之季女，其先河內溫人，永嘉之末，乃祖避地，遂居遼西郡之肥如縣焉。初昭皇太后，籍聖善之德，正坤元之位，……母儀天下，……是以王爵加隆於父兄。世祿廣貽於子姪。

案《魏書》卷十三〈皇后列傳〉：「高宗乳母常氏，本遼西人。太延中，以事入宮，世祖選乳高宗。慈和履順，有劬勞保護之功。高宗即位，尊為保太后，尋為皇太后，……崩，……謚曰昭。」傳稱常氏本遼西人，而誌則稱其本望河內溫人，遼西郡的肥如縣是常氏一族避難的寄籍，案《魏書》卷四上〈世祖紀上〉：「(太延元年秋) 丕等至於和龍，徙男女六千口而還。」和龍即龍城，是燕都邑所在地，這次徙民，常氏可能也在其中，因此入宮。又《北史》卷八十〈外戚傳〉稱：「太后前兄英字世華，自肥如令超為散騎常侍、鎮軍大將軍，賜爵遼西公；弟喜，鎮東大將軍、祠曹尚書、帶方公；……追贈英祖父苻堅扶風太守亥為鎮西將軍、遼西簡公；父勃海太守澄為侍中、征東大將軍、太宰、遼西獻王。喜左光祿大夫，改封燕郡。」案〈常季繁墓誌〉稱常季繁是「侍中太宰遼西獻王澄之曾孫，遼西公冏之季女。」但冏之名字不見於〈外戚傳〉，可能就是英的世子，因此得以襲爵，如是則常季繁乃昭太后的姪孫女，〈常季繁墓誌〉又稱：

〈常季繁〉年廿五，作嬪故龍驤將軍通直散騎常侍齊郡王祐。所奉大太妃即妃之從姑也。……妃祇事慈姑，緝釐陰教，夙夜無違於婦道，終始不愆於禮度。

則常季繁所奉的太妃，是元簡的妻子齊國太妃常氏，既是她的婆母，又是她的從姑，元祐和常季繁則是「中表」為婚。那麼為什麼元簡妃常氏，高祖認為「納不以禮，不許其為妃」，而常季繁則可以為妃，至於傳稱簡妃常氏，則是由文明太后所「賜」，這個「賜」字道破了內中消息。

《北史》卷八十〈外戚傳〉：

〈訢子〉伯夫為洛州刺史，以贓汙欺妄，徵斬於京師。……後員與伯夫子禽可共為飛書，誣謗朝政。事發，有司執慮，刑及五族。孝文以昭太后故，罪止一門。訢年老，赦免歸家，恕其孫一人扶養之，給奴婢田宅。其家僮入者百人，……其女婿及親從在朝，皆免官歸本鄉。十一年，孝文、文明太后以昭太后故，悉出其家前後沒入婦女。

這段記載雖有缺誤之處，但同時置訢於昭太后從兄泰之下，卻沒有說明與昭太后的關係，疑或即是昭太后的從兄弟。可以從這段材料而知常氏家族的婦女，乃因此事而沒入官，元簡妃常氏即是其中之一，因此文明太后得將常氏賜於元簡。

《魏書》卷四十八〈高允傳〉：

今諸王十五，便賜妻別居。然所配者，或長少差舛，或罪入掖庭。

所謂「罪入掖庭」即是因罪沒入宮廷的婦女，案《魏書》卷一一一〈刑罰志〉：「大逆不道腰斬，誅其同籍，年十四已下腐刑，女子沒縣官。」當時北魏此制極嚴，往往因些微小事即收入官家，據統計北魏宮人十塊墓碑，幾乎全部都是因罪沒入官的，如大監劉阿素因「遭家不造，幼履宮廷」，大監劉仁華因「家門傾覆，幼履宮廷」，女尚書馮迎男因「鄉曲之難，家沒系官。女郎時年五歲，隨母配宮」，第一品張安姬「年十三，因遭羅難，家戮沒宮」，女尚書王僧男因「父以雄俠網法……僧男與母伶丁秉燭入宮焉，時年有六聰」，內司因家以「歷城歸誠，遂入宮」，傅母王遺女因夫「為深澤令與刺史競功抗衡，互相陵壓，以斯顛躓，遂入宮」。

唐代刑法，「近承北齊，遠祖後魏」，《唐六典》卷六「刑部都官郎中」條下稱：「都官郎中、員外郎掌配沒隸，簿錄俘囚，……凡反逆相坐，沒其家為官奴婢。……凡初配沒……有伎藝者，從其能而配諸司；婦人工巧者，入于掖庭。」又《通典》卷二「職官（五）刑部尚書都官郎中」條稱：「掌簿斂、配役、官奴婢簿籍。」由是知刑部都官郎中掌配役官婢，那些因罪沒入官家的婦女，首先至刑部都官郎中處，有伎藝的依其才能，分配到公家各單位，於是犯罪婦女中，再選「工巧者」送到宮廷去。

她們一經沒官，一般人民所享受的權利和義務皆被剝奪，《左傳》襄公二十三年疏引《魏律》：「緣坐配沒為工樂雜戶者，皆用赤紙為籍，其卷以鉛為軸。」並且終身服官役，又《唐六典》「都官郎中」條：「凡反逆相坐，沒其家為官奴婢，一免為番戶，三免為良人，皆因赦宥所及則免之……年六十及廢疾，雖赦令不該為並免為番戶，七十則免為良人，任所居樂處而編附之。」且長期為官家輸作，又同書同卷注引：「番戶一年三番，雜戶二年五番，番皆一月，十六以上當番，……其官奴長役無番也。」其本文則謂：「凡配官曹，長輸其作」。

綜上所述，亦可見北魏婦女沒官制的一斑，這些沒入官的「罪入掖庭」，像高允所說配「諸王子」的情形一定不少，像《魏書》卷十三〈皇后列傳〉所載，「平文皇后王氏，……年十三，因事入宮」，「世祖保母竇氏，初以夫家坐事誅，與二女俱入宮」，「文明皇后馮氏，……（父）朗坐事誅，后遂入宮。」即元簡妃常氏的姑祖母也是「以事入宮」。因此這些被賜給王子的「罪入掖庭」，當然沒有經過「納采、問名、納吉、納徵、請期」等手續，所以是「納不以禮」，最後不能冊封為妃，元簡妻常氏所遭遇的情形可能是這樣。

至於元祐妃常季繁同樣也被沒入宮，但卻可以為妃，案〈常季繁墓誌〉稱妃正光三年薨，年四十二，而嬪於元祐時年廿五，由正光三年逆數到景明四年，這時常季繁廿五歲下嫁元祐，已是太和十一年，此在文明太后「以昭太后故，悉出其家前後沒入婦女」以後，殆是經過特赦，她又恢復原來身份，所以可以正常的手續納之以禮而為妃。

三　與中原士族的婚姻關係

如要進一步研究拓跋氏與中原士族的婚姻關係，就須先了解當時中原社會士族的婚姻情況。在魏晉南北朝「士庶天隔」的門閥社會裡，婚姻是保持士庶間「清濁分涇」最好的方法之一，王元規不婚非類，崔明惠不事卑族，都是以婚姻維持門第，不失婚宦最好的說明。尤其是在北方，經過一場巨大的暴風雨侵襲後，整個中原社會的結構鬆懈，分劃社會等級的門閥制度的基礎也隨著搖動，因此不得不以婚姻關係，維持門閥制度的存在，同時在異族統治下，藉著婚姻關係而鞏固團結，所以柳沖說「山東重姻婭」，其原因也許在此，因此當時社會上，都認為「士大夫當須好婚親」，同時一個在社會上有地位的世家大族，必須「一門婚嫁，皆是衣冠之美，吉凶儀範，為當時所稱」。

(一) 婚姻的等級

陳寅恪氏認為「魏晉之際雖一般社會有鉅族、小族之分，苟小族之男子以才器著聞，……則其人之政治及社會地位即與鉅族之子弟無所區別，小族之女子苟能以禮法特見尊重，則亦可與高門通婚，非若後來士族之婚宦二事專以祖宗官職高下為惟一之標準者也」。[9]

陳氏認為其以上所提之理論，「關係兩晉、南北朝士族問題之全部」，但陳氏所說並不能完全成立，也許小族中傑出之士，其才能受到統治者的特別眷寵，在政治地位上可以平等，

[9] 《隋唐政治史述論稿》中篇。

但在社會地位上卻仍有等差，當然小族和大族通婚關係並不是沒有，像李訢和杜超的女兒通婚那樣，但這並不是平常的事。若依陳氏之說，則門閥的等級可由政治力量或婚姻關係而打破，那麼魏晉南北朝的「門第」與「士族」根本不存在，但是從北魏來說不但是士庶之間婚姻有界限，就是大族之間也有等級存在。《魏書》卷四十七〈盧玄傳〉：

> 崇兄弟官雖不達，至於婚姻，常與玄家齊等。

范陽盧氏是中原第一流高門，盧崇兄弟雖在政治上沒有地位，但在社會上地位很高，所以他們的婚姻仍然能和盧玄家「齊等」，由此可見當時的婚姻是有等級的。不但如此，即是同等級的大族也常常自矜門第，而「貴己賤人」。例如《魏書》卷五十四〈游雅傳〉：

> 雅勸（高）允娶于其族，允不從。雅曰：人貴河間邢，不勝廣平游。人自棄伯度，我自愛黃頭。貴己賤人，皆此類也。

伯度是游雅的號，黃頭是雅的小名，廣平游氏、河間邢氏、渤海高氏都是中原望族，而且族望也頗相近，因此可以互相聯婚，但必須有一個條件，那就是所謂「門當戶對」，其他條件尚在其次，當崔浩的弟弟將女兒嫁給王慧龍的時候，崔浩並沒有見過王慧龍。《魏書》卷三十八〈王慧龍傳〉：

崔浩弟恬聞慧龍王氏子，以女妻之。浩既婚姻，及見慧龍，曰：信王家兒也。王氏世齇鼻，江東謂之齇王。慧龍鼻大，浩曰：真貴種矣。

太原王氏是江東大族，齇鼻是王家特徵，這是清河崔氏與太原王氏聯婚的原因，因為他們都是一流的大族。可是崔浩對於族望較低的趙郡李氏的態度就不同了。《魏書》卷三十六〈李順傳〉：

初浩弟娶順妹，又以弟子娶順女，雖二門婚媾，而浩頗輕順，順又弗之伏也。由是潛相猜忌，故浩毀之。

由浩讚王慧龍「真貴種矣」，與對李順「潛相猜忌」的態度相比，就可以看出中原士族間婚姻的界限，他們把婚姻關係限制在一個狹小的圈子裡，就在這個狹小圈子裡選擇他們理想的婚姻對象。

《魏書》卷三十八〈王慧龍傳〉：

尚書盧遐妻，崔浩女也。初，寶興母及遐妻俱孕，浩謂曰：汝等將來所生，皆我之自出，可指腹為親。及婚，浩為撰儀，躬自監視。謂諸客曰：此家禮事，宜盡其美。

由是可知當時的婚姻關係，在橫的方面將高門大族連繫在一起，在縱的方面又將他們的子孫連繫在一起，門閥制度由婚姻而鞏固了，因此這種大族與大族之間的婚姻，由於限制在一個狹小圈子裡，往往會發生兩個大族互相婚嫁的現象。以上所述河間邢氏與廣平游氏互爭高允便是一例。又《魏書》卷三十九〈李寶傳〉：

神雋喪二妻，又欲娶鄭嚴祖妹，神雋之從甥也。盧元明亦將為婚，遂至紛競，二家閱於嚴祖之門。鄭卒歸元明，神雋惆悵不已。

這是隴西李氏，范陽盧氏爭娶滎陽鄭氏之女的情形。案〈李挺墓誌〉：「公諱挺，字神儁，隴西狄道人也。……元妻侍中太常文貞公彭城劉芳第二女，字幼妃，未期而亡。又娶丞相江陽王繼第三女，字阿妙，薨於穰城。」傳稱神儁喪二妻，即指劉芳女與元繼女而言，又傳僅稱：「（神儁）以才學知名，為太常劉芳所賞。」並未說劉芳以女妻之，劉芳是崔浩外甥，隴西李氏與清河崔氏也有婚姻關係，又案〈元勰妃李媛華墓誌〉稱：「父諱沖，……（妹）適前輕車將軍尚書郎中朝陽伯清河崔勗。」由此推之，劉芳與隴西李氏有間接的姻戚關係，至於隴西李氏和拓跋氏的婚姻關係詳見下節，但案〈元繼妃石婉墓誌〉稱石氏為元繼次妃，而元繼的元妃不知誰氏，料必與隴西李氏為親屬，因中原士族和拓跋氏宗室公主結婚多屬中表為婚，由〈神儁傳〉稱「（莊帝）以神儁外戚之望，拜散騎常侍、殿中尚書。追論固守荊州之功，封千乘縣開國侯」可知，〈李挺墓誌〉又稱：「又娶太傅清河文獻王第三女，字季聰」，這時當在鄭氏已歸盧門，「神儁惆悵不已」，乃娶孝靜姑母清河獻王之第三女。

由此可知不但大族與寒門間有婚姻的界限，即大族之間，亦常常為了爭婚發生衝突，如果寒門能獲得高門女兒的下嫁，那是認為「殊賞」的。關於這一點可以從北齊陳元康的一段婚姻裡看出。《北史》卷五十五〈陳元康傳〉：

左衛將軍郭瓊以罪死，子婦范陽盧道虔女也，沒官。神武啟以賜元康為妻。元康地寒，時以為殊賞。

元康因「地寒」，而配到范陽盧氏之女，不但認為殊賞，而且「遂棄故妻李氏」，這時的盧氏乃是罪入掖庭，但其族望仍然被社會所重視，因此可知政治雖對門閥制度的形成有很大的影響，但門閥制度形成以後，卻不能因政治的力量改變其社會地位。又按《魏書》卷四十七〈盧玄傳〉：

孝昌中，……時靈太后臨朝，黃門侍郎李神軌勢傾朝野，求結婚姻，儀僖慮其必敗，拒而不許。

盧儀僖拒婚李神軌，雖然「慮其必敗」是一個原因，不過門第不相配卻是最重要的原因，《北史》卷二十四〈崔逞傳〉稱：「(㥄) 以籍地自矜，……每謂盧元明曰：『天下盛門唯我與爾，博崔、趙李何事者哉！』」崔㥄是清河崔氏，盧元明是范陽盧氏，都是第一流的大族世家，至於「博崔趙李」則是博陵崔氏、趙郡李氏，他們的族望較低，並不是博崔趙李沒有和崔、鄭、李、王、盧通婚的記錄，祇是不大普遍而已。盧儀信拒李神軌的婚事，因為李神軌是頓丘李氏，而他的女兒遂適他族，臨婚之夕，靈太后遣中常侍服景就家敕停，內外惶怖，儀信夷然自若，他所以「夷然自若」，是因為他並沒有因政治力量，而改變其門第婚姻。

由於婚姻界限的存在，寒門女兒嫁到門第高的家族中，不但她本身不被尊重，就是她所生子女仍然會受到歧視。例如《魏書》卷三十三〈公孫表傳〉：

> 表弟二子軌，……娶于封氏，生二子，斌、叡。軌弟盾子邃，邃、叡為從父兄弟，而叡才器小優，又封氏之甥，崔氏之婿，邃母雁門李氏，地望縣隔。鉅鹿太守祖季真，多識北方人物，每云：士大夫當須好婚親，二公孫同堂兄弟耳，吉凶會集，便有士庶之異。

公孫叡與邃雖然是叔伯兄弟，但是由邃母「地望縣隔」，因此在凶吉集會時候便分出等級來，由此可知，在門閥制度下的婚姻，圈子更小，往往由於門第高下，地望優劣在他們之間分劃出許多等級來，像清河崔氏、滎陽鄭氏、太原王氏、范陽盧氏、隴西李氏列為一流，廣平游氏、河間邢氏、博陵崔氏、頓丘李氏、渤海高氏等又是一流。《魏書》卷三十九〈李寶傳〉：

（瑾）字道瑜。美容貌，頗有才學，……清河王懌知賞之，……稍遷通直散騎侍郎，與給事黃門侍郎王遵業、尚書郎盧觀典領儀注。臨淮王彧謂瑾等曰：卿等三雋，共掌帝儀，可謂舅甥之國。王、盧即瑾之外兄也。

照上面的資料，知道盧觀是李瑾的姊夫，〈李蕤墓誌〉書說：「父承，字伯業，……夫人太原王氏。父慧龍。」而李蕤之妻又是王洛成的女兒，《北史》卷一〇〇〈序傳〉稱：王遵業有女嫁給李德明，李德明之妹又嫁范陽盧元明，《魏書》卷三十八〈王慧龍傳〉：「及浩被誅，盧遐後妻，寶興從母也，緣坐沒官。……（寶興子）瓊女適范陽盧道亮。」由上述可見隴西李氏、太原王氏、范陽盧氏的鍊鎖式的婚姻關係。

至於博陵崔氏與頓丘李氏等則屬另一流，他們之間維持密切的婚姻關係，詳見下節，〈李憲墓誌〉稱：

夫人河間邢氏。父肅，州主簿。長子希遠，……妻廣平宋氏。

由此可知頓丘李氏除了和「地寒望劣」的東崔有婚姻關係外，並與河間邢氏、廣平宋氏互通婚姻，河間邢氏、廣平宋氏雖也是大族，但族望較范陽盧氏等為低，《魏書》卷六十三〈宋弁傳〉：「高祖曰：『卿自漢魏以來，既無高官，又無儁秀……。』弁曰：『臣清素自立』。」可知廣平宋氏雖屬大族，但門第並不高。

這種門第間的特殊婚姻現象，同時亦為社會一般人所承認，《北史》卷五十五〈房謨傳〉：

謨與子結婚盧氏，謨卒後，盧氏將改適他姓。有平陽廉景孫者，……以明經舉郡孝廉，……至是訟之，臺府不為理。乃持繩詣神廟前北面大呼曰：房謨清吏，忠事高祖，及其死也，妻子見陵。神而有知，當助申之。今引決，訴於地下。便以繩自經於樹，衛士見之，救解送所司。朝廷哀其至誠，命女歸房族。

廉景孫並非顯族，他本身是孝廉，他以死來維護這種特殊的婚姻制度，正可代表當時社會上一般人，對於這種婚姻制度的看法。

由於這種門閥制度下的婚姻，而使他們在社會上互相標榜，在政治上互相提攜，或者更進一步結成黨羽互相鬥爭，有時更因求婚不成遂加謟讒，同時在家庭裡，由於庶長之間地望不同，常常引起無謂的糾紛。《顏氏家訓》卷一〈後娶篇〉：

河北鄙於側出，不預人流，是以必須重娶，至於三四，……爰及婚宦，至於士庶貴賤之隔，俗以為常。身沒之後，辭訟盈公門，謗辱彰道路，子誣母為妾，弟黜兄為傭，播揚先人之辭迹，暴露祖考之長短，以求直己者，往往而有。

從上所述，可以了解中原士族的婚姻情況，並且也道破了北方家庭中的糾紛原因，當時家庭裡對於「長庶」問題，所謂「嫡庶之別，所以辨上下，明貴賤」，⑩正是當時大族家庭糾紛的癥結所在，「庶長之別」的問題，一部份由於五胡亂華後，北方社會的特殊環境所影響而成。但門閥婚姻卻對這個問題的產生，發生了直接的影響。《魏書》卷二十四〈崔玄伯傳〉：

道固賤出，嫡母兄攸之、目連等輕侮之。……略無兄弟之禮。……青州刺史新除，過彭城，（劉）駿謂之曰：崔道固人身如此，豈可為寒士至老乎？而世人以其偏庶，便相陵侮，可為歎息。青州刺史至州，辟為主簿，轉治中。後為義隆諸子參軍事，被遣向青州募人。長史已下皆詣道固，道固諸兄等逼道固所生母自致酒炙於客前。道固驚起接取，謂客曰：家無人力，老親自執劬勞。諸客皆知其兄弟所作，咸起拜謝其母。母

⑩《晉書》卷三〈武帝紀〉泰始十年詔。

謂道固曰：我賤不足以報貴賓，汝宜答拜。諸客皆歎美道固母子，賤其諸兄。

又《魏書》卷四十八〈高允傳〉：

始神䴥中，允與從叔濟、族兄毗及同郡李金俱被徵。（濟子）遵賤出，兄矯等常欺侮之。及父亡，不令在喪位。

《北史》卷二十七〈李訢傳〉：

訢母賤，為諸兄所輕。

可見當時「世人以其偏庶，便相陵侮」的情形，這完全由於崔道固、高遵、李訢等「舅氏輕微」，不能和他們家庭的門第相稱，而且又不是正室，所以在家庭中受到歧視，甚至於連父親亡故都不「居喪」，同時也可看出在大家族中「嫡庶」之間的地位懸殊，《魏書》卷四十七〈盧玄傳〉：

初，玄有五子，嫡唯度世，餘皆別生。崔浩事難，其庶兄弟常欲危害之，度世常深忿恨。及度世有子，每誡約令絕妾孽，不得使長。以防後患。

又《魏書》卷四十〈陸俟傳〉：

初，定國娶河東柳氏，生子安保，後納范陽盧度世女，生昕之。二室俱為舊族而嫡妾不分。定國亡後，兩子爭襲父爵。僕射李沖有寵於時，與度世子淵婚親相好。沖遂左右申助，昕之由是承爵尚主。

這是因嫡庶而引起的爵位繼承問題，但在這段材料裡，可以發現另一個問題，即是由於「婚親相好」在政治上所發生的作用，《魏書》卷五十六〈鄭羲傳〉：

及李沖貴寵，與羲姻好，乃就家徵為中書令。……出為安東將軍、西兗州刺史，……多所受納，政以賄成。性又嗇吝，民有禮餉者，皆不與杯酒臠肉，西門受羊酒，東門酤賣之。以李沖之親，法官不之糾也。

鄭羲因與李沖姻好而得官，得官以後貪贓枉法，但本官卻因而不檢舉。《魏書》卷六十六〈崔亮傳〉：

刺史元弼前妻，是光韶繼室兄女，而弼貪婪，多諸不法，光韶以親情，亟相非責。

又《魏書》卷四十六〈李訢傳〉：

（高宗）詔崔浩選中書學生器業優者為助教。浩舉其弟子箱子與盧度世、李敷三人應之。給事高讜子祐、尚書段霸兒姪等以為浩阿其親戚，言於恭宗。

由於高祐等將「浩阿其親戚」的事，告訴太子晃，而涉及中原士族與代北大族之間的政治衝突，這裡不詳論。此處則專論及其婚姻方面，案〈盧玄傳〉稱：「司徒崔浩，玄之外兄」，那麼盧度世乃崔浩的內姪，至於李敷也和崔浩有婚戚關係，〈李順傳〉稱：「初浩弟娶順妹，又以弟子娶順女」，崔浩雖然看不起頓丘李氏，但由於婚戚關係，在政治上總會得到某些方便。

但也有因在政治上的衝突而遭受株連的，因崔浩之獄「范陽盧氏、太原郭氏、河東柳氏，皆浩之姻親，盡夷其族。」便是一例。同時也有因求婚不遂，懷恨在心而加殘害的。如《魏書》卷三十三〈公孫表傳〉：

初，表與勃海封愷友善，後為子求愷從女，愷不許，表甚銜之。及封氏為司馬國璠所逮，太宗以舊族欲原之，表固證其罪，乃誅封氏。

綜合上述，可知北魏時期的中原士族，由於族望不同，而使相互婚姻有著界限與等級之存在，亦因為這種關係而使他們在政治上更密切的團結在一起。北方士族經過一場巨大暴風，而仍然能屹立存在，雖然還有許多其他因素，但那條婚姻鎖鍊確也發生了很大的影響。

(二)　中表姻戚關係

上節討論中原士族間的婚姻等級時，略論及大族彼此間的婚姻關係，由於他們將婚姻限制在一個狹小的範圍內，如此甲族之子娶乙族之女，則其所生的子女又娶或嫁於乙族，往往數代聯婚，形成親上加親的中表姻戚關係。

〈元勰妃李媛華墓誌〉：

祖諱寶，使持節侍中鎮西大將軍開府儀同三司并州刺史燉煌宣公。
亡父諱沖，司空清淵文穆公。
夫人滎陽鄭氏。父德玄，字文通，宋散騎常侍，魏使持節冠軍將軍豫州史陽武靖侯。
兄延實，……弟休纂，……弟延考……。
姊長妃，適故使持節鎮北將軍相州刺史文恭子滎陽鄭道昭。
姊仲玉，適故司徒主簿滎陽鄭洪建。
姊令妃，適故使持節撫軍青州刺史文子范陽盧道裕。
妹稚妃，適前輕車將軍尚書郎中朝陽伯清河崔勗。
妹稚華，適今太尉參軍事河南元季海。
子子訥，字令言，今彭城郡王。妃隴西李氏，父休纂。……
女季瑤，今安陽鄉主，適今員外散騎侍郎清淵世子隴西李彧，父延實。
妃諱媛華，隴西狄道縣都鄉和風里人。

案〈李媛華墓誌〉，其長姊適鄭道昭，次姊適鄭建洪，三姊適盧道裕，妹適崔勗，滎陽鄭氏、范陽盧氏、清河崔氏都是北方第一流的大族。

依誌知李沖有二女嫁於滎陽鄭氏，《魏書》卷五十六〈鄭羲傳〉稱「及李沖貴寵，與羲姻好」。案墓誌稱李沖所娶是鄭德玄之女兒，鄭德玄是鄭羲的從父兄，羲傳又稱：「羲從父兄德玄。顯祖初，自淮南內附，拜滎陽太守」，則李沖是鄭羲的姪女婿，然李沖長女下嫁鄭道昭，道昭是鄭羲次子，以輩份推之，鄭道昭是李長妃的舅父，他們是舅甥為婚。又沖次女嫁鄭洪建。《魏書》卷五十六〈鄭羲傳〉亦稱洪建為李沖女婿，與誌合。鄭洪建是鄭德玄之孫，而李沖所娶是德玄之女，則是洪建與仲玉中表兄妹互聯婚姻。

誌又稱：「妹稚華，適今太尉參軍事河南元季海」。《北史》卷十五〈魏諸宗室傳〉稱「季海妻，司空李沖之女，莊帝從母也，賜爵唐郡君。」又《隋書》卷五十四〈元亨傳〉稱：「其母則魏司空李沖之女也」，與誌合。

又誌稱：「女季瑤，今安陽鄉主，適今員外散騎侍郎清淵世子隴西李彧，父延實」，案《魏書》卷八十三下〈外戚傳下〉：「（李）彧尚莊帝姊豐亭公主」。《魏書》卷十〈孝莊紀〉：「孝莊皇帝，諱子攸[11]，彭城王勰之第三（誌作次）子，母曰李妃。」與誌合，所以李彧所尚莊帝姊豐亭公主，當即季瑤，元勰妃李媛華是李彧的姑母，因此李彧與元季瑤是中表為婿。

[11] 誌稱「子子攸，字彥達」，傳未載。

《魏書》卷四十七〈盧玄傳〉稱：「淵與僕射李沖特相友善。沖重淵門風，而淵私沖才官，故結為婚姻。」這當指〈李媛華墓誌〉所說「姊令妃，適……范陽盧道裕」而言，傳未提及，但傳又稱道裕「少以學尚知名，風儀兼美。尚顯祖女樂浪長公主」，則李氏應是道裕的繼室，盧道裕娶李沖三女，乃隴西李氏和范陽盧氏互相婚姻之開始。此後，李盧兩大族間的關係密切持續著。〈隋盧文構夫人李月相墓誌〉：

> 曾祖韶，魏侍中吏部尚書，贈司空文宗，祖瑾，魏通直散騎侍郎齊州刺史，父產之齊散騎侍郎，夫人春秋八十有四，以大業十四年十月終於東都。

案《北史》卷一〇〇〈序傳〉稱李寶子承，承子韶拜侍中，除吏部尚書，韶次子瑾通直散騎侍郎，於河陰遇害，贈齊州刺史，瑾子產之位北豫州司馬。除產之官職稍異外，皆與誌合。《北史》卷一〇〇〈序傳〉：「（產之）撫訓諸弟，友愛篤至。其舅盧道將稱之曰：『此兒風調，足為李公家孫。』」又《北齊書》卷二十九〈李璵傳〉：「（產之弟行之）風素夷坦，為士友所稱。范陽盧思道是其舅子，嘗贈詩云：『水衡稱逸人，潘楊有世親，[12]形骸預冠蓋，心

[12] 楊，《北史》卷一〇〇〈序傳〉作揚。

思出風塵。⓭』時人以為實錄。」

以輩份推之，思道是道將之子，產之既然稱道將為舅，則產之的母親必是范陽盧氏，是盧道將的同胞姊妹或從姊妹，所以思道與產之應該是同輩，而且是中表兄弟。

又〈盧文構墓誌〉：

> 文構字子康，漢侍中植，君之十三世，王父儀偆，儀同孝簡公，顯考愻之，贈郢州刺史。

案〈盧文機墓誌〉稱文機「字子辨。祖儀偆，魏儀同、孝簡公。父愻之，齊郢州使君」，則盧文構與盧文機是同胞兄弟，《三國志・魏書》卷二十二〈盧毓傳〉：「盧毓字子家，涿郡涿人也，父植，有名於世」，注引《後漢書》稱：「植字子幹，少事馬融，與鄭玄同門相友」，《晉書》卷四十四〈盧欽傳〉：「盧欽字子若，范陽涿人也。祖植，漢侍中。父毓，魏司空。……欽弟珽字子笏，衛尉卿。珽子志。……（志）長子諶。」又《魏書》卷四十七〈盧玄傳〉：「盧玄，字子真，范陽涿人也。曾祖諶，晉司空劉琨從事中郎。祖偃，父邈，並仕為郡太守」。綜上所引以《新唐書》卷七十三上〈宰相世系表三上〉校之，則知植生毓，毓生珽，珽

⓭ 風，《北史》卷一〇〇〈序傳〉作囂。

生志，志生諶，諶生偃，偃生玄，玄生度世，度世生敏，敏生儀僖，儀僖生愻，愻生文構、文機，從植到文構剛好十三世。又據《魏書》卷四十七〈盧玄傳〉知道將與文構之祖父儀僖是同祖兄弟，所以儀僖子孫與道將子思道同輩，因此愻與李彥之也是中表關係，盧文構與李月相一個是愻的兒子，一個是彥之的女兒，兩人輩份相同，所以他們也是表兄妹結婚。由是知隴西李氏和范陽盧氏是累世聯婚，《北史》卷一〇〇〈序傳〉稱：「(李)曉自河陰家禍之後，……無復宦情，……外兄范陽盧叔彪勸令出仕」，再如盧觀是李瑾的姊夫，盧道裕是李延實的姊夫，李爽是盧元明的妹夫等等，由以上所說外兄、妻弟、舅、舅子等看來，范陽盧氏與隴西李氏，多半是中表為婿。

現在再進一步分析趙郡李氏與其他士族之間的中表婚姻關係。

〈李憲墓誌〉：

長女長輝，適龍驤將軍營州刺史安平男博陵崔仲哲。父秉，司徒靜穆公。……

第三女淑婉，適兗州刺史漁陽縣開國男博陵崔臣。父逸，廷尉卿。……

(第二子)希宗妻博陵崔氏。父楷，儀同三司。……

(第四子)希仁妻博陵崔氏。父孝芬，儀同三司。

由上述可知博陵崔氏與趙郡李氏有密切的婚姻關係。

《魏書》卷三十六〈李順傳〉：

> 敷既見侍二世，兄弟親戚在朝者十有餘人。弟奕又有寵於文明太后。李訢列其隱罪二十餘條，顯祖大怒，皇興四年冬，誅敷兄弟，削順位號為庶人。……敷長子伯和。次仲良，與父俱死。（長子）伯和走竄歲餘，為人執送，殺之。伯和有庶子孝祖，年小藏免。後敷妻崔氏得出宮，養之。

李敷遇難，妻崔氏沒入宮，雖然傳上沒有說明她的族望，但從博崔趙李累世聯婚的情形推之，則其屬博陵崔氏無疑，李憲是李敷弟式之子，案誌其子女多與博崔聯婚，而傳未載，誌稱：「希仁妻博陵崔氏。父孝芬」，《魏書》卷五十七〈崔挺傳〉稱：「始挺兄弟同居，……孝芬等奉承叔母李氏，若事所生，……出入啟覲，家事巨細，一以諮決。每兄弟出行，有獲財物，尺寸已上，皆內李氏之庫」。孝芬的叔母是振之妻，為趙郡李氏，而孝芬的女兒又下嫁於希仁，亦可能是中表互為婚姻，希宗妻父崔楷，即逸弟，《魏書》卷五十六〈崔辯傳〉：「（與憲同）以黨附高肇，為中尉所劾，……卒贈儀同三司。」與誌合，又誌稱：「長女長輝，適龍驤將軍營州刺史安平男博陵崔仲哲。」《魏書》卷四十九〈崔鑒傳〉稱：「（仲哲）假寧朔將軍，……賜爵安平縣男。」《太平廣記》引《三國典略》：「齊崔子武幼時，宿于外祖揚州刺史趙郡李憲家」，子武或即是仲哲子。誌又稱：「第三女淑婉，適兗州刺史漁陽縣開國男博陵崔巨。父逸，廷尉卿」。《魏書》卷五十六〈崔辯傳〉稱：「廷尉少卿。卒，……贈以本官」。〈崔辯傳〉作崔巨倫，官爵與誌合。

又〈崔敬邕墓誌〉稱：

> 祖秀才諱殊，字敬異。夫人從事中郎趙國李烋女。
>
> 父雙護，……夫人中書趙國李詵女。

案敬邕是崔挺從祖弟，然其祖父之名不見於傳，夫人李烋女，烋即休字別體，《北史》卷三十三〈李孝伯傳〉：「休字紹則。」纘次子，敬邕母是趙國李詵女，又案《魏書》卷三十六〈李順傳〉：「詵，字令孫。京兆太守。詵後繼。」由是可知崔李兩姓的婚姻也是累世不絕的，到北齊時候仍然繼續著。

〈李琮墓誌〉：

（子妻）博陵崔氏，父彥遐。

（女）和上，適博陵崔君弘，開府參軍事。

李琮、崔彥遐、崔君弘等皆不見於史傳，案《新唐書》卷七十二下〈宰相世系表二下〉稱：後魏永昌郡守崔幼子有彥珍、彥璋、彥昇、彥穆，彥穆之子有君綽、君肅、君贍，以行輩排之，彥遐是彥璋的昆弟行，君弘是君綽的同輩，雖不能據此確定他們的世系，但可以確定他們是親上加親的，因博崔趙李之間的中表姻親是普遍的。《北史》卷三十二〈崔辯傳〉：

（孫）巨倫有姊，明慧有才行，因患眇一目，……其家議欲下嫁之。巨倫姑，趙國李叔胤之妻，聞之悲感曰：吾兄盛德，不幸早世，豈令此女，屈事卑族！乃為子翼納之。

這裡說明崔明慧與李翼亦中表為婚，再案〈李憲墓誌〉稱其長子希道娶廣平宋氏，父弁吏部尚書，又案憲傳稱：「（敷）妹夫廣平宋叔珍等皆坐關亂公私，同時伏法」，敷為憲的從伯，則李憲的姑母嫁給宋叔珍，叔珍是宋弁的父親，宋弁的女兒又嬪於希道，也是中表為婚。

又《魏書》卷四十七〈盧玄傳〉：

房崇吉母傅氏，度世繼外祖母兄之子婦也。兗州刺史申纂妻賈氏，崇吉之姑女也，皆亡破軍途，老病憔悴。而度世推計中表，致其恭恤。每覲見傅氏，跪問起居，隨時奉送衣被食物，亦存賑賈氏，供其服膳。

由此可見當時對於中表關係的重視，這完全由於大族與大族之間，將婚姻限制在小範圍內，兩個大族累世互通婚姻，像崔孝芬等奉承叔母李氏，「若事所生」，因為博崔趙李世代婚姻，孝芬的叔母可能是他母親的親姊妹，既是叔母又是姨母，在這種雙重親屬關係下，當然要「若事所生」了。

《北史》卷三十〈盧玄傳〉稱「(盧懷仁)撰《中表實錄》二十卷」，惜此書已佚失，《舊唐書》卷四十六〈經籍志上〉載齊有《永元中表簿》六卷，梁有《大同四年中表簿》三卷，由此可知不但中原，即在江左亦是非常重視中表婚姻關係的。

四 拓跋氏宗室的婚姻

「北魏帝室多與高門通婚，至孝文遷洛而愈積極。孝文為其弟六人聘隴西李氏、滎陽鄭氏、范陽盧氏、代郡穆氏之女，以咸陽王禧原妻出身隸戶，使為妾媵。北魏改代人姓氏，令著籍河南，以其八姓與漢人高門並論，與令宗室通婚高門為一貫之華化政策。」[14]在兩種文化接觸過程中，首先受到影響發生變化的是生活方式的變化，繼之，則是意識形態的轉變，這兩種有形與無形的變化，最後通過互相婚姻的關係而融合完成。

㈠ 與中原士族的婚姻關係

魏晉南北朝時代士族的婚姻，錮鎖在門閥制度之內，自成一範圍，這範圍亦非政治力量所能擊破，這些世族大家自標身價，並不以攀附皇家聯婚為榮，反而帝王之家倒希望和他們聯婚。《北齊書》卷十三〈趙郡王傳〉：

> 世宗謂（趙郡王）曰：我為爾娶鄭述祖女，門閥甚高，汝何所嫌而精神不樂？

又《北史》卷二十四〈崔㥄傳〉：

---

[14] 牟潤孫師，〈敦煌唐寫姓氏錄殘卷考證〉，《注史齋叢稿》。

妻太后為博陵王納倰妹為妃，勅中使曰：好作法用，勿使崔家笑人。

可知雖貴為帝王，仍然喜歡和高門大姓聯婚，可是那些世家大族卻「不藉殿下（皇室）婚媾為門戶」⓯，帝王之家雖在政治上有絕對權威，在社會地位上仍不能和高門相比，拓跋氏以胡人君臨中原，他們既無優厚的文化傳統作為憑依，又無統治經驗，因此他們不能不與中原士族合作，以統治所征服的人民。經過長期合作後，到了孝文帝時，他發現如果要鞏固他的政權，消除代北與中原士族間的矛盾，必須進一步擺脫其原來文化的桎梏，徹底投入中原文化的熔爐，更密切地和中原士族結合在一起，在其遷都前後所作種種改革，都是朝著這方向進行，和漢族高門通婚便是許多改革裡很重要的一種，按《魏書》卷五十三〈李沖傳〉：「高祖初依《周禮》，置夫、嬪之列，以沖女為夫人」，〈盧玄傳〉稱：「高祖納其女為嬪」，〈崔休傳〉稱：「父伯宗，……高祖納休妹為嬪」，〈鄭羲傳〉稱：「文明太后為高祖納其女為嬪」，〈王慧龍傳〉：「高祖納其長女為嬪」。范陽盧氏、清河崔氏、滎陽鄭氏、太原王氏都是中原大族，孝文都納其女置於後宮。此外，並納博陵崔挺女為嬪，這似乎有意要打破中原士族的婚姻界限，使拓跋氏宗室與中原士族透過婚姻關係，而獲得更徹底的融合。所以除了他自己

⓯《梁書》卷二十一〈王峻傳〉。

娶中原士族的女兒為嬪外，並為其子太子恂娉中原士族的女兒為妃。《魏書》卷二十二〈廢太子傳〉：

> 高祖將為恂娶司徒馮誕長女，以女幼，待年長。先為娉彭城劉長文、滎陽鄭懿女為左右孺子。

同時更為其六弟娉大族之女為妃，《魏書》卷二十一〈咸陽王傳〉：

> 〈咸陽王〉禧取任城王隸戶為之，深為高祖所責。……將以此年為六弟娉室。長弟咸陽王禧可娉故潁川太守隴西李輔女，次弟河南王幹可娉故中散代郡穆明樂女，次弟廣陵王羽可娉驃騎諮議參軍滎陽鄭平城女，次弟潁川王雍可娉故中書博士范陽盧神寶女，次弟始平王勰可娉廷尉卿隴西李沖女，季弟北海王詳可娉吏部郎中滎陽鄭懿女。

自此以後，拓跋氏宗室與中原士族之間，不僅限於政治上的從屬關係，而且更多了一層親戚關係，北魏宗室和中原士族中每一個大家族都有婚姻關係，所謂「王國舍人應取八族及清修之門」，八族是指功勳八姓而言，「清修」即中原高門世家之謂，但上述孝文六弟所娶，代北功勳八姓僅佔六分之一，由此可見當時中原士族社會地位的崇高，雖如劉芳並不是第一流大族，高祖欲娉其女為太子孺子，他辭以「年貌非宜」，由此可見，當時中原士族對拓跋氏，尚多少有點卑視的意味，《魏書》卷四十〈陸俟傳〉：

叡……娶東徐州刺史博陵崔鑒女，鑒謂所親云：平原王才度不惡，但恨其姓名殊為重複。時高祖未改其姓。

案《魏書》卷一一三〈官氏志〉：「步六孤氏，後改為陸氏。」為神元內入功勳八姓之一，崔鑒不嫌其他，卻嫌「其姓名殊為重複」，進一步說即是嫌他是個鮮卑胡人了。《北史》卷二十四〈崔逞傳〉：

（逞六世孫）叔義父休為青州刺史，放盜魁，令出其黨，遂以為門客。在洛陽，與兄叔仁鑄錢。事發，合家逃逸，叔義見執。城陽王徽為司州牧，臨淮王彧以非其身罪，驟為致言。徽以求婚不得，遂停赦殺之。

崔逞是清河崔氏，以不禮於世祖見殺，其子孫仍然自標門第不願與拓跋氏通婚，而因此得禍。當然也有些大族因政治關係而「榮利婚婚」，與拓跋氏宗室互通婚姻，但士族社會對他們這種做法，是「議者非之」的，在孝文帝利用政治力量，打破中原士族所封固的門閥婚姻界限以後，中原士族和拓跋氏通婚的情形漸漸普遍，今據所獲資料略加分析如後：

（甲）范陽盧氏：

〈肅宗充華盧令媛墓誌〉：

嬪諱令媛，范陽涿人，魏司空容城侯之十一世孫，錄事府君之元女。……曾祖度世，……祖諱淵，……字伯源，……父道約，字季恭。

《三國志・魏書》卷二十二〈盧毓傳〉稱「正元三年，……詔使使者即授印綬進爵封容城侯，邑二千三百戶。」則容城侯即盧毓，自毓下數至令媛剛好十一世。《魏書》卷十三〈皇后列傳〉稱：「（靈）太后欲榮重門族，……為肅宗為選納，抑屈人流。時博陵崔孝芬、范陽盧道約、隴西李瓚等女，但為世婦」，傳與誌合。誌又稱：

年甫九齡，召充椒掖。……正光三年龍集壬寅，夏四月壬戌朔，十六日丁丑，卒於京師，時年十二。

則九歲入宮應在神龜二年，這時孝明年也在十歲左右，由此也可見北魏宗室早婚的情形。

〈元乂墓誌〉稱：

息（亮）妻范陽盧氏。父聿，駙馬都尉太尉司馬。

《魏書》卷十六〈京兆王傳〉稱：「乂子亮，襲祖爵。齊受禪，例降。」又同書卷四十七〈盧玄傳〉稱：「元聿，字仲訓，無他才能。尚高祖女義陽長公主」，與誌合，但並沒有道及盧氏嬪於元亮之事。案盧元聿是盧昶子，盧昶是盧淵之弟，淵弟敏傳：「高祖納其女為嬪」，元聿與盧敏女為從兄妹，因而尚高祖長公主。

又〈元壽安妃盧蘭墓誌〉：

太妃諱蘭，幽州范陽涿縣人也。燕王盧綰，漢祖共書；侍中盧毓，魏君同乘……祖興宗，范陽太守。父延集，幽州主簿。

又案〈章武王元融妃盧貴蘭墓誌〉稱：「祖巘，燕太子洗馬，魏建武將軍良鄉子。……父延集，幽州主簿。……太妃姓盧，諱貴蘭，范陽涿縣人也。魏司空毓之九世孫。」由前後兩誌並觀，都稱「父延集，幽州主簿」則盧蘭與盧貴蘭應為同胞姊妹，貴蘭卒於武定四年，享年五十四歲，知其生於太和十七年，而盧蘭死時年六十七，葬於大統十七年，如盧蘭即死於下葬那年，則應該生於太和九年，但盧蘭和盧貴蘭墓誌所載她們的祖父，一是「祖興宗，范陽太守」，一是「祖巘，燕太子洗馬，魏建武將軍良鄉子」，不但名字不同所任官職也不同，同時盧貴蘭與盧蘭父祖之名字都不見於史。《魏書》卷四十七〈盧玄傳〉稱：「祖偃，父邈，並仕慕容氏為郡太守。」〈貴蘭墓誌〉稱妃是魏司空毓九世孫，而且貴蘭之祖亦仕於燕，則巘與玄應是同輩，興宗可能是巘字，其官職相異，或一是其生前的官職，一是其死後的賜謚。

盧貴蘭所嬪者是元融，墓誌稱融是章武王彬之子，後廢帝朗之父。《魏書》卷十九下〈章武王傳〉稱融是章武王長子，廢帝則是元融的次子。其事正合。但朗可能非貴蘭所出，因融碑誌出土時，另有一塊元融妃的墓誌，可惜碑文殘闕不清，查不出她的事蹟與姓氏，但既和元融合葬，應是元融之元妃，則盧氏可能是元融的次妃或續絃。盧蘭嫁元壽安，案〈元壽安墓誌〉稱「景穆皇帝之孫，……汝陰靈王之第五子。」《魏書》卷十九上〈汝陰王傳〉稱「(汝陰王)天賜第五子修義，字壽安」。以輩份推之，元壽安應是元融的族叔，盧蘭與盧貴蘭雖為姊妹，所嫁卻是叔姪。

(乙) 隴西李氏：

〈元子邃妻李艷華墓誌〉：

夫人字艷華，隴西狄道人，武昭王皓之五世孫也。……祖蕤，司農冀州刺史。父該，散騎常侍濟廣二州刺史。

案〈李蕤墓誌〉稱：「祖寶，……父承，字伯業，……君八男，四女」。《北史》卷一〇〇〈序傳〉稱：「涼武昭王暠字玄盛，子翻，翻子寶，寶子承，承子蕤。歷司農少卿，卒贈豫州刺史，(蕤)子諺，……莊帝初，濟、廣二州刺史。」與誌敘蕤，該歷官合，但傳稱自武昭王暠下數到李艷華為七世，誌作五世誤，武昭王暠誌作皓，誌稱李艷華的父親該，《魏書》卷三十九〈李寶傳〉作詠，《北史》卷一〇〇〈序傳〉作諺。又案〈元緦妃李媛華墓誌〉：「祖諱寶，……父諱沖。」則李艷華父李蕤與李媛華是同祖兄妹。案〈元子邃墓誌〉：「字德修，河南洛陽人也。曾祖魏高家文成皇帝，祖太尉安豐國王，父太保大司馬文宣王」，《魏書》卷二十〈安豐王傳〉稱：「安豐王猛，字季烈。太和五年封，加侍中，出為和龍鎮都大將、營州刺史。……薨于州。贈太尉，謚曰匡。子延明襲。……明帝初，為豫州刺史，……後兼尚書右僕射」，案爾朱榮入洛，孝莊即位，延明永安元年七月拜尚書令，二年十一月兼大司馬，故得與莊帝母族為婚，又案李彧尚莊帝姊豐亭公主，豐亭公主即李媛華女季瑤，李彧與李艷華是從兄妹，則元子邃為李彧的姊婿或妹婿。

又〈元徽墓誌〉：

> 妃隴西李氏，司空文穆公之孫女。

《魏書》卷十九〈景穆十二王傳〉稱：「徽後妻，莊帝舅女。侍中李彧，帝之姊婿。」文穆公即李沖，則元徽妃李氏與元子邃妃李艷華亦是同從姊妹，與李彧是同祖兄妹。李氏為元徽的次妃，〈徽傳〉稱：「(徽)不能防閑其妻于氏，遂與廣陽王淵姦通。」又卷十八〈廣陽王傳〉：「(深)坐淫城陽王徽妃于氏，為徽表詔，詔付丞相高陽王雍等宗室議決其罪，以王還第。」則于氏可能亦由此得罪而離異，婚於李氏，所以〈元徽墓誌〉未列妃于氏之名。

又案〈李媛華墓誌〉稱「子訥，字令言，今彭城郡王。妃隴西李氏，父休纂。」休纂是李媛華的胞弟，而休纂子或得尚媛華女豐亭公主，其子又嬪於李媛華長子，他們互相間都是中表為婚。

隴西李氏，是拓跋氏宗室攀附姻親的對象。《魏書》卷十四〈神元平文諸帝子孫傳〉：「初，李沖又德望所屬，……（丕）與子超娶沖兄女，即伯尚妹也」，可見拓跋氏宗室想與中原士族通婚急切之情。

又《魏書》卷四十七〈盧玄傳〉：

（道虔）尚高祖女濟南長公主。公主驕淫，聲穢遐邇，先無疹患，倉卒暴薨。時云道虔所害。世宗祕其醜惡，不苦窮治。尚書嘗奏道虔為國子博士。靈太后追主薨事，乃黜道虔為民，終身不仕。孝昌末。……道虔外生李彧尚莊帝姊豐亭公主，因相藉託。永安中，除輔國將軍、通直常侍。

這裡所說的尚書應是任城王澄，《補歷代史表》卷四十〈魏將相大臣年表〉稱延昌四年，尚書令高肇賜死，同年澄拜司空，後又兼尚書令。〈肅宗紀〉：「（延昌四年二月）詔太保、高陽王雍入居西柏堂，決庶政，又詔任城王澄為尚書令。……司徒高肇至京師，以罪賜死。」又案〈任城王傳〉：「肅宗沖幼，朝野不安。澄疏斥不預機要，而朝望所屬，領軍于忠、侍中崔光等奏澄為尚書令，於是眾心忻服」。故知〈盧玄傳〉所稱的尚書是元澄，又案任城王元澄妃〈李氏墓誌〉，李氏卒於景明二年，雖未說明李氏的地望，但由於元澄舉盧道虔為國子博士，可推其是隴西李氏，因隴西李氏與范陽盧氏有密切的婚姻關係，〈盧玄傳〉稱李彧是其外甥，李彧之父延實是盧道約之姊丈，而范陽盧道約又娶延實之妹仲玉。雖元澄為尚書時，李氏已死，而元澄念及故情，而舉李氏的姻婭並非不可能之事，由此可推元澄妃李氏，與李延實、李媛華有親密的關係。

（丙）滎陽鄭氏：

《魏書》卷五十六〈鄭羲傳〉：

希雋弟幼儒，……丞相、高陽王雍以女妻之。幼儒亡後，妻淫蕩兇悖，肆行無禮。……從兄伯猷每謂所親曰：從弟人才，足為令德，不幸得如此婦，今死復重死，可為悲嘆。

《魏書》卷二十一上〈咸陽王傳〉：「潁川王雍可娉故中書博士范陽盧神寶女。」丞相高陽王即潁川王後所改封，則幼儒所娶是范陽盧神寶的外孫女。

又廣陵王羽納平城女為妃，而平城子伯猷所納者，為安豐王元延明女，案延明妃〈馮氏墓誌〉稱馮氏為皇后之妹。又案〈元悅妃馮季華墓誌〉稱：「第六姊安豐王妃」，則安豐王妃馮氏是馮氏的六女，鄭伯猷所娶者是馮氏所生女。

〈元徽墓誌〉稱：「妹適滎陽鄭氏」，元徽妃李氏是李沖的孫女，隴西李氏與滎陽鄭氏有很密切的婚姻關係，元徽妹可能因李氏關係而嫁於滎陽鄭氏，在陽城王的家族裡，在元徽以前沒有和中原士族通婚的紀錄，如元徽的母親是「河南乙氏，廣川公之孫女」，〈官氏志〉：「乙弗氏，後改為乙氏」，是四方內附諸姓之一。

〈元範妻鄭令妃墓誌〉：

> 夫人諱令妃，滎陽中牟人也，齊州使君鄭寶之女，濟北府君範之妻，範則魏景穆皇帝之曾孫，汝陰王司空公之二子。

元範不見於史，〈高祖紀下〉：「復封前汝陰王天賜孫景和為汝陰王」，誌稱司空公或即景和，鄭令妃之父鄭寶之名也不見於史，誌稱令妃卒於隋開皇九年，享年八十三，知其生於魏宣武正始四年，是為滎陽鄭氏之一支。

（丁）琅琊王氏：

琅琊王氏僑居江左，世為顯族，太和十七年以家難奔魏，事見《南齊書》卷四十九〈王奐傳〉及《魏書》卷六十三〈王肅傳〉。

肅傳稱年三十八歲卒於壽春，時在景明二年，由此推溯到太和十七年，則王肅奔魏時年三十歲。因肅是江左望族，奔魏時又適逢孝文帝準備遷都改革之際，因此立即受到重視。

> 肅自建業來奔，……高祖幸鄴，聞肅至，虛襟待之，引見問故。……促席移景，不覺坐之疲淹也。……或屏左右相對談說，至夜分不罷。肅亦盡忠輸誠，無所隱避，自謂君臣之際猶玄德之遇孔明也。

由此可見王肅受高祖寵眷，而且這時他又年輕，妻子沒有隨同北來，因此奉詔尚陳留長公主。公主原為彭城長公主，是劉昶子承緒妻，《魏書》卷五十九〈劉昶傳〉：「昶適子承緒，……尚高祖妹彭城長公主，為附馬都尉」，承緒死後，公主寡居，因而下嫁王肅。

〈世宗充華王普賢墓誌〉：

父肅，魏故侍中司空昌國宣簡公。
夫人陳郡謝氏。父莊，侍中右光祿大夫憲侯。
後尚陳留長公主。父獻文皇帝。

〈王肅傳〉：「肅臨薨，（前妻）謝始攜二女及紹至壽春」。由〈王普賢墓誌〉與〈廣陽王湛墓誌〉知，王肅的兩個女兒入魏後，一嬪於世宗，一為廣陽王淵（傳作深）妃。〈廣陽王湛墓誌〉：

父諱淵，侍中吏部尚書司徒公雍州刺史廣陽忠武王。母琅琊王氏，父肅，尚書令司空宣簡公。

而王肅子於太和十七年肅奔魏時，尚在襁褓之中，案〈王紹墓誌〉稱：「春秋廿有四，延昌四年八月二日遘疾薨於第。」知其生於太和十六年，景明二年肅臨終前入魏，時年十歲，又案〈王普賢墓誌〉稱普賢卒於延昌二年，二十七歲，兩年後王紹又卒，得二十四歲。故知普賢長於紹五歲，普賢入魏時年已十五，所以得嬪於世宗，廣陽王淵妃雖不知其生卒年月，但其為紹姊，可能也是普賢姊。

又〈王肅傳〉：「肅弟秉，……世宗初，攜兄子誦、翊、衍等入國。」〈元湛妃王令媛墓誌〉：

父翊，魏侍中司空孝獻公。
母河南元氏，父澄，假黃鉞太傅任城文宣王。

是王翊娶任城王澄之女，又按〈元乂墓誌〉：「女僧兒，年十七，適琅琊王子建。父散騎常侍濟州刺史。」〈王肅傳〉稱「(翊) 頗銳於榮利，結婚於元乂。為濟州刺史」，誌稱濟州刺史即是翊，據傳稱「結婚於元乂」，即是女僧兒嬪於王翊子。

又〈王誦墓誌〉：

祖奐，齊尚書左僕射鎮北將軍雍州刺史。父融，給事黃門侍郎東宮中庶子。

案誌又稱「年甫十二，備遭荼蓼，泣血孺慕，幾於毀滅。」據誌知王誦生於齊高帝建元四年，永明十一年奐等被害時，誦剛好十二歲，《魏書》卷六十三〈王肅傳〉：「誦，字國章，肅長兄融之子。學涉有文才，神氣清儁，風流甚美」，入魏後，得先後兩次妻宗室之女。

〈王夫人寧陵公主墓誌〉：

父侍中司徒錄尚書太師彭城王。夫琅琊王君。

案墓誌僅稱夫君琅琊王氏而不名，但公主墓誌與〈王誦墓誌〉同出，當然應是王誦之妻。

〈王誦妻元貴妃墓誌〉：

祖高宗文成皇帝。

父侍中太尉安豐圉王。

安豐王即元猛，〈寧陵公主墓誌〉稱公主薨於永平三年，則公主卒時誦當二十九歲，所以續娶安豐王猛女為妻，元貴妃卒於熙平二年，上距永平三年公主卒時已歷七年，則知公主是王誦元配，安豐王女是王誦繼室。〈元湛妃王令媛墓誌〉稱妃是王翊之女，而嬪為王肅姪，案〈廣平王湛墓誌〉王肅有女嬪於廣陽王淵，則湛王肅外孫，湛母王氏與湛妃王令媛父為從兄弟，則元湛與王令媛是中表聯婚，但翊所妻是任城王元澄女。以世系言之，湛與任城王澄應為同輩，則令媛又是元湛外甥，則王令媛與元湛既是中表聯婚，又是甥舅為婚。

以上敘及范陽盧氏、隴西李氏、滎陽鄭氏、琅琊王氏與拓跋氏宗室的婚姻關係。至於清河崔氏雖為中原大族，但經「崔浩之獄」之後，在政治上地位漸漸沒落，所以孝文既未選嬪於崔氏之家，六弟要妃亦未娉於清河之門，除崔玄伯姪（玄猷子）敞妻李氏是「公主之甥」外，和拓跋氏有婚姻關係的，是清河崔氏的另一支，即崔逞玄孫崔休的家族，休傳稱：「高祖納休妹為嬪」，又「(休子) 仲文納丞相雍第二女，(休) 女妻領軍元乂長庶子祕書郎稚舒」，與〈元乂墓誌〉：「息穎，字稚舒，……舒妻清河崔氏。父休，尚書僕射」，與誌合，休子仲文所納是高陽王雍女，後仲文又嬪裴延儁子敬猷，〈裴延儁傳〉稱：「敬猷妻，丞相、高陽王雍外孫。」或即指此而言。又崔休弟夤妻「安樂王長樂女晉寧主」。

太原王氏和拓跋氏宗室的婚姻紀錄，除高祖納王慧龍子瓊女為嬪外，別無資料可尋。

㈡　拓跋氏公主的婚姻

《魏書》卷二十四〈崔玄伯傳〉：

太祖曾引玄伯講《漢書》，至婁敬說漢祖欲以魯元公主妻匈奴，善之，嗟嘆者良久。是以諸公主皆釐降于賓附之國，朝臣子弟，雖名族美彥，不得尚焉。

由此可見北魏宗室的婚姻，是有政治條件在內的，宗室王子皇孫與中原士族通婚，是為提高並鞏固其宗室的社會地位，至於公主婚嫁，則受了漢朝和親政策的影響，對於那些來歸附的酋長與南朝前來投降的顯貴發生一種羈縻作用。

本章附表根據《魏書》、《北史》傳紀並參以墓誌所得統計，分析五十個駙馬都尉的家世，拓跋氏公主下嫁代北部落酋長家族者二十一人，下嫁投降北魏的南方宗室大族者十二人，下嫁歸附部落者四人，因姻戚關係下嫁后族與中原士族者十六人。

在下嫁代北酋長的廿一人中，嫁給穆氏家族的有十一人，穆氏是代北大族，《魏書》卷一一三〈官氏志〉稱：「丘穆陵氏，後改為穆氏」，是神元內入諸姓中功勳八姓之首，在穆氏門中的駙馬都尉有穆真、穆伯智、穆觀、穆壽、穆平國、穆伏干、穆羆、穆亮、穆正國、穆平城、穆紹等，穆氏家族從拓跋氏初期，到孝文遷都穆泰叛變伏誅時，一直和拓跋氏保持密切的關係。北魏宗室諸王與穆氏家族通婚的頗多，如〈元嘉墓誌〉稱妃河南穆氏，是穆壽的孫女，穆亮妹，〈元幹墓誌〉稱妃代郡穆氏，〈元煥墓誌〉稱妃河南穆氏，是穆纂的女兒，〈元珽墓誌〉稱妃穆玉容，穆堤之曾孫女等。

由於穆氏和拓跋氏有著婚姻關係，他們都在幼時便入侍東宮，然後再拜駙馬都尉，穆亮子紹「九歲除員外郎，侍學東宮，轉太子舍人。十一尚琅琊長公主，拜駙馬都尉」。穆泰子「伯智，八歲侍學東宮，十歲拜太子洗馬、散騎侍郎。尚饒陽公主，拜駙馬都尉」。並有死後為婚，「(穆)平城，早卒。高祖時，始平公主薨於宮，追贈平城駙馬都尉，與公主合葬」。⑯其他代北大族與拓跋氏聯婚的有陸氏、乙氏、萬氏、于氏等，他們的家族都是「世為酋帥」的部落酋長。

至於那些歸附而與拓跋氏聯婚的，可分兩類，一是邊境部落酋長的後裔，一是從南朝投奔來的宗室或大族。

〈閭伯昇墓誌〉：

高祖即茹茹主之第二子。率部歸化，錫爵高昌王，仕至司徒公。

夫人樂安郡公主元氏……諱仲英，……顯祖獻文皇帝之孫，太尉咸陽王之女。

---

⑯ 以上所引皆見《魏書》卷二十七〈穆崇傳〉。

案〈城陽王鸞次子恭墓誌〉稱妃「(閭氏)茹茹主之孫，景穆皇帝女樂平公主孫」，閭氏當與文帝母郁久閭氏、閭大肥同族。關於茹茹內附事，《北史》卷九十八〈蠕蠕傳〉未詳載，可能是茹茹的一部內附後，拓跋氏賜公主為婚以作為一種懷柔政策。又案〈北齊赫連子悅妻閭炫墓誌〉稱，閭氏曾祖大肥尚隴西公主。而〈大肥傳〉則稱尚華陰公主，後公主薨，復尚濩澤公主，與誌異，但由此可知，茹茹內附後常和拓跋氏聯婚，又閭伯昇妻元氏，父咸陽王即禧。

〈劉懿墓誌〉：

君諱懿，字貴珍，弘農華陰人也。……

夫人常山王之孫，尚書左僕射元生之女。

長子撫軍將軍……元孫。

妻驃騎大將軍司徒公元恭之女。

世子散騎常侍千牛備身洪徽。

妻大丞相勃海高王之第三女。

劉懿《北齊書》(卷十九)作劉貴，《北史》亦作劉貴，所不同者是籍貫，誌稱劉貴是弘農人，而傳作「秀容曲陽人」，〈劉玉墓誌〉也稱「（玉）弘農胡城人」，案《魏書》卷一〇六下〈地形志下〉稱恒農，屬陝州領三縣並無胡城，又案《元和姓纂》稱劉氏族望甚多，弘農華陰是劉氏一脈，周一良〈領民酋長與六州都督〉論劉玉事稱，〈劉玉墓誌〉又稱：「遠祖司徒寬之苗」。《後漢書》卷五十五〈劉寬傳〉稱：「字文饒，弘農華陰人也。父崎，順帝時為司徒。」《元和姓纂》也稱：「漢高兄代王喜後。漢司徒琦始居弘農；生寬，太尉。」崎《姓纂》作琦誤，〈劉玉墓誌〉所謂的司徒，是崎而非寬，《金石錄》卷二十三稱：「夷虜妄言出於名冑，以欺眩世俗。」大抵魏晉以來，北邊外族多喜冒漢姓，從李陵沒於匈奴，胡人冒姓李的很多，後世李太白是西域人，自稱涼武昭王之後。[17]所以劉玉散諸部落後定居弘農，因而攀附劉寬為其遠祖。這與〈劉懿墓誌〉自稱為弘農人，而攀「臨淮給事」為遠祖的情形相似，案〈劉貴傳〉稱貴為「秀容曲陽人」，《元和郡縣圖志》卷十四「嵐州」條稱：「秀容故城，在（宜芳）縣南三十里。劉元海感神而生，姿容秀美，因以為名也」，這不過是望文生義的說法。由上述知秀容在新興（今忻縣）北，《晉書》卷一〇三〈劉曜載記〉稱曜「隱跡管涔山」，《水經》卷上〈汾水注〉稱：「水出太原汾陽縣北管涔山」，酈道元注謂「劉淵族子曜，嘗隱避于管涔之山」，此山和秀容相近。又誌稱玉的官職：「郟肆二州大中正第一酋長敷城縣

---

17 見陳寅恪，〈李太白氏族之疑問〉。

開國公。」考《魏書》卷一〇六上〈地形志上〉，秀容即敷城屬郡，屬肆州，誌稱高歡以懿為肆州刺史，後長子為肆州中正贈肆州刺史，而其三子亦為肆州主簿，且懿既封敷城開國伯，所以應是秀容敷城人。

《新唐書》卷七十一上〈宰相世系表〉：「河南劉氏本出匈奴之族。漢高祖以宗女妻冒頓，其俗貴者皆從母姓，因改為劉氏。左賢王去卑裔孫庫仁，字沒根，後魏南部大人、凌江將軍。弟眷，生羅辰，定州刺史、永安敬公。……五世孫環雋，字仲賢，北齊中書侍郎秀容懿公。」⓲再以〈劉懿墓誌〉所載：「大將軍府騎兵參軍第一酋長」的官職推之，劉懿應為孝文遷都洛陽後，留在北方的獨孤氏之一支，獨孤氏和拓跋氏有很密切的婚姻關係，道武宣穆皇后劉氏，即是劉羅辰之妹，《魏書》卷二十三〈劉庫仁傳〉：「劉虎之宗也，……母平文皇帝之女。昭成皇帝復以宗女妻之。」誌稱：「長子撫軍將軍銀青光祿大夫都督肆州諸軍事肆州刺史元孫。」《北齊書》卷十九〈劉貴傳〉稱：「長子元孫，員外郎、肆州中正」，與誌異，其妻元氏，「驃騎大將軍司徒公元恭之女」，考拓跋氏宗室名恭的一為節閔帝，一為元顯恭。⓳《魏書》卷十〈孝莊紀〉：「(永安三年十月) 以中軍將軍、前東荊州刺史元（顯）恭。

⓲ 《姓纂》「獨孤」條，《晉書》卷一〇一〈劉元海載記〉略同。

⓳ 顯恭名恭，見〈元恭墓誌〉。

為使持節、都督晉建南汾三州諸軍事、鎮西將軍、晉州刺史、兼尚書左僕射。」又《北齊書》卷十九〈劉貴傳〉稱「(懿)永安三年，除涼州刺史。建明初，爾朱世隆專擅，以貴為征南將軍、金紫光祿、兼左僕射、西道行臺，使抗孝莊行臺元顯恭於正平。貴破擒(顯)恭。」則此兩家自無通婚之理，然節閔帝雖名恭，初為廣陵王，嗣位後為高歡所殺，西魏時追謚為節閔皇帝，節閔帝未曾任過司徒，所以這裡的司徒公恭，可能另為別人。另一種可能則是元恭被擒後，其家族也被擒而配給元孫為妻，爾朱之亂洛陽淪陷，拓跋氏宗室因此流落者不在少數，《魏書》卷九〈肅宗紀〉：「(孝昌二年)詔曰：頃舊京淪覆，中原喪亂，宗室子女，屬籍在七廟之內，為雜戶濫門所拘辱者，悉聽離絕。」由此知元孫娶元顯恭的女兒是可能的。劉懿所娶「常山王之孫，尚書左僕射元生之女」，元生不見於傳，常山王遵道武四年封，二世素、三世陪斤，陪斤坐事國除，陪斤子暉，「靈太后臨朝，為尚書……。卒，贈尚書左僕射。」暉為遵四世孫，不知孰是？

在下嫁北來的南朝宗室大族的十五位公主中，嫁晉朝宗室後裔的有四個，他們是司馬彌陁、司馬楚之、司馬躍、司馬朏，下嫁劉宋宗室的有五個，他們是劉昶、劉承緒、劉輝，祖孫三代都尚公主，劉昶因與所尚公主折翼，曾前後尚三主。蕭齊降魏的宗室如蕭受、蕭烈、蕭權、蕭寶卷等亦尚公主，這些南朝的宗室，不是投降北魏，便是遭受政治迫害而潛逃到北方來的，拓跋氏將公主下嫁給這些落難的宗室，一方面表示懷撫降人寬大的風度，另一方面，因在當時南北敵對的狀態下，這批流落的貴族不論怎樣，在南方仍然有他們政治或社會的潛勢力存在，因此拓跋氏除將公主下嫁他們外，並且封他們王爵，多少包含著一些政治作用在內。

至於中原士族和拓跋氏公主通婚的，他們多是后族，像杜超、馮誕、馮穆、高肇、高猛等都是由於外戚之親，而得為駙馬都尉的，其他的大族也多由於姻戚關係而中表聯婚的，已略見上述。

拓跋氏公主的婚姻非常自由，既可以離婚又可以再嫁，但這祇是限於公主方面。《魏書》卷四十五〈裴駿傳〉：

（詢）美儀貌，多藝能，音律博奕，……太原長公主寡居，與詢私姦，肅宗仍詔詢尚焉。

又《魏書》卷四十九〈張彝傳〉：

以是知拓跋氏閨闈之防不嚴，王肅所尚的彭城公主是劉昶婦再嫁，已見前述。

陳留公主寡居，彝意願尚主，主亦許之。僕射高肇亦望尚主，主意不可。肇怒，譖彝於世宗。

由以上所述知公主再醮，完全憑自己意思決定，不過也有被迫改嫁的。如〈邢巒妻兄純陀墓誌〉：

（夫人）初笄之年，言歸穆氏，……良人既逝，……兄太傅文宣王，違義奪情，……來嬪君子。

案夫人是任城王康第五女，兄太傅文宣王即任城王澄，由誌稱「兄……違義奪情，……來嬪君子」，可知元氏再嫁，非其本意。

但尚公主的駙馬都尉，除非奉勑離婚，如穆真尚長城公主，後奉勑離婚另尚文明太后姊，或公主薨而另娶，否則不允有次妻，甚至有「世祖妹武威長公主，……詔（惠父）蓋尚焉。蓋妻與氏，以是而出。」[20]王肅便是一個很好的例子，王肅於太和十七年奔魏，其妻亦隨止

[20]《魏書》卷八十三上〈外戚·李惠傳〉。

於壽昌，壽昌為魏所轄，後王肅尚陳留公主，其妻一直留滯在壽昌，至王肅臨終前才趕來奔喪，可是這卻是十年以後的事了，由此可知，王肅雖沒有因尚公主而出妻，事實上卻是分居的，在世宗夫人〈王普賢墓誌〉後，王肅妻郭氏與陳留公主並列，並沒有庶長之分。由王肅妻與兒女被阻入京的情形看來，也可以作為拓跋氏公主下嫁而「出妻」的一種解釋。更可以為拓跋氏初期，所行的一夫一妻制作一個註腳。

(三) 與中原士族通婚後所發生的問題與影響

自從婚禁詔令頒佈以後，便嚴厲的執行著，江陽王繼為青州刺史，因「為家僮取民女為婦妾，又以良人為婢，為御史所彈，坐免官爵」，㉑而且婚姻也有一定的界限，如《魏書》卷二十一〈高陽王傳〉：

> 元妃盧氏薨後，更納博陵崔顯妹，甚有色寵，欲以為妃。世宗初以崔氏世號「東崔」，地寒望劣，難之。

㉑《魏書》卷十六〈道武七王傳〉。

博陵崔氏的崔挺、崔休都曾是在朝的顯要，而且孝文與肅宗都曾納博陵崔氏女為婚，雖然他們的地望比不上崔（清河）、王、盧、李、鄭，但是他們的社會地位不算低，但世宗卻以「地寒望劣，難之」，可知當時諸王的「新婦」，必須「門戶匹敵」的大家女，因此他們結婚對象的範圍縮得很小，後來有些王子所納非大族的女兒，就不得不託顯族大姓以自重。如《魏書》卷二十二〈京兆王傳〉：

> 愉在徐州，納妾李氏，本姓楊，東郡人，夜聞其歌，悅之，遂被寵嬖。罷州還京，欲進貴之，託右中郎將趙郡李恃顯為之養父。

由上所引，可知當時拓跋氏對宗室婚姻的限制非常嚴格，孝文帝強制宗室與中原士族通婚，並且硬性規定「前者所納，可為妾媵」，這即是不承認原來王妃的家庭地位，這個規定不但破壞了拓跋氏原有的婚姻制度，同時更給拓跋氏家族中平添了許多麻煩，《魏書》卷六十一〈畢眾敬傳〉稱：「故事，前妻雖先有子，後賜之妻子皆承嫡。」這便引起了家庭中所謂「庶長之爭」的糾紛。如《魏書》卷二十一上〈咸陽王傳〉：

（咸陽王有八子）翼與昌，屠氏所出。曄，李妃所生也。翼容貌魁壯，風制可觀，（蕭）衍甚重之，封為咸陽王。翼讓其嫡弟曄，衍不許。

案禧傳，禧奉詔納隴西李輔女，所以禧前妃屠氏一降為妾，原來的嫡子也變為庶子，後來禧因謀反誅，翼與其弟昌、曄奔於蕭衍，當蕭衍要封翼為咸陽王時，就發生了嫡庶繼承的問題，那時翼在江南尚如此，由此推想在當時的中原，這種問題必然發生得更多。

《魏書》卷十四〈拓跋謂傳〉：

初，李沖又德望所屬，既當時貴要，有杖情，遂與子超娶沖兄女，即伯尚妹也。丕前妻子隆同產數人，皆與別居。

在最初那些嫁到拓跋氏宗室家族裡的大家女，和原來家人相處得必不和諧，分居衹是暫時的，一旦王子先她而死，而自己又無兒息襲爵，於是問題就發生，像趙郡王元幹家中，就發生前妻與其子對後賜之妻「不遜」的情形。如《魏書》卷二十一〈趙郡王傳〉：

（幹）子謐，世宗初襲封。幹妃穆氏表謐母趙氏等悖禮愆常，不遜日甚，尊卑義阻，母子道絕。詔曰：妾之於女君，猶婦人事舅姑，君臣之禮，義無乖二。妾子之於君母，禮加如子之恭，何得黷我風政！可付宗正，依禮治罪。

上述由於婚姻所引起的家庭糾紛，不過僅是在文化接觸過程中，所掀起的片片漣漪而已，但就整個文化融和而論，孝文帝強制拓跋氏宗室與中原士族通婚的影響是不可磨滅的，因為這些出身於中原士族家庭的閨秀，不論在學養和德性方面，都比那些長在草原的女子強得多，她們下嫁到拓跋氏的家庭裡去，以她們文靜的氣質，來調和北方草原民族的粗獷習氣是非常有效的，同時將中國文化傳統、生活方式、倫理觀念帶到拓跋氏的家庭裡，感化她們的夫君，教育她們的子女，經過一段潛移默化的時間以後，拓跋氏的宗室，由「我鮮卑常馬背中領上生活」㉒的草原武夫，一變為「博極群書，兼有文藻」的儒雅之士，在高祖時已有彭城王勰，任城王澄，但他們的家室都出自中原士族大家，元勰妻隴西李氏，元澄妻也是隴西李氏，繼室長樂馮氏，是馮熙的第五女㉓，自遷都以後和中原士族通婚比較普遍，於是在拓跋氏宗室

㉒《宋書》卷九十五〈索虜傳〉。
㉓ 見〈元澄妃馮令媛墓誌〉。

裡「文雅從容」之士越來越多，當時最著名的有延明、元彧、元熙。

《魏書》卷二十〈安豐王傳〉：

延明既博極群書，兼有文藻，鳩集圖籍萬有餘卷。性清儉，不營產業。與中山王熙及弟臨淮王彧等，並以才學令望有名於世。雖風流造次不及熙、彧，而稽古淳篤過之。……以延明博識多聞，勑監金石事。……所著詩賦讚頌銘誄三百餘篇，又撰《五經宗略》、《詩禮別義》，注《帝王世紀》及《列仙傳》。又以河間人信都芳工筭術，引之在館。其撰古今樂事九章十二圖，又集器準九篇，芳別為之注，皆行於世。

同書卷十八〈臨淮王傳〉：

（彧）少有才學，時譽甚美。……少與從兄安豐王延明、中山王熙並以宗室博古文學齊名，時人莫能定其優劣，……為之語曰：三王楚琳琅，未若濟南（案彧封濟南王）備圓方。彧姿制閑裕，吐發流靡，琅琊王誦有名人也，見之未嘗不心醉忘疲。……奏郊廟歌辭，時稱其美。……彧性至孝，事父母盡禮，自經違離，不進酒肉，容貌憔悴，見者傷之。……彧美風韻，善進止，衣冠之下，雅有容則。博覽群書，不為章句。所著文藻雖多亡失，猶有傳於世者。

又同書卷十九下〈南安王傳〉：

（熙）好學，俊爽有文才，聲著於世，……熙既藩王之貴，加有文學，好奇愛異，交結偉俊，風氣甚高，名美當世，先達後進，多造其門。

其他如元暉、元洪超、元鑒、元羅、元昌、元孚、元欽、元弼、元暉業、元顯和、元匡、元略、元徽、元端、元懌等人，或經學修明，或篤志孝友，都是為時所重的風流人物，如果再進一步分析，他們不是直接和中原士族家庭有婚姻關係，便是母族是漢人。經過長期的婚姻關係，到後來周齊隋唐，拓跋氏以才學德行名於世的更多了。

《周書》卷三十八〈元偉傳〉：

魏昭成之後……偉少好學，有文雅。……世宗初，拜師氏中大夫。受詔於麟趾殿刊正經籍，……篤學愛文，政事之暇，未嘗棄書。謹慎小心，與物無忤。時人以此稱之。

《隋書》卷四十六〈元暉傳〉：

頗好學，涉獵書記。少得美名於京下，周太祖見而禮之，……開皇初拜都官尚書。

同書卷六十二〈元巖傳〉：

好讀書，不治章句，剛鯁有器局，以名節自許。

同書卷六十三〈元壽傳〉：

少孤，性仁孝，九歲喪父，哀毀骨立，宗族鄉黨咸異之。事母以孝聞。及長，方直，頗涉經史。

同書卷七十五〈儒林傳〉：

（元）善少隨父至江南，性好學，遂通五經，尤明《左氏傳》。……上（高祖）每望之曰：人倫儀表也。凡有敷奏，詞氣抑揚，觀者屬目。……上嘗親臨釋奠，命善講《孝經》。於是敷陳義理，兼之以諷諫。上大悅……善之通博，在何妥之下，然以風流醞藉，俯仰可觀，音韻清朗，聽者忘倦，由是為後進所歸。

《舊唐書》卷一〇二〈元行沖傳〉：

博學多通，尤善音律及詁訓之書。舉進士，……行沖以本族出於後魏，而未有編年之史，乃撰《魏典》三十卷，事詳文簡，為學者所稱。……又充關內道按察使。行沖自以書生不堪搏擊之任，因辭按察，……先是，祕書監馬懷素集學者續王儉《今書七志》，左散騎常侍褚无量於麗正殿校寫四部書，事未就而懷素、无量卒，詔行沖代總其事。於是行沖表請通撰古今書目，名為《群書四錄》。

同書卷一九〇中〈文苑・元萬頃傳〉：

洛陽人，後景穆帝之胤。……萬頃善屬文，……時天后諷高宗廣召文詞之士入禁中修撰，萬頃……預其選，前後撰《列女傳》、《臣軌》、《百僚新誡》、《樂書》等凡千餘卷。朝廷疑議及百司表疏，皆密令萬頃等參決，以分宰相之權，時人謂之「北門學士」。萬頃屬文敏速。

同書同卷下〈元德秀傳〉：

河南人，……少孤貧，事母以孝聞。開元中，從鄉賦，歲遊京師，不忍離親，每行則自負板輿，與母詣長安。登第後，母亡，廬於墓所，食無鹽酪，藉無茵席，刺血畫像寫佛經。……（卒）門人相與謚為文行先生。士大夫高其行，不名，謂之元魯山。

至於唐一代文宗元稹，史稱他是昭成第十代孫，敘述他的事跡很多，這裡不細引，《舊唐書》載元姓者共七人，除元載是冒姓，元讓、元思政雖不知其出處，但中國元姓自拓跋始，他們當是拓跋氏的後人，此六人中一在〈孝友傳〉，三人在〈文苑傳〉，元行沖精通文學經籍，元稹更是大文豪，在《新唐書》裡又有元結，也是擅學。這些拓跋氏的後裔到北魏末年，已與中國人沒有什麼區別，而到隋唐以後其中傑出之士，更可駕凌漢人，如果追究其原因，家學淵源是一個重要因素，而他們的「家學」，卻是嫁到拓跋氏家族去的中原士族的女兒帶去的。

拓跋氏宗室姻戚表

宗室姓氏	妃妻族望	妃妻家世	材料來源及備考
阿斗那	洛陽紇干氏	祖和突南部尚書，父萇命代郡尹	案官氏志：「紇干氏後改為干氏」。見元龍墓誌
元度和	下邳皮氏	祖豹淮陽王，父欣廣川公	魏書皮豹子傳：「豹子卒，子道明襲，道明第八弟喜廣川公。」喜誌作欣，又案魏書高祖紀與吐谷渾傳皮喜，作皮懽喜 見元龍墓誌
元　鷙	遼東公孫甑生	祖順給事中義平子 夫人河南長孫氏（父壽字勑斤	公孫氏、祖父名位於史無徵，祖，父親河南長孫氏，亦不見

		陵，征東將軍諡莊王）父冏字九略，大鴻臚少卿營州大中正夫人河南長孫氏（父遐，兗泰相三州刺史）	於史，當與長孫道生同族見元鷙與妃公孫甑生墓誌
元興都	婁　氏		見魏書卷十四
元　丕	段　氏		同　前
元　超	隴西李氏	李沖兄女，即伯尚妹	同　前
元受久	王　氏	昭成之舅女	見元侔墓誌
元　遵	劉　氏	明元帝之姨	同前，又見元昭墓誌
元素連	赫連氏	夏主赫連昌之妹	同　前
元於德	南陽張氏	驪驤將軍阜城侯提之孫女	同　前
元　悝	叱羅氏	父興，儀曹尚書，散騎常侍兗州刺史	同　前
元　暉	遼東公孫氏	父順，振威將軍義平子北平太守	並見元悛，元愔墓誌
元　逸	頓丘李氏	父平，侍中車騎大將軍，司空武邑郡開國公	同　前

元陪斤	宇文氏		見元昭墓誌
元　儀	周　氏		見魏書卷十五，原慕容普驎妻，太祖賜為妃
元　均	京兆杜氏	漢御史大夫周之後	見元均暨妻杜氏墓誌
元　鑒	吐谷渾氏	吐谷渾國主之胄胤，安西將軍斤之孫，安北將軍永安王仁之長女，太尉公三老錄尚書東陽王（丕）之外孫	見元鑒妃吐谷渾氏墓誌
元　繼	渤海南皮石婉	魏故使持節都督荊州豫州諸軍事、荊豫青三州刺史汝陽公韍之季女	見元繼妃石婉墓誌
元　乂	安定胡氏	父珍，相國太上秦公	魏書道武七王傳：「乂妻封新平郡君，後遷馮翊郡君拜女侍中」，與誌合
元　亮	范陽盧氏	父聿，駙馬都尉太尉司馬	魏書盧玄傳附元聿傳稱元聿尚高祖女義陽長公主，拜駙馬都尉，與誌合
元　穎	清河崔氏	父休，尚書僕射	案魏書崔休傳稱，「（休）女妻

			領軍元乂長庶子祕書郎稚舒。」傳稱稚，誌云：「字稚舒」，傳誤
元　爽	頓丘李氏	儀同三司彭城文烈公平之女	見元爽墓誌
元德隆	蕭　氏	父寶夤，大將軍齊王	案蕭寶夤傳：「(彭城)公主攜男女就夤訣別」，傳又稱：「寶夤有三子皆公主所生。」故蕭氏或即公主所出 見元爽墓誌
元　悅	長樂信都馮季華	曾祖道鑒燕昭文皇帝 曾祖母慕容氏 祖朗，真君中入魏封西郡公薨追贈假黃鉞太宰進爵燕宣王 父熙進爵，駙馬都尉 母樂陵郡君太妃 兄恩政侍中儀曹尚書 長姊南平王妃 第二、第三姊孝文后 第四、第五姊孝文昭儀	魏書外戚傳稱，熙有子女數十人，則熙女名不見碑誌者必尚有之。又外戚傳稱熙尚恭宗女博陵公主，誌載七姊，二為皇后，二為昭儀，三為王妃，與元悅妃共四人為王妃 又文成文明皇后為妃之姑 見元悅墓誌

		第六姊安豐王妃 第七姊任城王妃	
元　騰	廣平程法珠		見元騰墓誌
元　良	陸孟暉	祖司空公東郡莊王 著作郎之長女	魏書陸俟傳稱：「俟子麗，麗子定國賜封東郡工。遷司空，太和八年薨，謚莊王。」由是知陸氏是陸定國孫女 見元夫人陸孟暉墓誌
元　嘉	河南穆氏	宜都王壽之孫女 司空亮之從妹	案廣陽王嘉傳稱：「嘉後妃，宜都王穆壽孫女，司空從妹，聰明婦人，及為嘉妃，多所匡贊。」與誌合 見元湛墓誌
元　淵	琅琊王氏	父肅尚書令	案世宗夫人王普賢墓誌，知肅有女，入魏後一為世宗夫人，一為廣陽王淵妃 見元湛墓誌
元　湛	琅琊王令媛	祖琛，齊司徒從事中郎，夫人	見元湛妃王令媛墓誌

		彭城劉氏（父義恭，宋太宰江夏文獻王） 父翊魏侍中司空孝獻公 夫人河南元氏 （父澄任城文宣王）	
元新成	雷　氏 頓丘李氏		魏書景穆十二王傳：「（衍）轉徐州刺史，所生母雷氏卒，表請解州」。案元衍是新成次子，由是知非李氏所出，故李氏為新成繼室 見元新成妃李氏墓誌
元　颺	琅琊王氏		案元颺墓誌稱：「颺字遺興，景穆皇帝孫，陽平王第六子。」然魏書新成本傳僅稱新成子頤，衍，欽而不及颺，又颺妃王氏墓誌則稱：「陽平王第六弟元颺之妻也。」兩誌所載不同，然必王肅的一系 見元颺妃王氏墓誌

元遙	安定梁氏		見元遙墓誌
元靈曜	河南尉氏	祖元，司徒淮陽景桓王 父詡侍中尚書博陵順公 夫人上谷張氏 （祖白澤，殿中尚書廣平簡公，父倫前將軍司農卿）	案魏書尉元傳稱元拜淮陽王，謚景桓公，子羽犯肅宗廟諱，博陵郡開國公，謚順。與誌合，又案魏書張袞傳稱：「袞上谷沮陽人，次子度，度子白澤，太和初官殿中尚書，贈廣平公謚簡，子倫後將軍。」亦與誌合 見元靈曜墓誌
元壽安	范陽盧蘭	漢燕王盧綰，晉侍中盧毓之後 祖興宗范陽太守 父延集幽州主簿	案與盧玄同族，詳見本文 見元壽安墓誌，壽安妃盧蘭墓誌
元範	滎陽鄭氏令妃	父齊州使君鄭寶	詳見本文 見元範墓誌，及範妃鄭令妃墓誌
元固	河南陸氏	祖拔，使持節侍中征西大將軍，相州刺史都督中外諸軍事太保	案魏書陸俟傳稱，長子跋，誌作拔，又案元凝妃陸順華墓誌

		建安王 父琇散騎常侍司州大中正	稱拔作受洛跋，跋、拔相通，代北諸姓名漢譯無定，代人名拔者，有呂洛拔，于洛拔等，名跋者有伊跋 見元固墓誌
元澄	李氏 長樂馮令華（繼室）	太師昌黎武王第五女，姑文明皇后	李氏為隴西李氏，詳見本文。又李氏墓誌稱：景明二年九月三日，雍州刺史任城王妃李氏薨於長安。又案澄本傳稱澄世宗初改授安西將軍雍州刺史，時在景明初，與誌合，又澄妃馮氏墓誌稱正始三年策封任城國妃。時李氏已先卒，由是知馮氏為澄繼室，且知拓跋氏當時行一夫一妻制 並見元澄，澄妃李氏，馮氏墓誌
元雲	孟氏		澄父，見魏書任城王傳
元誘	長樂馮氏	祖太宰燕宣王	案魏書薛辯傳：「其先自蜀徙

	河東汾陰薛伯徽	父太師武懿公尚書之玄孫雍秦二州刺史之曾孫河東府君之孫尚書三公郎中之長女	河東之汾陰，仕姚興尚書，辯子謹卒贈秦雍二州刺史，謹子初古拔，太和六年改河東公。」案誌稱之尚書即辯，刺史即謹，河東府君即初古拔，傳又稱：「胤弟□，字崇業。廣平王懷郎中令、汝陰太守。」尚書三公郎中或指崇業 見元誘墓誌，誘妻馮氏，薛氏墓誌
元略	范陽盧真心	父尚之，出身中書，皇子諮議，濟青二州刺史	見元略墓誌
元壽	麴氏	澆河太守麴寧孫之長女	案澆河初為呂光屬地，麴氏為西平顯姓，晉書乞伏乾歸傳有「侍中麴景」，元和姓纂十「漢有麴潭，生閟，避難湟中，因居西平，十一代孫嘉仕沮渠氏，後立為高昌王。」或即妃同族 見元壽妃麴氏墓誌

元鸞	河南乙氏	父延	案元徽墓誌稱：「太妃河南乙氏，廣川公之孫女」，即乙瓌之裔，魏書官氏志稱：「乙弗氏後改為乙氏。」見元顯魏墓誌
元延	長樂馮氏	父熙	同前
元崇智	河東薛氏	父和南青州刺史	同前
元恭	閭氏	茹茹主曾孫景穆帝女樂平公主之孫，父閭世穎安固伯	當與文成帝母郁久閭氏、閭大肥、閭毗等同族，詳見本文 見元恭墓誌
元徽	隴西李氏	司空文穆公沖之孫女	詳見本文 見元徽墓誌
元融	范陽盧貴蘭	魏司空毓九世孫 祖巘燕太子洗馬，魏建武將軍良鄉子 祖母魯郡孔氏 父延集幽州主簿 母趙郡李氏	詳見本文 見元融妃盧貴蘭墓誌

元凝	河南洛陽陸順華	祖受洛跋相州刺史吏部尚書太保建安貞王 父琇襲爵建安王給事黃門司州大中正	見元凝妃陸順華墓誌
元湛	河東汾陰薛慧命	曾祖謹陪陵公，祖初古拔河東康公，父胤襲爵	見元湛妃薛慧命墓誌
元楨	馮翊仇氏	本州別駕仇牛之長女	魏書閹官傳稱仇洛齊，本姓侯氏，外祖仇款始出馮翊重泉，款生二子，長曰嵩……有孫女適南安王楨，生章武王彬，與誌合 見元舉墓誌
元彬	中山張氏	小種之女，種為本郡功曹	同前
元琤	長樂馮氏	昌黎王第三女南平王誕之妹	同前
元舉	渤海高氏	父聿黃門郎武衛將軍夏州刺史	同前
元願平	樂浪王氏	祖燕儀同三司武邑公波六世孫，父道岷冀齊二州刺史	見元願平妻王氏墓誌
元珽	河南穆玉容	曾祖堤寧南將軍相州刺史	案魏書穆崇傳稱「崇宗人醜善，

		祖袁中堅將軍 父如意左將軍東萊太守	子莫提從征中原，為中山太守，除寧南將軍，相州刺史。」誌之提與傳之莫提官職相同，當為一人，傳僅載莫提子吐，則子袁，孫如意未載，見元珽妻穆玉容墓誌
元　幹	南安譙氏	父鼇頭本州治中從事史，濟南太守	見元煥墓誌
	代郡穆氏	父中散代郡穆明樂	見魏書咸陽王禧傳
元　諶	渤海高氏	父信使持節鎮東將軍，幽瀛二州刺史	元煥墓誌
元　煥	河南穆氏	父纂荊州長史	見元煥墓誌
賀略汗	上谷侯氏	父石拔平南將軍洛州刺史	見元煥墓誌
元　諧	太原王氏	父叡侍中吏部尚書衛大將軍尚書令太宰公中山文宣王	同　前
元靈遵	河南宇文氏	父伯昇鎮東府長史懸氏侯	同　前
元　簡	常　氏		詳見本文 見元簡墓誌及簡妃常氏墓誌

元祐	長樂常氏	曾祖澄遼西獻王 父遼西公冏	見元祐墓誌與妃常季繁墓誌 詳見本文
元延明	長樂馮氏	（文明）皇后之妹	見元延明墓誌及妃馮氏墓誌
元謐	長樂馮會	高祖燕昭文皇帝 曾祖朗燕宣王 祖熙 父修尚書東平公	見元謐及妃馮氏墓誌
元譚	河內司馬氏	曾祖真，司徒揚州刺史琅琊貞王 祖冀州刺史琅琊康王 父纂鎮遠將軍南青州刺史	案魏書司馬楚之傳，貞王即楚之，康王乃楚之子金龍，妃即金龍之孫女 見元譚與妃司馬氏墓誌
元顥	頓丘李元姜	祖太宰宣王 父奇頓丘公	見元顥墓誌及妃李元姜墓誌
元端	長樂馮氏	祖朗燕王 父燕州使君	見元端墓誌與馮氏墓誌
元勰	隴西李氏	祖寶儀同三司燉煌宣公 父沖司空清淵文穆公	見元勰墓誌及妃李媛華墓誌，魏書咸陽王傳 詳見本文

元禧	隴西李氏	父李輔	見魏書咸陽王禧傳
元羽	滎陽鄭氏	父鄭平城	同前
元雍	范陽盧氏	父盧神寶	同前
元詳	滎陽鄭氏	父鄭懿	同前
元子訥	隴西李氏	父休纂	詳見本文 見元勰妃李媛華墓誌
元愉	恒農楊氏	祖伯念秦州刺史	見元寶月墓誌
元寶月	蘭陵蕭氏	曾祖齊太祖 父子賢齊太子詹事平樂侯	見元寶月墓誌
元懌	河南羅氏	父蓋使持節撫將軍濟兗二州刺史	見元寶建墓誌及孝文五王傳
元亶	安定胡氏	父持節散騎常侍右將軍臨涇公	洛陽龍門有清河王妃造像銘曰：「信女佛弟子妃胡智。」又魏書外戚傳稱：「胡國珍子僧洗襲爵……改為臨涇伯，後進為公，女為清河王亶妃。」與誌合
元寶建	武城崔氏	父悛驃騎大將軍徐州刺史	見元寶建墓誌

拓跋氏公主婚嫁表

公主	駙馬	駙馬家世	備考
長城公主	穆真	祖崇，征虜將軍歷陽公散騎常侍，後遷太尉加侍中徙安邑公。父乙九，富城公加建忠將軍	後勅離婚，納文明太后姊
饒陽公主	穆伯智	父真	八歲入侍東宮
宜陽公主	穆觀	父崇	
樂陵公主	穆壽	父觀	
城陽公主	穆平國	父壽	
濟北公主	穆伏干	父平國	
新平長公主	穆羆	父平國	
中山長公主	穆亮	父平國	
琅琊公主	穆紹	父亮	
長樂公主	穆正國	父崇	九歲入侍東宮，轉太子舍人，十一歲尚公主
始平公主	穆平城	父壽	早卒，始平公主薨於宮，追贈

			駙馬都尉與公主合葬。以上見魏書卷二十七
上谷公主	宿　石	天興二年父子歸闕	見魏書卷三十
華陰公主	閭大肥	蠕蠕人，太祖時與弟率宗族入魏	案赫連悅妻閭炫墓誌稱曾祖大肥尚隴西公主，與傳異
濩澤公主	閭大肥		華陰公主薨復尚濩澤公主。見魏書卷三十
南安長公主	盧　統		見魏書卷三十四
高陽公主	萬　振	代人，父真，世為酋帥，率部民隨世祖征伐，以功除平西將軍敦煌公	見魏書卷三十四
高陽公主	萬安國	萬振子	以國甥故得尚公主
華陰公主	嵇　拔	世為紇奚部帥，父根皇始初率眾歸國	見魏書卷三十四
臨涇公主	司馬彌陁	父司馬休之河內溫人晉宣帝季弟之後	先娶毗陵公竇瑾女
河內公主	司馬楚之	晉宣帝弟旭之八世孫	子金龍初納賀源女，後納沮渠牧犍女，世祖妹武威公主所生

趙郡公主	司馬躍	父楚之	見魏書卷三十七
華陽公主	司馬朏		世宗妹。同前
饒安公主	刁　宣		中山王熙之女（卷三十八）
常山公主	陸昕之	陸俟孫	顯祖女。見魏書卷四十
上谷公主	乙　瓌	代人，其先世統部落，世祖時其父遣瓌入貢因留之	世祖女。見魏書卷四十四
安樂公主	乙乾歸	乙瓌子	恭宗女。同前
淮陽公主	乙　瑗	乙乾歸孫	同　前
太原長公主	裴　詢		見魏書卷四十五
樂浪公主	盧道裕	盧玄子	魏書卷四十七
濟南長公主	盧道虔		同　前
豐亭公主	李　彧	李沖孫	莊帝姊。見卷八十三
義陽公主	盧元聿	盧昶子	高祖女。見魏書卷四十七
滄水公主	李安世	李孝伯兄祥子	見魏書卷五十三
武邑公主	劉　昶	劉義隆第九子和平六年歸魏	見魏書卷五十七
建興長公主	劉　昶		武邑公主薨而尚建興長公主 同　前

平陽公主	劉　昶		建興長公主薨改尚平陽公主
彭城公主	劉承緒	劉昶子	同　前
蘭陵公主	劉　輝	劉承緒子	世宗第二姊。同前
南陽公主	蕭寶夤	蕭鸞第六子景明二年歸魏	見魏書卷五十九
建德公主	蕭　烈	寶夤長子	同　前
壽陽公主	蕭　贊	寶夤兄	同　前
彭城公主	王　肅	太和十七年自建業來奔	公主原適劉承緒，承緒薨而改嫁王肅。詳本文
陳留公主	張　彝		見魏書卷六十四
晉寧公主	崔　夤	崔休弟	安樂王長樂女。卷六十九
武威公主	李　蓋	李惠父	魏書卷八十三外戚傳
陽翟公主	姚黃眉	姚興之子、太宗昭哀皇后之弟	同　前
南安公主	杜　超	密皇后之兄	同　前
樂安公主	馮　誕	馮熙子	同　前
順陽公主	馮　穆	馮誕子	高祖女。同前
高平公主	高　肇	文昭皇太后兄	世宗姑。同前

長樂公主	高猛	高肇子	世宗同母妹。同前
東陽公主	于烈		汝陰王女。見于烈墓誌
襄城公主	崔瓚	崔暹子	莊帝妹

孝文帝以前拓跋氏后妃姓氏表

帝號	后妃	姓氏	改姓前姓氏	備考
神元	皇后	竇氏	紇豆陵氏	
文帝	皇后	封氏	是賁氏	
	次妃	蘭氏	烏洛蘭氏	
桓帝	皇后	祁氏		
平文	皇后	王氏		年十三因事入宮
昭成	皇后	慕容氏	慕容氏	
獻明	皇后	賀氏	賀賴氏	
道武	穆皇后	劉氏	獨孤氏	
	皇后	慕容氏	慕容氏	
	夫人	賀氏	賀賴氏	
	夫人	王氏		

	夫人	王氏		
	夫人	段氏	徒何段氏	
明元	昭哀皇后	姚氏		姚興女
	密皇后	杜氏		
	夫人	慕容氏	慕容氏	
	夫人	尹氏		不可考
太武	皇后	賀氏	賀賴氏	
	椒房	越氏	越勒氏	入宮未定位者為椒房
	椒房	舒氏		姓氏不可考
	椒房	弗氏		
	椒房	伏氏	俟伏斤氏	
	昭儀	石氏	嗢石蘭氏	
	皇后	赫連氏	赫連氏	
景穆	恭皇后	郁久閭氏	郁久閭氏	
	椒房	袁氏		
	椒房	陽氏		
	椒房	孟氏		
	椒房	劉氏	獨孤氏	
	椒房	慕容氏	慕容氏	

	椒房	尉氏	尉遲氏	
	椒房	孟氏		
文成	文明皇后	馮氏		
	皇后	李氏		
	夫人	渠沮氏	渠沮氏	
	夫人	悅氏		
	夫人	玄氏		
	嬪	耿氏		
	嬪	狄氏		
獻文	思元皇后	李氏		
	昭儀	封氏	是賁氏	
	貴人	韓氏	出大汗氏	
	椒房	孟氏		
	貴人	潘氏	破多羅氏	
	椒房	高氏		
	夫人	侯氏	胡古口引氏	遷洛後改侯氏
	嬪	于氏	勿忸于氏	
孝文	貞皇后	林氏		
	廢皇后	馮氏		

	幽皇后	馮氏		
	昭皇后	高氏		
	貴人	袁氏		
	夫人	羅氏		
	充華	鄭氏		充華品秩不見於皇后傳
	充華	趙氏		

附注：右表材料分見《魏書》卷十三〈皇后列傳〉，卷十六〈道武七王傳〉，卷十七〈明元六王傳〉，卷十八〈太武五王傳〉，卷十九〈景穆十二王傳〉，卷二十〈文成五王傳〉，卷二十一〈獻文六王傳〉，卷二十二〈孝文五王傳〉，〈顯祖嬪侯骨氏墓誌〉，〈世宗貴華王普賢墓誌〉，〈高宗嬪耿氏墓誌〉，〈顯祖嬪成氏墓誌〉，〈高宗嬪妃耿壽姬墓誌〉，〈高宗夫人于仙姬墓誌〉，〈高祖充華趙氏墓誌〉。

北魏與南朝對峙期間的外交關係

一　使節交聘對南北和平的貢獻

北魏與江南劉宋第一次通使的時間，據《通鑑》卷一一九〈宋紀一〉「永初三年」條下：

初，魏主聞高祖克長安，大懼，遣使請和，自是每歲交聘不絕。

案《通鑑》的記載是根據《宋書》卷九十五〈索虜傳〉的材料，傳上說：「高祖西伐長安……。(魏)於是遣使求和，自是使命歲通」。劉裕攻佔長安的時間，是晉安帝義熙十三年(西元四一七年)，也就是北魏世祖拓跋燾監國的泰常二年。在這年的八月，劉裕的部下王鎮惡，所率領的部隊進駐長安，劉裕在九月才到達長安。如果依《宋書》與《通鑑》的說法，那麼劉裕和北魏通使的時間，該在義熙十三年九月以後，即使再往前移一個月，也該在王鎮惡佔領長安以後，不過《魏書》卷三〈太宗紀〉卻說：

（泰常二年四月）遣使通劉裕。

《魏書》的記載，比《通鑑》所謂「克長安」的時間早四五個月。劉裕所北伐長安的姚泓，和拓跋嗣有姻戚關係，《宋書》卷四十八〈朱齡石傳〉：

（義熙）十二年北伐，超石為前鋒入河，索虜拓跋嗣，姚興之婿也。遣弟黃門郎鵝青❶、冀州刺史安平公乙旃眷、襄州刺史拓跋道生❷、青州刺史阿薄干，步騎十萬，屯河北，常有數千騎，緣河隨大軍進止。

❶《魏書》本傳作娥清。
❷《魏書》本傳作長孫道生。

由於姚泓向拓跋嗣求援，拓跋嗣派遣軍隊屯於河北，監視劉裕部隊的行動，雖然已經構成軍事的對峙，但最初還沒有發生直接的軍事衝突。在這種情況下，拓跋嗣派遣使者通劉裕是可能的。不過當時的劉裕，祇是「司馬德宗之曹操」，❸在「人臣無境外之交」的情況下，❹所以當時劉裕雖然和北魏通使，所代表的是東晉而不是劉宋，因此劉宋和北魏正式外交關係的建立，應該在他篡晉稱帝的永初元年以後（北魏泰常五年，西元四二〇年）。這時，南北朝對峙的局面，也正式在中國歷史上展開。

《魏書》卷九十七〈島夷・劉裕傳〉：

> 改年為永初，時泰常五年也。裕既僭立，頻請和通，太宗許之。六年，裕遣其中軍將軍沈範，索季孫等朝貢。

案《魏書》卷三〈太宗紀〉，沈範、索季孫到達的時間，是在這年的「冬十月」，不過《宋書》卷九十五〈索虜傳〉卻說：「遣殿中將軍沈範、索季孫報使」，所謂「報使」該是報聘的意

❸《魏書》卷三十五〈崔浩傳〉。

❹《宋書》卷五十九〈張暢傳〉。

思。《魏書》卷九十七〈島夷・劉裕傳〉也說「頻請和通」，那麼表示在沈範和索季孫泰常六年冬十月使魏以前，北魏和劉宋之間已經有使節往返了。當然，北魏和劉裕之間，繼續泰常二年四月以來的外交關係，是可能的。不過現在還沒有更進一步的材料，說明前此交聘的時間及使者的姓名，因此可以將這次正式見於文字的記錄，暫視為北魏和江南互相交聘的始點，因為自此以後，北魏和江南的宋齊梁三個朝代，維持著斷續的外交關係，前後交聘見於記載的，有一百十三次，雙方互派的使者名姓可核的，也有一百六十一人次：

由下表知北魏和南朝維持外交關係的，計有世祖❺，高宗，顯祖，高祖，孝敬等五個朝代，在這五個朝代中：

	北魏		南朝	
	使節人數	交聘人數	使節人數	交聘人數
太武	16	14	16	16
文成	10	5	3	3
獻文	1	1	4	5
孝文	30	17	35	20
孝敬	18	15	27	18
總計	75	52	85	62

❺ 太宗泰常年間，由世祖監國，所以併入世祖朝。

(一)拓跋燾時代：自泰常六年十月，宋遣沈範，索季孫到北魏報使，到正平元年十月(宋元嘉廿八年，西元四五一年)，北魏遣殿中將軍法祐通宋，前後三十年間，其中有十六年雙方互有使節往來。

(二)拓跋濬時代：自和平元年正月(宋大明四年，西元四六〇年)，北魏遣散騎常侍馮闡聘宋，到和平四年冬十月(宋大明七年，西元四六三年)，北魏遣游明根聘宋，前後四年間，互有使節往來。

(三)拓跋弘時代：自皇興元年正月(宋泰始三年，西元四六七年)，宋遣散騎常侍貝思聘魏，到皇興五年三月(皇興五年八月，孝文帝即位，改元延興)，北魏遣員外散騎常侍邢祐聘宋，前後五年間，互有使節往來。

(四)拓跋宏時代：自延興元年八月(宋泰始七年，西元四七一年)，宋遣員外散騎侍郎田廉聘魏，到太和十八年六月(齊建武元年，西元四九四年)，前後二十四年，其中有十八年，雙方互有使節往來。

(五)拓跋善見時代：自天平四年(梁大同三年，西元五三七年)，魏遣使聘梁，到武定六年九月(梁太清二年，西元五四八年)，梁遣使聘魏，前後十二年間，雙方互有使節往來。

所以自北魏泰常五年到武定六年，北齊篡魏的前一年的一百二十九年間，是北魏和南朝對峙的時代，其間經歷江南的宋齊梁三個朝代，前後有五十四年的時間，雙方互有使節的往來，也就是說彼此間有外交關係存在。

不過，在這五十四年中，並不是每年雙方都互派使節的，有時在一年中，僅是南北雙方的一方遣派使者，同時，由於南方的政治情況動盪不安，所以北魏和江南諸朝的外交關係，也是起伏不定的，這種關係可以從下列宋、齊、梁與北魏使節交聘的情形看出：

	北魏		南朝	
	使節人數	交聘次數	使節人數	交聘次數
宋	32	25	40	31
齊	25	12	19	12
梁	18	15	27	18
合　計	75	52	86	61

在江南的宋、齊、梁三個朝代，雖然分別和北魏維持著外交關係，但是這種關係卻不能長久維繫，往往因為南方朝代迅速地遞嬗，或北方的勢力南移，而打破這種和平的均勢，發生戰爭，於是雙方的外交關係也隨著中斷，一直要等到另一個新的和平出現時，又恢復使節的往來。

當然，打破這種和平均勢的權力，握在雙方統治者手裡。

尤其是北方的統治者，在他們統一中原地區以後，便把侵略的箭頭指向南方，拓跋燾說：「我生髮未燥，便聞河南是我家地。」❻拓跋宏也說：「密邇江揚，不早當晚，會是朕物。」❼都充份表示他們對於南方領土的野心。另一方面，江南的君主經過一段昇平的時期以後，國力漸漸充實，於是他們開始懷念大河南北的失土，所謂「河南，中國多故，湮沒非所，遺黎荼炭，每用矜懷」。《宋書》卷九十五〈索虜傳〉劉義隆就抱著這種「今當修復舊境」的信念而北伐的，不論雙方的任何一方發動軍事的攻勢，戰爭就接踵而來，戰爭的結果是殘酷的，在戰爭過後：

> 自江、淮至於清、濟，戶口數十萬，自免湖澤者，百不一焉。村井空荒，無復鳴雞吠犬。時歲惟暮春，桑麥始茂，故老遺氓，還號舊落，桓山之響，未足稱哀。六州蕩然，無復餘蔓殘搆，至於乳燕赴時，銜泥靡託。❽

❻《宋書》卷九十五〈索虜傳〉。
❼《魏書》卷四十七〈盧玄傳〉。
❽同❻。

這是經過戰爭暴風雨摧殘後，江淮間所遺留下的一幅悽慘的景象。同時經過連年戰爭的「征役不息」，以致「帑藏空虛」，於是統治者們又想到該「大息四民，使之生聚」了，❾現在又該是和平的時候了。於是和平穿針引線的責任，又落在來往交聘的使者身上。他們肩負著和平的使命，僕僕風塵奔波於南北道上，受盡風霜之苦，《初學記》卷二十〈政理部〉引劉孝儀〈北使還與永豐侯書〉：

足踐寒地，身犯朔風，暮宿客亭，晨炊謁舍，飄颻辛苦，迄屆氈鄉。

這些和平的使者，有時因為偶發事件或戰爭的影響，而被扣作人質，像沈範與索季孫，在「報使，反命已至河，未濟」，拓跋嗣得到劉裕的死訊，而「追執範等，絕和親」。❿又《魏書》卷四十七〈盧昶傳〉：

值蕭鸞僭立，於是高祖南討之，昶兄淵為別道將。而蕭鸞以朝廷加兵，遂酷遇昶等。

❾《梁書》卷三十八〈賀琛傳〉。

❿同❻。

> 昶本非骨鯁，聞南人云兄既作將，弟為使者。乃大恐怖，淚汗交橫。鸞以腐米臭魚莝豆供之。而謁者張思寧辭氣謇諤，曾不屈撓，遂以壯烈死於館中。

他們雖然受到屈辱與非人的待遇，甚至犧牲自己的生命，但對於南北的和平是有貢獻的，《南齊書》卷四十八〈孔稚珪傳〉：

> 稚珪以虜連歲南侵，征役不息，百姓死傷。乃上表曰：……近至元嘉，多年無事，末路不量，復挑彊敵。遂乃連城覆徙，虜馬飲江，清、徐州之際，草木為人耳。建元之初，胡塵犯塞，永明之始，復結通和，十餘年間，邊候且息。……興師十萬，日費千金，五歲之費，寧可貲計。陛下何惜匹馬之驛，百金之賂，數行之詔，誘此凶頑，使河塞息肩，關境全命，蓄甲養民，以觀彼斃。我策若行，則為不世之福；若不從命，不過如戰失一隊耳。或云「遣使不受，則為辱命」。夫以天下為量者，不計細恥，以四海為任者，寧顧小節。一城之沒，尚不足惜；一使不反，曾何取慚？且……臣不言遣使必得和，自有可和之理；猶如欲戰不必勝，而有可勝之機耳。

孔稚珪的議論，是對這些和平的使者最好的評價，他們的努力，緩和當時對峙下的戰爭危機，給南北帶來間歇的和平，使人民得到暫時的喘息，正像《梁書》卷四十二〈傅岐傳〉朱異所說的那樣「邊境且得靜寇息民」，這種貢獻的代價是無法估計的。

二 使節的遴選與門第的關係

在北魏派往江南的使節中，《南齊書》卷四十七〈王融傳〉說：

> 不專漢人，必介以匈奴。

「匈奴」，是指拓跋氏最初所謂的「國人」，及拓跋宏遷都洛陽後，所謂的「代人」、「北人」而言。這些「國人」、「代人」，包括和拓跋氏有血緣關係的部族，即所謂「帝室十姓」，以及他們停留在塞外時期，所歸附的草原部落，這就是所謂的「四方諸部」。⓫這些「帝室十姓」及「四方諸部」份子，在拓跋氏進入中原地區以後，形成拓跋氏權力中心的核心，《魏

⓫《魏書》卷一一三〈官氏志〉。

書》卷一一三〈官氏志〉：

> 又制諸州置三刺史，……宗室一人，異姓二人。

而在異姓二人中，其中有一個「代人」。既然在地方行政官吏中，已經作了這種安排，那麼在派往南方的使節團中，當然也會選派拓跋氏自己的「族人」與「部人」參與，尤其是在北魏和南北朝通使初期，正處於「胡風國俗，雜相揉亂」的拓跋燾時代，所以王融所說的情形是可能出現的。

不過，「南北通好，嘗藉使命增國之光，必妙選行人，擇其容止可觀，文學優贍者，以充聘使」。⑫那些在馬背上討生活的鮮卑人，「容止」既不可觀，同時由於「北人何用知書」，也不是「文學優贍」者，所以在北魏派往南方的使節名單中，除後期的元廓外，很難找出其他拓跋氏的族人，也許在北魏和南方通使初期，由於當時鮮卑「無姓」的關係，⑬而無法記載他們的姓名。不過，可以確定，在北魏前期派往南朝的使臣中，是有拓跋氏的族人，或代人

---

⑫《廿二史箚記》卷十四。

⑬同④。

雜於其中的，但那祇是一種點綴的性質，他們並沒有發生實際的作用。

北魏和南朝建立外交初期的拓跋燾時代，在他派往南朝使節中，有太原的張偉，西河的宋宣、宋弁，渤海的高濟、高推，河間的邢穎、邢祐，廣平的游明根，范陽的盧玄，滎陽的鄭羲，這些人都是崔浩為實現他世族政治理想，在泰常年間和高允同時被徵，後來又出現在高允晚年所作的〈徵士頌〉裡的人物。他們都是所謂的「賢雋之胄，冠冕州邦」的中原士大夫，⓮雖然，在他們被徵用之後，由於當時的現實環境，迫使崔浩無法展施自己的抱負，最後終於犧牲自己的生命。所以這批人在政治上了無建樹，可是在北魏和重視門第的南方通使以後，這個起自塞外廣漠之野的遊牧民族，既無可誇耀的世系，也沒有深厚的文化基礎，所以祇有選派這些中原的士大夫，到南方去為他們撐門面，以盡「羽儀之用」。《魏書》卷四十七〈盧玄傳〉：

> 後轉寧朔將軍、兼散騎常侍，使劉義隆。義隆見之，與語良久，歎曰：中郎，卿曾祖也。

案「中郎」，乃是指盧諶而言，「曾祖諶，晉司空劉琨從事中郎」，又《晉書》卷四十四〈盧欽

⓮《魏書》卷四上〈世祖紀上〉。

傳〉：

值中原喪亂，與清河崔悅……並淪陷非所，雖俱顯于石氏，恆以為辱。諶每謂諸子曰：吾身沒之後，但稱晉司空從事中郎爾。

范陽盧氏是中原喪亂後，留在這個地區的第一流的世家大族，劉義隆對盧玄的感嘆，和崔浩母見到盧玄所謂的「對子真，使我懷古之情更深」，⓯所表現的意義相同，他們的感嘆象徵著當時一般社會上共同的心理，那就是對於經過戰亂破壞的門閥社會的一種懷念。所以在這種情況下，北魏多在中原士大夫階層挑選他的使臣，《北齊書》卷二十九〈李渾傳〉：

後除光祿大夫，兼常侍，聘使至梁。梁武謂之曰：伯陽之後，久而彌盛，趙李人物，今實居多。常侍曾經將領，今復充使，文武不墜，良屬斯人。……（子湛）為太子舍人，兼常侍，聘陳副使。……渾與弟繪、緯俱為聘梁使主，湛又為使副，是以趙郡人士，目為四使之門。

⓯《魏書》卷四十七〈盧玄傳〉。

伯陽指的是李孝伯。李孝伯是崔浩被害後，代替崔浩地位的人。《魏書》卷五十三本傳：「自崔浩誅後，軍國之謀，咸出孝伯。世祖寵眷有亞於浩，亦以宰輔遇之」。〈李孝伯傳〉又說：

孝伯美名，聞於遐邇，李彪使於江南，蕭賾謂之曰：孝伯於卿遠近？其為遠人所知若此。

李孝伯聞名江南，由於隨拓跋燾的一次南討，在陣前和張暢折衝談辯，「風容閑雅，應答如流」，⑯獲得南北雙方的嗟嘆，這段交涉的經過，分別詳細記載在《宋書》卷五十九〈張暢傳〉和《魏書》卷五十三〈李孝伯傳〉中，趙郡李氏的族望，雖然沒有范陽盧氏那麼崇高，但也是中原的世家大族。

分析北魏前後派往江南使臣的地望，在五十九人中屬於中原士族的，計有滎陽鄭氏一人，范陽盧氏三人，河間邢氏四人，趙郡李氏五人，頓丘李氏三人，渤海高氏二人，博陵崔氏二人，北海王氏一人，廣平游氏一人，西河宋氏三人，太原張氏一人，共二十六人。

北魏的君主所以選擇中原士大夫作為使臣，一方面固然由於他們的門第，另一方面，由於他們在家學淵源的薰陶下的容止、博學、才辯等等，所以在北魏派往南方的使節群中，像：

---

⑯《魏書》卷五十三〈李孝伯傳〉。

李繪「博涉經史，文藻富盛」。
李憲「清粹，善風儀，好學，有器度」。
高推「允弟……，早有名譽」。
邢亢「頗有文學」。
邢祐「少有學尚，知名於時」。
李諧「風流閑潤，博學有文辯，當時才俊，咸相欽賞」。⓱
以上所舉的祇是當時的一部份，惟才學、機辯與容止都是遴選者的主要條件，不過門第是一個重要的因素，《魏書》卷四十七〈盧玄傳〉：

（拓跋宏）又勅副使王清石曰：卿莫以本是南人，言語致慮。若彼先有所知所識，欲見便見，須論即論。盧昶正是寬柔君子，無多文才，或主客命卿作詩，可率卿所知，莫以昶不作，便復罷也。凡使人之體以和為貴，勿遞相矜誇，見於色貌，失將命之體。卿等各率所知，以相規誨。

⓱ 分見《魏書》各本傳。

這是拓跋宏對於副使諄諄的訓誡，盧昶既是「寬柔君子」，而且又「無多文才」，如果依照遴選使節的標準，必須具博學、機辯、容止的條件，那麼他是沒有資格當選的，可是他卻具有范陽盧氏的先天條件，所以被選為聘齊的主使。正好為北魏遴選使臣重視門第，作了有效的注腳。

至於江南，在「士大夫故非天子所命」的特殊社會環境下，⓲高門大族超乎於政治權力之上，因此所選派的使臣，在門第方面沒有北方那麼高，不過在才辯、容止方面仍然是非常注意的，《梁書》卷四十八〈儒林・范縝傳〉：

> 永明年中，與魏氏和親，歲通聘好，特簡才學之士，以為行人，縝及從弟雲、蕭琛、琅琊顏幼明、河東裴昭明相繼將命，皆著名鄰國。

像范縝就是「博通經術，尤精三禮。性質直，好危言高論」的，而蕭琛也是「少而朗悟，有縱橫才辯」的。⓳同時，南方遣派的使臣，在容止方面也是「可觀」的，像劉纘那樣的「器

⓲《南史》卷三十六〈江夷傳〉。

⓳《梁書》卷二十五本傳。

貌」，曾引起北方的「歎詠」，負責迎送劉纘的甄琛，就深欽這位「彭城劉纘」的器貌，而「常歎詠之」。[20]同時劉纘並得馮太后的垂青，「悅而親之」。[21]所謂「悅而親之」是含蓄的記載手法。《通鑑》卷一三五〈齊紀一〉「永明元年」條下，便直接了當地說：「纘屢奉使至魏，馮太后遂私幸之」。

這些代表國家出使的行人們，由於他們出身門第家庭，受過良好的教育，他們奉命出使，不僅朝廷對他們的使命非常重視，在他們所經過的地方，由地方官吏迎送，《北齊書》卷二十三〈崔㥄傳〉：

> 收聘梁，過徐州，㥄備刺史鹵簿而送之。

又《魏書》卷六十三〈宋弁傳〉：

> 使於蕭賾，賾司徒蕭子良、秘書丞王融等皆稱美之，以為志氣謇烈不逮李彪，而體韻

---

[20] 《魏書》卷六十八〈甄琛傳〉。

[21] 《南齊書》卷五十七〈魏虜傳〉。

和雅、舉止閑邃過之。

李彪曾前後六度南使，不僅和南齊朝野人士建立良好的關係，並且和蕭賾也有著深厚的感情，《魏書》卷六十二〈李彪傳〉：

彪將還，賾親謂曰：卿前使還日，賦阮詩云「但願長閑暇，後歲復來遊」，果如今日。卿此還也，復有來理否？彪答言：使臣請重賦阮詩曰「宴衍清都中，一去永矣哉」。賾惆然曰：清都可爾，一去何事？觀卿此言，似成長闊，朕當以殊禮相送。賾遂親至琅琊城，登山臨水，命群臣賦詩以送別……。

像趙郡的李諧，范陽的盧元明南使，二人才器，「並為鄰國所重」。㉒梁武帝看到他們以後，對左右的大臣說：「卿等嘗言北方無人，此等從何處來？」㉓也說明這些出身門第的中原士大夫，他們是有能力擔當這種使命的。

㉒《北齊書》卷三十七〈魏收傳〉。

㉓同㉒。

三 主客與對聘使的接待

這些出使南北的使者，在到達受聘國境的時候，由受聘國派員於邊境接勞，《梁書》卷二十六〈范岫傳〉：

永明中，魏使至，有詔妙選朝士有詞辯者，接使於界首，以岫兼淮陰長史迎焉。

又《魏書》卷四十五〈裴駿傳〉：

劉駿遣使明僧暠朝貢，以駿有才學，乃假給事中、散騎常侍，於境上勞接。

這些接待對方使者的官員稱為「主客」，〈鄭文公（羲）下碑〉：

又假員外散騎常侍陽武子南使宋國，宋主客郎孔道均就邸設會，酒行樂作，均謂公曰：

樂其何如？公答曰：哀楚有餘，而雅正不足，其細已甚矣，而能久乎？均嘿然而罷。

又《魏書》卷四十八〈李靈傳〉：

蕭衍遣使朝貢，侍中李神雋舉系為尚書南主客郎。系前後接對凡十八人。

由上述知南北雙方都置有接待交聘使者的主客郎令，《魏書》卷五十三〈李孝伯傳〉：

……累遷主客令，蕭賾使劉纘朝貢，……纘等呼安世為典客，安世曰：三代不共禮，五帝各異樂，安足以亡秦之官，稱於上國。纘曰：世異之號，凡有幾也？安世曰：周謂掌客，秦改典客，漢名鴻臚，今曰主客。

案《通鑑考異》：「典客，秦官也，漢武帝太初七年，更名大鴻臚，至晉大鴻臚屬官又有典客令。」又《宋書》卷三十九〈百官志上〉：「客曹，主外國夷狄事。……又分客曹為南主客曹、北主客曹」。所以這些主客郎令的職責就是接待來使。

由於雙方所選派的使者都是一時之選，所以受聘國負責接待對方使臣的主客郎令，也是經過「妙選」的，像：

傅岐：美容止，博涉能占對。大同中，與魏和親，其使歲中再至，常遣岐接對。㉔

李安世：美容貌，善舉止，（劉）纘等自相謂曰：不有君子，其能國乎！

李憲：清粹，善風儀，好學，有器度。……雅為高祖所賞。稍遷散騎侍郎，接對蕭衍使蕭琛、范雲。

裴駿：幼而聰慧……（崔）浩亦深器駿，目為三河領袖。

崔景儁：梗正有高風，好古博涉。……受敕接蕭賾使蕭琛、范雲。㉕

這些負責接待對方使節的主客郎令，不僅在學識，容貌，談辯方面，和對方旗鼓相當，同時在職位的品級也得相似，《魏書》卷五十六〈鄭羲傳〉：

> 元象初，以本官兼散騎常侍使於蕭衍。……伯猷之行，衍令其領軍將軍臧盾與之相接，議者以此貶之。

㉔《梁書》卷四十二〈傅岐傳〉。

㉕以上見《魏書》各本傳。

又《魏書》卷六十五〈李平傳〉：

> 蕭衍遣其主客郎范胥當接。諧問胥曰：主客在郎官幾時？胥答曰：我本訓冑虎門，適復今任。諧言：國子博士不應左轉為郎。胥答曰：特為應接遠賓，故權兼耳。諧言：屈己濟務，誠得事宜。由我一介行人，令卿左轉。胥答曰：自顧菲薄，不足對揚盛美，豈敢言屈。

由范胥的「左轉」權兼主客，可知主客當時並不是一個常置官（至少接待來使的主客郎令是這樣），完全視來使的學識、容貌、官職而臨時派遣的。所以主客不僅在各方面都足以與來使抗衡，即使在年齒方面也應該相若，王融在接待宋弁的時候，就發生了年紀懸殊的問題，《南齊書》卷四十七〈王融傳〉：

> 上以融才辯，……使兼主客，接虜使房景高、宋弁。弁見融年少，問主客年幾？融曰：五十之年，久踰其半。

王融所謂「五十之年，久踰其半」，是為了使自己的年齡與宋弁接近些，因此可以了解，北魏與江南諸朝雖然通使和親，但由於他們彼此間還時常發生戰爭，仍有敵對性的意味存在，所以在來使和負責接待的主客之間，往往有唇槍舌劍的場面出現。《陳書》卷二十六〈徐陵傳〉：

太清二年，兼通直散騎常侍。使魏，魏人授館宴賓。是日甚熱，其主客魏收嘲陵曰：今日之熱，當由徐常侍來。陵即答曰：昔王肅至此，為魏始制禮儀；今我來聘，使卿復知寒暑。收大慚。

除了嘲辯之外，南北學術思想淵源不同，也常常會引起爭論的，北魏文明太后死，李彪聘齊辭樂，曾分別與裴昭明辯解喪服的問題，南北喪禮不同，往往成為辯論的好題目，《魏書》卷八十四〈儒林・李業興傳〉：

……使蕭衍。衍散騎常侍朱异問業興曰：魏洛中委粟山是南郊邪？業興答曰：委粟是圓丘，非南郊。异曰：北間郊、丘異所，是用鄭義。我此中用王義。……業興曰：……

> 此間用王義，除禫應用二十五月，何以王儉喪服禮禫用二十七月也？

除此之外，聘使往往在所獻的貢物中，故意夾雜些奇珍異物刁難對方，《梁書》卷四十〈劉顯傳〉：

> 時魏人獻古器，有隱起字，無能識者，顯案文讀之，無有滯礙，考校年月，一字不差。

有時也舉行對抗性的比賽，《魏書》卷九十一〈術藝・蔣少游傳〉：

> 高祖時，有范甯兒者善圍碁，曾與李彪使蕭賾，賾令江南上品王抗與甯兒。制勝而還。

不僅主客與來使之間，有對抗性的意味存在，就是朝廷正式接見使者的時候，也安排一個壯觀的場面，顯示自己國家的富強和文化基礎深厚。李彪聘齊，蕭賾在「玄武湖水步軍講武，登龍舟引見之」，㉖拓跋宏舉行盛大祭天典禮時，也「皆引朝廷使人觀視」，㉗同時也故

㉖ 同㉑。

意排出豪華的排場，《梁書》卷三十九〈羊侃傳〉：

大同中，魏使陽斐與侃在北嘗同學，有詔令侃延斐同宴。賓客三百餘人，器皆金玉雜寶，奏三部女樂，至夕，侍婢百餘人，俱執金花燭。

這的確是一次豪華奢侈的宴會，北魏為了表示他們國家安定與繁榮，由國家出資設市，供來使選購，《魏書》卷五十三〈李孝伯傳〉：

國家有江南使至，多出藏內珍物，令都下富室好容服者貨之，令使任情交易。

以上所述，一方面是受聘國家誇耀富強康樂，另一方面表示對和親的誠意，所以雙方在和平時期，對於聘使是很尊重的，《南齊書》卷五十七〈魏虜傳〉：

……李道固、蔣少游報使。少游有機巧，密令觀京師宮殿楷式。清河崔元祖啟世祖曰：

㉗ 同㉑。

少游，臣之外甥，特有公輸之思。宋世陷虜，處以大匠之官。今為副使，必欲模範宮闕。豈可令氈鄉之鄙，取象天宮？臣謂且留少游，令使主反命。世祖以非和通意，不許。

可見在和平時期，即使對於那些「另有目的」的使者，也是不加留難的。但是一旦雙方敵對性成立，而發生戰爭後，那就不同了，上述沈範、索季孫的被扣留，盧昶等所受的非人虐待，都是最好的說明。

另一方面，由於江南的政治不穩定，朝代迅速遞換，使得北魏對於來使的接待，陷於非常尷尬的景遇，當劉宋覆滅後，他的使臣還留在魏都，正在責北魏既然與宋通和，就應該「憂患是同。宋今滅亡，魏不相救，何用和親」的時候，新建立的南齊王朝所派的使者已經到達，《南齊書》卷五十七〈魏虜傳〉：

（明）僧朗至北，虜置之（殷）靈誕下，僧朗立席言曰：靈誕昔是宋使，今成齊民。實希魏主以禮見處。靈誕交言，遂相忿詈，調虜曰：使臣不能立節本朝，誠自慙恨。劉昶賂客解奉君於會刺殺僧朗，虜即收奉君誅之，殯斂僧朗，送喪隨靈誕等南歸。

綜合以上所述，可以對當時對使者接待有一個概括的了解，那些負責接待工作的主客，和來聘的使臣都是一時之選，所以主客接待來使的工作，和國家選派聘使同樣的重要，一個主客應對失儀，同樣也代表國家的恥辱，所以他們的應對與對答，在每次任務完畢後，都列入記錄，《南齊書》卷四十八〈劉繪傳〉：

> 敕接虜使。事畢，當撰語辭。

所謂「撰語辭」，就是把來使與主客的交談、辯論與接待的程序記錄下來，作為以後的參考，所以當時的北魏與南朝對於使者的接待工作，都是非常重視與謹慎的，因此聘使也謹守所接待的禮儀，唯恐失態，而失國家的體面，蕭琛曾「再銜命」，和李彪的感情頗篤，可是李彪在接待御筵前，為了公庭無私禮，拒絕蕭琛的敬酒，《梁書》卷二十六〈蕭琛傳〉：

> 時魏遣李道固來使，齊帝讌之，琛於御筵舉酒勸道固，道固不受，曰：公庭無私禮，不容受勸。琛徐答曰：詩所謂『雨我公田，遂及我私』。座者皆服，道固乃受琛酒。

所以那些聘使如果失禮於鄰國，回國以後便要受處分的，《魏書》卷四十七〈盧玄傳〉：「後除散騎侍郎，使劉駿。遣其侍中柳元景與度世對接，度世應對失衷。被禁劾。」盧昶失節於南朝，回國以後，拓跋宏非常震怒，《魏書》卷四十七〈盧玄傳〉：

昶還，高祖責之曰：銜命之禮，有死無辱，雖流放海隅，猶宜抱節致殞。……有生必死，修短幾何。卿若殺身成名，貽之竹素，何如甘彼芻菽，以辱君父乎？縱不遠慚蘇武，寧不近愧思寧！

拓跋宏對盧昶的責斥，所謂「銜命之禮，有死無辱」，這正是一個國君希望他遣派的使臣所應該做到的，因為他們代表國家出使，他們的榮辱和國家聯繫在一起，這也是在北魏和江南交聘的過程中，妙選行人、妙選主客的原因。

四 「邊荒」與使節的往來

在拓跋燾寫給劉義隆的信上說：「自天地啟闢已來，爭天下者，非唯我二人而已」，[28]所以北魏和江南間，雖然有間歇的和平時期，同時也有連續不斷的戰爭時期。如果戰爭發生，南北的戰場大多在淮泗之間，這個地區也正是南北使節往來交聘的主要道路，他們大多渡淮泗後，經鄴，然後經山陽，彭城，廣陵的大道北上，所以不論是從平城、洛陽、鄴南下，或者由建康北上，淮泗都是他們必渡的津口。可是這個地區在戰時作為戰場，在平時卻劃為非軍事的緩衝地帶，《北齊書》卷四十六〈蘇瓊傳〉：

> 舊制以淮禁不聽商販輒度。

北齊時代所謂的「舊制」，當然是北魏時代所留傳下來的，拓跋氏是一個興於漠北的遊牧民族，雖然進入中國之後，經過多次的改革，逐漸華化，不過許多遊牧民族的風尚，卻仍然保留下來。每一個遊牧民族和另一個國家或民族的接界處，必定留下一段距離的「邊荒」地帶，這種邊荒地帶，漢朝的匈奴稱之為「甌脫」，如果用現代語來解釋，該稱為非武裝的緩衝地帶，這個地帶的狹寬代表一個國家或民族的光榮。在漢匈衝突時期，這種所謂的「甌脫」地帶，在長城以外有三四處之多。[29]同樣地，這種非武裝的「甌脫」地帶，也存在於北魏與

---

[28] 同[6]。

江南諸朝之間。《宋書》卷九十五〈索虜傳〉：

虜掘破許昌城，又毀壞鍾離城，以立疆界而還。

案鍾離城，宋屬淮南郡，晉太康二年置，《宋書》卷三十五〈州郡志一〉：

江淮為戰爭之地，其間不居者各數百里，此諸縣並在江北淮南，虛其地，無復民戶。

又《宋書》卷六十四〈何承天傳〉：

曹、孫之霸，……江、淮之間不居各數百里。

由是可知江北淮南地區，自三國以來即被劃為軍事緩衝區，這個地區在南方被認為是「斥候之郊」，所謂「斥候之郊」，即是「非畜牧之所」、「非耕桑之邑」的荒蕪地區，㉚因此這也可

㉙ 另詳附錄〈試釋論漢匈間之甌脫〉。

稱為「邊荒」地區，《南齊書》卷十四〈州郡志上〉：

> 義熙二年，劉毅復鎮姑熟。上表曰：忝任此州，地不為曠，西界荒餘，密邇寇虜，北垂蕭條，土氣彊獷，民不識義，唯戰是習。逋逃不逞，不謀日會。比年以來，無月不戰，實非空乏之所能獨撫。請輔國將軍張暢領淮南、安豐、梁國三郡。時豫州邊荒，至乃如此。

又《宋書》卷九十五〈索虜傳〉：

> 太原民顏白鹿私行入荒，為虜所錄。

所謂「荒」，即是指廢置的「邊荒」地區而言，同時由顏白鹿被擄，顯示出另一個問題，就是在這個「邊荒」地區，雙方的軍民都不許進入的。不過這個地區，也是雙方政治力量所不能達到的地方，因此其中聚集了許多所謂的「荒人」，《南齊書》卷五十七〈魏虜傳〉：

㉚《宋書》卷六十四〈何承天傳〉。

荒人胡丘生起義懸瓠，為虜所擊，戰敗南奔。

又：

時王肅偽征南將軍、豫州都督。朝廷既新失大鎮，荒人往來，詐云肅欲歸國。

又：

邊人桓天生作亂，虜遣步騎萬餘人助之。

以為「邊人」又作「荒人」，同書同卷有「荒人桓天生」。這些所謂的「荒人」或「邊人」，是當時居住在邊荒區域的人的一種稱謂，他們居住在這個地區之中，當然不是經過雙方所允許的，他們可能是一群亡命之徒，聚結而成的一小股力量，他們既不屬於江南，也不聽命於北魏，所以他們可以「起義」抗魏，同時也可以「作亂」叛江南，這些「荒人」，徘徊在南北對峙的勢力之間，在夾縫中求生存。

事實上，這一帶地區在經過不斷的戰爭損壞後，已經殘破不堪，《南齊書》卷十四〈州郡志上〉：

> 時鮮卑接境，長民表云：此蕃十載舋故相襲，城池崩毀，荒舊散伏，邊疆諸戍，不聞雞犬。且犬羊侵暴，抄掠滋甚。

因此將這一帶地區劃為「邊荒」的緩衝地區，南北雙方的意見是相同的，就北魏的拓跋氏而言，把一個地區廢置，雙方都不得進入，頗能適合他們遊牧民族的邊境觀念。拓跋燾毀壞許昌、鍾離的城池，作為一種疆界，便是一個很好的說明。這種邊界觀念，更具體地表現在北魏州刺史若庫辰樹蘭寫給南方邊吏的一封信中，《宋書》卷九十五〈索虜傳〉：

> 當今上國和通，……唯邊境民庶，要約不明。自古列國，封疆有畔，各自禁斷，無復相侵，如是可以保之長久，垂之永世。故上表臺閣，馳書明曉，自今以後，魏、宋二境，宜人跡不過。自非聘使行人，無得南北，邊境之民，烟火相望，雞狗之聲相聞，而老死不相往來，不亦善乎。

所謂「封疆有畔，各自禁斷」，「魏、宋二境，宜人跡不過」；以及「老死不相往來」等等，都充份表示北魏以遊牧民族「甌脫」觀念為基礎的邊境政策。這種政策也頗適合南方「保境安民」的要求，因為南方自元嘉「再略河南，師旅傾覆，自此以來，攻伐寢議。雖有戰爭，事存保境」㉛，因此這種「綏靖」的意念也存在於南方的朝臣之中。《宋書》卷八十二〈周朗傳〉：

> 淮以北悉使南過江，東旅客盡令西歸，故毒之在體，必割其緩處，函、渭靈區，闃為荒窟，伊、洛神基，蔚成茂草，豈可不懷歟？歷下、泗間何足獨戀。

周朗所謂「毒之在體，必割其緩處」，和上述何承天把這個地區視為「斥候之郊」的意見相似，把人民撤出這個地區，「移遠就近，以實內地」以後，㉜實行「堅壁清野」的政策，以阻止胡馬南下，雖然南方與北魏的動機和目的不一樣，但結果將這個地區廢置，劃為非軍事地區的意見卻是一致的。

在這地區裡雙方的軍民是不許擅入的，唯有南北交聘的使節，是通過這個地區唯一合法

㉛《南齊書》卷四十七〈王融傳〉。

㉜《宋書》卷八十二〈周朗傳〉。

的人，正像若庫辰樹蘭信上所說的那樣：

魏、宋二境，宜人跡不過。自非聘使行人，無得南北。

這些和平使者，負著沉重的使命，默默地馳騁過寂寞的荒原，奔向南方或北方去，但在他們面前的旅途仍然是遙遠、崎嶇、茫然的。

五 使節交聘與貿易的關係

《魏書》卷一一〇〈食貨志〉：

又於南垂立互市，以致南貨，羽毛齒革之屬無遠不至。

這是北魏與江南貿易的記載，這些羽毛齒革之屬，並不是江南的特產，不過卻由江南轉售給北魏。所謂「互市」當然是在和親時期設立的，但卻隨戰爭而關閉，等到另一個和平時期時，又重新談判開市的問題。《宋書》卷七十五〈顏竣傳〉：

（元嘉）二十八年，虜自彭城北歸，復求互市。

又《宋書》卷八十五〈謝莊傳〉：

世祖踐阼，……時索虜求通互市，上詔群臣博議。

這次北魏要求通市的時候，南方的朝廷為了是否允許與其通市，而引起一次爭論，《宋書》卷九十五〈索虜傳〉：

世祖即位，索虜求互市，江夏王義恭、竟陵王誕、建平王宏、何尚之、何偃以為宜許；柳元景、王玄謨、顏竣、謝莊、檀和之、褚湛之以為不宜許。

雖然這次爭論的結果是「時遂通之」，不過從他們的爭論中，也可以了解南方對於與北方貿易的興趣並不大，《宋書》卷七十五〈顏竣傳〉：

> 昔年江上之役，乃是和親之所招。……幸今因兵交之後，華、戎隔判，若言互市，則復開曩敝之萌。……一相交關，卒難閉絕。冠負力玩勝，驕黠已甚，雖云互市，實覘國情，多贍其求，則桀慠罔已，通而為節，則必生邊虞。不如塞其端漸，杜其觖望。

又〈謝莊傳〉：

> 獯獫棄義，唯利是視，關市之請，或以覘國，順之示弱，無明柔遠，距而觀釁，有足表強。

顏竣和謝莊提出拒絕和北魏通市的理由，都是以綏靖政策為立足點，恐怕北魏藉通市而「覘國情」，發生戰端，的確是一個冠冕的藉口，但事實上，江南人對於北魏貿易的需要並不大，北魏向江南的主要的輸出品是馬，所謂「議者不過言互市之利在得馬」，㉝馬祇是用於國防，不是一

㉝《宋書》卷七十五〈顏竣傳〉。

般人日常生活的必需品，而且北魏售於江南的馬不是上駟，《南齊書》卷四十七〈王融傳〉：

上以虜獻馬不稱，使融問曰：秦西冀北，實多駿驥。而魏主所獻良馬，乃駑駘之不若。求名檢事，殊為未孚。

王融所謂的「獻」，可能是由互市所得，否則沒有理由嫌別人送的禮物不好。由此可知，北魏輸與江南的馬匹，正像顏竣所說「得彼下駟，千匹以上，尚不足言，況所得之數，裁不十百邪」？在這種情況下，江南對於與北魏通市，當然不會發生興趣，相反地，北魏對江南的貿易卻非常需要，他們不僅喜歡吃南方所產的黃橘、甘蔗等食物，並且喜歡用「羽毛齒革」等為奢侈品，甚至更喜愛江南的美女，《北齊書》卷三十七〈魏收傳〉：

收在館，遂買吳婢入館，其部下有買婢者，收亦喚取，遍行姦穢，梁朝館司皆為之獲罪。

為了得到更多的奢侈品，是北魏屢次向南方要求復市的原因，通市目的既然不能達到，祇有退而求其次，從經過邊荒地帶走私中獲得，雖然在雙方絕市期間，商賈不能自由往來貿易，可是邊境官吏與人民，偷渡淮水與江南貿易的事，還是經常發生的，《北齊書》卷三十九〈崔季舒傳〉：

出為齊州刺史，坐遣人渡淮互市，……為御史所劾。

又《北齊書》卷二十一〈高乾傳〉：

為私使樂人於邊境交易，還京，坐被禁止。

崔季舒，高季式的被劾被禁，都是觸犯了「不聽商販輒渡淮」的禁例。這種禁例不僅在北方執行，在南方也同樣實施的，《陳書》卷八〈侯安都傳〉世祖詔數安都罪狀：

寄以徐蕃，接鄰齊境，貿遷禁貨，鬻賣居民。

雖然在嚴格的禁止下，但這樣的貿易有厚利可圖，不僅地方官吏利用職權與對方貿易，就是在邊境的居民，也在厚利誘惑下鋌而走險，《梁書》卷十六〈張稷傳〉：

> 鬱洲接邊陲，民俗多與魏人交市。

所以，雖然在絕市期間，雙方的貿易仍然在地下進行，不過這種貿易是違法的，但在某種特殊的情況下，邊境地方官吏有權作有限度的貿易，《北齊書》卷四十六〈蘇瓊傳〉：

> 淮南歲儉，啟聽淮北販糴。後淮北人飢，復請通糴淮南，遂得商估往還，彼此兼濟，水陸之利，通於河北。

這種貿易，祇有歲儉「彼此兼濟」的情況下，才會出現。至於那些在地下進行的貿易，在數目方面畢竟是有限的，無法滿足達官貴人的需要，因此便把貿易的責任，交付給往來南北的聘使們，《北齊書》卷二十九〈李渾傳〉：

> 武定初，……為聘梁使主。……前後行人，皆通啟求市，繪獨守清尚，梁人重其廉潔。

由「前後行人，皆通啟求市」，可以了解北魏每次派往江南的使節，除政治的交涉外，通市也是重要的目的之一，那些南使北返的行人，在他們回到自己的都城以後，朝廷的顯要紛紛向他們求南貨，《北齊書》卷三十七〈魏收傳〉：

（收）副王昕使梁，……使還，尚書右僕射高隆之求南貨於昕、收，不能如志，遂諷御史中尉高仲密禁止昕、收於其臺，久之得釋。

既然那些使者所帶的南貨，無法滿足那些顯要的需要，於是朝廷達官貴人遂常遣派私人代表，隨著使節的行列，到江南採購他們自己所需要的南貨，《北齊書》卷三十〈崔暹傳〉：

魏、梁通和，要貴皆遣人隨聘使交易。

至南方到北魏的聘使，北魏也設市，「令使任情交易」。[34]所以這些南北交聘的使節們，他們不僅給當時播下和平的種子，促進了南北文化的交流，同時增進了南北的經濟繁榮。

[34] 《魏書》卷五十三〈李孝伯傳〉。

北魏與宋齊梁使節交聘表

帝號	交聘時間	北朝使節	南朝使節
世祖太武帝拓跋燾	泰常六年（宋永初二年，西元四二一年）冬		中軍將軍 沈範
	十月		索季孫
	始光元年（宋元嘉元年，西元四二四年）		趙道生
	二年四月	龍驤將軍 步堆	
		謁者僕射 胡覲	
	三年八月		殿中將軍 吉恒
	九月		趙道生
	十二月	兼散騎常侍 盧玄	
	四年四月丁未	員外散騎常侍 步堆	
		謁者僕射 胡覲	
	神䴥二年四月（宋元嘉六年，西元四二九年）		殿中將軍 孫橫之
	三年二月		殿中將軍 田奇
	四年閏六月乙未	散騎侍郎 周紹	

延和元年五月（宋元嘉九年，西元四三二年）			道　生
六月辛卯	散騎常侍　鄧　穎		
二年二月壬午	兼散騎常侍　宋　宣		
太延二年三月丙辰（宋元嘉十三年，西元四三六年）			會元紹
三年三月丁酉		散騎常侍	劉伯熙
四年十一月	兼散騎常侍　高　推		
五年十一月乙巳			黃延年
太平真君元年二月己巳（宋元嘉十七年，西元四四〇年）	假通直常侍　邢　穎		
二年四月丁巳			黃延年
八月辛亥	散騎侍郎　張　偉		
十二月丙子			黃延年
五年八月壬午	員外散騎常侍　高　濟		
十一月			黃延年
六年正月	兼員外散騎常侍　宋愔		
九年正月		遣使獻孔雀	
十一年十二月甲申			黃延年

	正平元年十月庚申（宋元嘉廿八年，西元四五一年）	散騎侍郎 夏侯野	孫 蓋
		殿中將軍 郎法祐	
文成帝拓跋濬	和平元年正月庚午（宋大明四年，西元四六〇年）	散騎常侍 馮 闡	
	七月乙丑		散騎常侍 明僧暠
	十一月	散騎侍郎 盧度世	
		員外郎 朱安興	
	二年三月		散騎常侍 尹 顯
	十月	假員外散騎常侍游明根	
		員外郎 和天德	
	三年三月甲申		散騎常侍 嚴靈護
	十月	員外散騎常侍 游明根	
		員外郎 和天德	
	四年冬十月	員外散騎常侍 游明根	
		驍騎將軍 婁內近	
		寧朔將軍 李五鱗	
獻文帝拓	皇興元年正月（宋泰始三年，西元四六七年）		散騎常侍 貝 思
			散騎侍郎 崔小白

跋弘	二年三月戊午		員外散騎常侍 李豐
	三年四月壬辰		員外散騎常侍 王希涓
	四年六月		員外散騎常侍 劉航
	五年三月	假員外散騎常侍 邢祐	
孝文帝拓跋宏	延興元年八月丁未（宋泰始七年，西元四七一年）		員外散騎侍郎 田廉
			員外散騎侍郎 祖德
	二年春正月（宋泰豫元年）	假員外散騎常侍 邢祐	
	四月辛亥		田廉
	三年正月庚辰	員外散騎常侍 崔演	
	九月乙亥		員外散騎侍郎 田惠紹
			員外散騎侍郎 劉秀惠
	四年三月丁亥	員外散騎常侍 許赤虎	
	十月庚子		員外散騎常侍 明曇徽
			員外散騎侍郎 江山圖
	五年五月丙午	員外散騎常侍 許赤虎	
	十二月庚寅		員外散騎常侍 李祖
			員外散騎侍郎 魚長耀
	太和元年八月（宋昇明元年，西元四七七年）		員外散騎常侍 李祖
			員外散騎侍郎 陶貞寶

二年四月己丑		員外散騎常侍 何僩 員外散騎侍郎 孔逷
十月壬辰	員外散騎常侍 鄭羲	
三年四月壬申（齊建元元年，西元四七九年）		員外散騎常侍 殷靈誕 員外散騎侍郎 荀昭先
太和五年七月甲子（齊建元三年，西元四八一年）		後軍參軍 車僧朗
七年七月	假員外散騎常侍 李彪 員外郎 蘭英	
十一月辛丑		驍騎將軍 劉纘 前將軍 張謨
八年五月甲申	員外散騎常侍 李彪 員外郎 蘭英	
九月甲午		兼員外散騎常侍司馬憲 兼員外散騎侍郎 庾習
十一月乙未	員外散騎常侍 李彪 員外郎 蘭英	
九年五月		輔國將軍 劉纘 通直郎 裴昭明

十月	員外散騎常侍 李彪 尚書郎公孫 阿六頭	
十年三月庚申		裴昭明 冠軍參軍 司馬迪之
十三年八月乙亥	兼員外散騎常侍 邢產 兼員外散騎侍郎侯靈紹	
十一月甲午		平南參軍 顏幼明 冗從僕射 劉思效
十四年四月甲午	兼員外散騎常侍 邢產 兼員外散騎侍郎蘇季連	
十一月丁巳		蕭賾遣使
十五年二月己丑		員外散騎常侍 裴昭明 員外散騎侍郎 謝竣
四月甲戌	員外散騎常侍 李彪 尚書郎公孫 阿六頭	
九月辛巳		司徒參軍 蕭琛 范縝
十一月戊寅	假通直散騎常侍 李彪 假散騎侍郎 蔣少游	

	十六年二月辛巳		司徒參軍　蕭琛 司徒參軍　范雲
	七月甲戌	兼員外散騎常侍　宋弁 兼員外散騎侍郎　房亮	
	十二月		車騎功曹　庾蓽 南豫州別駕　何憲
	十七年正月	員外散騎侍郎　邢巒 兼員外散騎侍郎劉承叔	
	九月壬子	兼員外散騎常侍　高聰 兼員外散騎侍郎　賈禎	
	十八年二月癸卯（齊建武元年，西元四九四年）		司徒參軍　劉斆 車騎參軍　沈宏
	六月己巳	兼員外散騎常侍　盧昶 兼員外散騎侍郎王清石 謁者　張思寧	
孝靜帝拓跋善見	天平三年十二月壬申（梁大同二年，西元五三六年）	東魏遣使通和	
	四年七月甲辰	兼散騎常侍　李諧 兼吏部郎中　盧元明	

十二月甲寅	兼通直散騎常侍　李鄴	散騎常侍　張皐 通直常侍　劉孝儀 通直常侍　崔曉
元象元年二月丙辰（梁大同四年）	兼散騎常侍　鄭伯猷	散騎常侍　劉孝儀
冬十月		散騎常侍　沈山卿 通直常侍　劉研
興和元年六月丁酉（梁大同五年）		蕭衍遣使
八月	兼散騎常侍　王元景 兼通直散騎常侍　魏收	
二年三月己卯		散騎常侍　柳豹 通直常侍　劉景彥
五月壬子	兼散騎常侍　李象	
十月丁未		散騎常侍　陸晏子 通直常侍　沈景徽
十二月乙卯	兼散騎常侍　崔長謙	
三年六月乙卯		散騎常侍　明少遐 通直郎　謝藻

八月甲子	兼散騎常侍　李騫	
四年正月丙辰		散騎常侍　袁狎 通直常侍　賀文發
四月丙寅	兼散騎常侍　李繪	
十月甲寅		散騎常侍　劉孝勝 通直常侍　謝景
十二月辛亥	兼散騎常侍　楊斐	
武定元年六月乙亥（梁大同九年）		散騎常侍　沈眾 通直常侍　殷德卿
八月壬午	兼散騎常侍　李渾	
冬		散騎常侍　蕭確 通直常侍　陸緬
二年三月		蕭衍遣使
五月甲午	散騎常侍　魏季景	
十一月辛丑		蕭衍遣使
三年正月丙申	兼散騎常侍　李獎	
七月庚子		散騎常侍　徐君房 通直常侍　庾信
四年夏五月（梁中大同元年）		散騎常侍　蕭瑳

七月壬寅	兼散騎常侍　元廓	通直常侍　賀德瑒
五年正月乙丑（梁太清元年，西元五四七年）		散騎常侍　謝藺
四月甲午	兼散騎常侍　李緯	通直常侍　鮑至
六年二月己卯		蕭衍遣使
九月乙酉		蕭衍遣使

附記：㈠上表是根據《魏書》、《北史》、《宋書》、《南齊書》、《梁書》有關的本紀傳記材料，並核校《通鑑》編成的。

㈡上表所採用的時間以《魏書》為主，因南方史書記載不完全，《通鑑》有時採用南方的記載，二者之間往往相差一兩個月的時間，像《魏書》卷七上〈高祖紀上〉稱，太和八年十一月乙未派遣李彪、蘭英南使，《宋書》的記載是永明二年十二月庚申「虜使李道固至」。《魏書》所記載的是遣使的時間，《宋書》所記載的是魏使到達宋都城的時間。同樣的，《魏書》記載太和九年五月宋輔國將軍劉纘、通直郎裴昭明使魏，《宋書》和《通鑑》作三月甲申。

㈢上表由於材料的限制，當然不夠完整，祇希望在這個表中，可以表示出在北魏和南方諸朝對峙期間內，他們除了戰爭外，還有和平共存時期的外交關係存在。

附錄　試釋論漢匈間之甌脫

(一) 甌脫詮釋

史漢〈匈奴傳〉言甌脫者凡四見：「(東胡) 與匈奴間，中有棄地，莫居，千餘里，各居其邊為甌脫。」[1]此其一；「漢兵追之，……生得甌脫王，……匈奴見甌王在漢……。」此其二；「匈奴降者言聞甌脫皆殺之。」此其三；「發人民屯甌脫。」此其四[2]。甌脫，《漢書》卷五十四〈蘇武傳〉作區脫，傳云：「陵復至北海上，語武：『區脫捕得雲中生口……。』」又《史記》卷四十三〈趙世家〉云：「(武靈王死，惠文王立) 立二十六年，取東胡歐代地。」《索隱》云：「東胡叛趙，驅略代地人眾以叛，故取之也。」小司馬之說蓋誤，區脫、

[1] 《史記》卷一一〇〈匈奴列傳〉。

[2] 以上均見《漢書》卷九十四上〈匈奴傳〉。

甌脫、歐脫、歐代，胡語譯之異也。

案甌脫，《史記》卷一一〇〈匈奴列傳〉《集解》韋昭曰：「界上屯守處」。《索隱》服虔則謂：「作土室以伺漢人」。《漢書》卷九十四上〈匈奴傳〉師古注：「(為邊）境上候望之處，若今之伏宿舍也。」然丁謙《漢書匈奴傳地理考證》曰：「服顏之說，不特誤會，尤昔於塞外情形，案傳既言棄地莫居，則甌脫明指棄地而言，匈奴之俗，隨水草牧畜，移徙無定常，其邊境並無一定界限，彼國人民但習戰爭，勝則進，敗則遁，無所謂守也，二氏浸以軍營斥候之法，推測虜地，失之遠矣。」丁氏又謂：「甌脫，閒地也，乃非可居而棄之者，蓋塞外雖極廣寬，而得水草為牧地者實不多，其天生棄地，人難託足，東胡邊境，在奉天，直隸邊外一帶，匈奴境在今蒙古北邊，兩國間盡屬沙漠，昔為瀚海，今所謂戈壁者也，然則甌脫之言，雖指棄地，實指沙漠而言。」案三氏之說，皆近是，服顏之說，為甌脫之原意，丁氏之論，則其申義，惟丁氏謂甌脫，為不毛之地，不足以人居，則非，果若是，發人民屯甌脫，又作何解？

白鳥庫吉氏考匈奴民族源流，謂甌脫音為 Yudot，究其語源，突厥族之 Osman 語謂室曰 Oda，Yakut 語言營陣曰 Otu，Cagtai 語名住室曰 Otak，Cuwas 語謂羊隱避處曰 Offok，Bargat-Mogol 語名營地曰 Otak, Otek，Tunguse 語稱小天幕為 Otak，Magyer 語謂曰 Odu，

Irtis-Ostyat 謂小天幕日 Udap。拉鐵摩耳 (Owen Lattimore) 於《中國的邊疆》謂甌脫，乃蒙文中 Otog 即室、站之謂。伏拉地米佐夫 (Vladimirtsov)〈匈奴之社會結構〉(Social Structure of Mogols) 一文中謂甌脫，乃古 Sogdian 文字中 Otak 意指室、站之意，亦作地方、土地解。上述諸氏之說，皆與甌脫有關，蓋其原意或為土室、宿營地、小天幕，漸轉變為室屋或站，後因邊境設斥候，其意引申至兩國間之緩衝地帶曰甌脫。

故史漢〈匈奴傳〉所謂之甌脫，亦即塞普爾氏 (Semple, E. C.) 之《地理環境之影響》(*Influence of Geographic Environment Boundary Frontier*) 一書中，所謂之「邊荒」者也，氏謂草原民族隨水草轉徙，由外界之入侵，或內部勢力之變化，其邊界亦隨之變更，故此等民族不劃疆界，兩部之間，需一緩衝地帶，以減少可以引起戰端之接觸與衝突，古日爾曼部落，滅絕大部邊境人口，更不許鄰族居此地帶，此一地帶之狹寬，代表其國家之勇敢與光榮，然亦係一種自衛手段，以防意外之攻擊。即匈奴人侵入歐洲，亦採用此種方式，阿提拉於四四八年，壓近東羅馬邊境時，其派往君士但丁堡之使者，即要求東羅馬不得耕種多瑙河南岸，闊一百里，長三百里之地帶，衹許作為一種邊境，故兩國間置閒地，以避免爭端，杜絕禍源，乃文化落後民族所通行之風尚也。

(二) 漢匈甌脫

《史記》卷一一五〈朝鮮列傳〉：

燕王盧綰反，入匈奴，(衛)滿亡命，聚黨千餘人，魋結蠻夷服而東走出塞，渡浿水，居秦故空地上下鄣。

又《後漢書》卷八十七〈西羌傳〉：

至宣帝時，遣光祿大夫義渠安國覸行諸羌，其先零豪言：願得度湟水，逐人所不田處以為畜牧。

案「秦故空地上下鄣」，在秦故塞外，漢因其遠難守，乃復修秦時遼東故塞，至浿水為界，浿水即今之鴨綠江、湟水，《水經》卷上〈洛水注〉謂：「洛水又東，濁水注之，即古湟水也。」《漢書》卷二十八下〈地理志下〉云：「臨羌，注：湟水所出，東至允吾入河」，即今之西寧河也，故衛滿亡命所居之秦故地，羌人被逐至湟水彼岸「人所不田處」，雖未言為甌脫，實即漢與朝鮮，與西羌甌脫所在。漢匈甌脫，史漢未載，而彙集史料，稍予析剖，亦可見其概略焉。《史記》卷一一一〈衛將軍驃騎列傳〉：

> （元狩二年）渾邪王與休屠王等謀欲降漢，……乃令驃騎將軍將兵往迎之。……盡將其眾渡河南，降者數萬，……居頃之，乃分徙降者邊五郡故塞外，而皆在河南，因其故俗，為屬國。

又《史記》卷一二三〈大宛列傳〉：

> 其明年，渾邪王率其民降漢，而金城、河西西併南山至鹽澤空無匈奴。

〈大宛列傳〉又載：

> 今單于新困於漢，而故渾邪地空無人。……今誠以此時而厚幣賂烏孫，招以益東，居

故渾邪之地，與漢結昆弟，其勢宜聽。

渾邪王故地既空無人居，張騫請招烏孫居其地，烏孫不肯東來，遂以其地置酒泉郡。案酒泉設郡，《漢書》卷六〈武帝紀〉謂在元狩二年（西元前一二一年），〈地理志〉則謂太初元年（西元前一〇四年）間，《史記》卷一一〇〈匈奴列傳〉稱元封三年（西元前一〇八年）拔朝鮮，始西置酒泉，《漢書》卷二十四下〈食貨志〉謂初置酒泉，在元鼎六年（西元前一一一年），《史記》卷一二三〈大宛列傳〉謂在武帝得烏孫馬後，則酒泉置在太初四年（西元前一〇一年）以後矣。以上所述，紀志傳相乖異，齊召南《漢書考證》，錢大昕《二十二史考異》，皆從武紀，朱一新《漢書管見》，則從地志。《通鑑》云：「（元鼎二年）烏孫王既不肯東還，漢乃於渾邪王故地置酒泉郡，稍發徙民以充實之。」溫公所本為《史記》卷一二三〈大宛列傳〉，蓋傳云：「騫既至烏孫，……諭使指曰：『烏孫能東居渾邪地，則漢遣翁主為昆莫夫人。』……騫不得其要領。」案《漢書》卷十九〈百官公卿表〉：「（元鼎二年）騫為大行令」，元鼎二年即騫使烏孫歸闕之時。「以烏孫不肯東來，遂以其地置酒泉郡」，故自元狩二年，至元鼎二年（西元前一一五年），前後六年間，自金城、河西、並南山至鹽澤間，空無人居，漢僅置斥候，未設亭燧，故《史記》卷一一〇〈匈奴列傳〉謂：「匈奴時有候者到，而希矣」。酒泉故地，今甘陝邊境至新疆羅布卓爾一帶屬焉，亦即漢匈甌脫之所在也。

又《漢書》卷九十四上〈匈奴傳〉：

漢遂取河南地，築朔方，……漢亦棄上谷之斗辟造陽地以予胡。

《鹽鐵論》卷四〈地廣〉第十六亦云：「故割斗辟之縣，棄造陽之地以與胡。」斗辟縣，《漢書》卷九十四〈匈奴傳〉師古注曰：「縣之斗曲入匈奴界者」。案造陽地當上谷最北，即燕趙長城自造陽至平壤者也，亦即《漢書》卷九十四〈匈奴傳〉班氏論贊所謂：「雖開河南之野，建朔方之郡，亦棄造陽之北九百餘里。」衛將軍既取河南之野，乘勝之餘，豈有割地予胡之理，蓋此處曲近匈奴界，漢既控河南地，漢匈緩衝地既失，故不得不另覓地，劃以為緩衝也。

河南地，於文帝後三年前，亦為漢匈重要之甌脫，其地處百害一利之河套地，劃為甌脫，或由漢匈雙方所商定者，匈奴右賢王率其眾人居河南地之時，文帝詔曰：「漢與匈奴約為昆弟，無侵害邊境，……今右賢王離其國，將眾居河南地，……非約也。」❸右賢王入居河南

❸《漢書》卷九十四〈匈奴傳〉。

地，漢視為毀約行為，故遺書責讓，單于報還，亦承認右賢王居河南地，為「少吏之敗約」，而絕二主之約，離昆弟之親。故罰右賢王，至西方求月氏擊之，並願除前事，復故約，以安邊民云云。由是可知，河南地依約規定，劃甌脫以為緩衝者也。

此外，雲中界外，亦係漢匈甌脫所在，故《漢書》卷五十四〈蘇武傳〉謂：「區脫捕得雲中生口」。

綜上所述，知漢匈間確有甌脫存在，且係依約劃定者，即文帝後二年，遺匈奴單于書中，所謂「先帝之制」也，此或即平城役後，劉敬前往匈奴結和親之約時，所議定者，故匈奴單于遺文帝書亦云：「皇帝不欲匈奴近塞，則且詔吏民遠舍」❹。可知甌脫為漢匈非武裝之緩衝地帶也，雙方軍民，皆不得居此地區，漢匈雙方，於甌脫沿邊，皆置吏卒，以處理甌脫中所發生之事故，如脫籍逃亡，巡邊斥候等等。匈奴有甌脫王，《漢書》卷九十四〈匈奴傳〉李奇注曰：「匈奴邊境羅落守衛官也」。晉灼亦云：「因邊境以為官」。《居延漢簡》：「尉史臨白故第五隧卒司馬誼自言……」（八九、二）又：「士吏晏召卒還詣官……」（一六〇、七）尉史、士吏皆塞上之官。《漢書》卷九十四〈匈奴傳〉師古注引《漢律》云：「近邊郡皆置尉，百里一人，士史、尉史各二人巡行徼塞也。」故知漢於甌脫沿邊亦置官吏，且另設亭燧

---

❹ 同❶。

以望匈奴，亭燧外則為天田，《居延漢簡》：「毋越塞蘭出入天田迹」（六、七），又「長里口置天田」（二一四、六四），《敦煌漢簡》：「天田上毋□塡人馬迹」（戍役十一），又「六人畫沙中天田六里，率人畫三百步」（戍役八）。勞貞一師《居延漢簡考證》謂「天田」，以沙佈其表，視胡蹄之跡，測匈奴來往之多寡，塞外烽燧之間，相距三里或十里，若越度人馬，日間可以望見，夜間則不可知，乃劃沙為天田，以資稽考，故天田亦可謂甌脫之邊界也。

(三) 漢匈甌脫之爭奪

甌脫雖為兩國間之緩衝地，但因甌脫之存在，亦頗增加兩國之糾紛。拉鐵摩耳氏討論中國之邊疆，將邊疆與邊界加以區分，或有助於吾人對甌脫之了解。彼謂邊界(Boundary)，乃指長城邊界而言，彼所謂之邊疆(Frontier)，即長城外政治文化之過渡地帶。此 地區既不服於漢，亦非屬於匈奴，而徘徊二者之間，若此一地區之均勢可維持，雙方則能和平相處，若此一地區之均勢打破，衝突即起，故藉此地區之爭奪與控制，亦可測知漢匈勢力之消長，此地區即吾人所謂之甌脫也。

漢高祖統一中原之日，亦即冒頓雄併塞北之時，頭曼北遁十餘年，匈奴勢力復入河南，當是時，農業與草原文化之勢力，相會於長城下，甌脫爭奪之戰遂起矣，《漢書》卷九十四

〈匈奴傳〉：

冒頓……遂東襲擊東胡。……大破滅東胡王，……西擊走月氏，南并樓煩、白羊河南王，悉復收秦所使蒙恬所奪匈奴地者，與漢關故河南塞，至朝那、膚施。

漢高祖對塞外甌脫之重視，非由匈奴勢力逐漸控制此地區，乃因邊郡將帥，相繼叛漢，出塞而進入甌脫，燕王盧綰之叛漢也，「將其宮人家屬騎數千居長城下。」❺韓王信之降匈奴，其遺高祖書謂：「今僕亡匿山谷間，旦暮乞貸蠻夷。」❻上述盧綰所居之「長城下」，韓王信所亡匿之「山谷間」，皆在長城外之甌脫中，或徘徊觀望，以待其變，或勾結匈奴，以擾盜邊境，平城之役，即因此而起也。《史記》卷八〈高祖本紀〉：

七年，匈奴攻韓王信馬邑，信因與謀反太原。……高祖自往擊之。……遂至平城。匈奴圍我平城，七日而後罷去。

❺《史記》本傳。
❻《史記》本傳。

高祖困於白登，其所以能脫者，世莫之言，終高祖之世，漢不出塞，邊境叛將，佔據甌脫，翻雲覆雨，漢亦無可奈何也。

文帝三年，右賢王率其眾，入居河南地，侵擾北邊，邊郡烽火頻燃，寇無虛日。十四年，匈奴單于率十四萬眾，大入朝那、蕭關、至彭陽，縱騎兵入燒回中宮，候騎至雍、甘泉，京師大駭。又後六年，匈奴復入上郡、雲中，胡騎潛入代勾注邊，烽火通於長安，漢置三將軍屯於長安旁之細柳、渭北、棘門、霸上以備胡，數月始罷，此皆由匈奴控制河南甌脫而起。匈奴既佔河南地，漢之力量不能達於長城之外，故漢不得已，乃承認河南地為匈奴所有，文帝二年遺匈奴單于書謂：「長城以北引弓之國受令單于，長城以內冠帶之室朕亦制之。」又後二年和親詔曰：「匈奴無入塞，漢無出塞，犯今約者殺之。」❼漢匈間之緩衝既失，漢之邊界撤至長城以內，此所以胡騎長驅直入，漢亦不得不屯於京畿以備胡。

文景之世，休養生息，及武帝立，窮海內之力，與匈奴爭，使衛青霍去病操兵，前後十餘載，復取河南地，《漢書》卷六〈武帝紀〉：

（元朔二年春正月）匈奴入上谷、漁陽，殺略吏民千餘人。遣將軍衛青、李息出雲中，

❼ 同❸。

至高闕，遂西至符離，獲首虜數千級。數河南之地，置朔方、五原郡。

漢既得河南甌脫，乃「修障塞，飭烽燧屯戍以備之。」❽此農業社會阻止遊牧民族入侵之法也。「(初蒙恬) 收河南地，因河為塞，築四十四縣城臨河，徙適戍以充之。而通直道，自九原至雲陽，因邊山險，塹谿谷，可繕者繕之。」❾漢據河南，仍循秦防守之法，「築朔方，復繕故秦時蒙恬所為塞，因河為固。」❿

當是時，漢仍未逾河而守也，至衛霍浮河西，絕大幕破寘顏，襲虜庭，懸軍千里，追奔逐北，封於狼胥，禪於姑衍之時，漢始鞏固河南地。太初三年，乃使光祿大夫徐自為出五原塞數百里，遠者千里，築城列障，止於盧朐，並使軍屯其旁，《漢書》卷九十四〈匈奴傳〉王先謙補注引《括地志》云：「五原郡相陽縣北出石門鄣得光祿城，又西北得支就縣，又西北得頭曼城，又西北得牢城河，又西北得窮虜城，案即築城鄣列亭至盧朐者。」至此時，漢河南甌脫之防衛系統，始告完成，故侯應云：「至孝武世，出師征伐，斥奪此地 (案即河南)，

---

❽《鹽鐵論》卷一〈本議〉第一。

❾同❶。

❿同❶。

攘之幕北，建塞徼，起亭隧，築外城，設屯戍，以守之，然後邊境得用少安。」⓫丁謙亦謂「徐自為亭障之築，所以為九原朔方之外護也。」

依上述可知，沿長城邊界外漢匈甌脫，為匈奴犯漢之通路，亦為漢鞏固長城之防衛據點，漢若不能固守此地區，則邊防撤至長城以內。漢匈衝突初期，漢因不能控制此地區，故邊郡烽火迭舉，中國時有風塵之警也。

(四) 漢匈甌脫對文化之貢獻

漢匈衝突時，兩國關係斷絕，漢匈文化仍能涓滴滲透，相互交流，皆甌脫居中以為媒介之功也。其後，漢控此區，築城屯田，匈奴來歸，亦居其間，胡漢雜處，其影響匈奴華化至鉅。

文化交流，首在貿易，漢自文景時設關市，厚給匈奴，至武帝初，「匈奴自單于以下皆親漢，往來長城下。」⓬由是知漢匈民間貿易，皆進行於塞外甌脫間，其貿易內容，漢所輸出者為糵米、絲絮、酒，漢所輸入者，則為牛羊馬匹，由漢武帝遣將軍擊胡關市於長城下，可知其規模甚大，《後漢書》卷八十九〈南匈奴列傳〉：「元和元年，……驅牛馬萬頭來與漢賈

⓫《漢書》卷九十四〈匈奴傳〉侯應〈勿罷邊議〉。

⓬同❸。

客交易。」從今外蒙發掘所得之絲繒等漢物，除一部份為漢歷次向匈奴和親遺輸者，另一部份則是於甌脫中貿易所得。

《漢書》卷九十四〈匈奴傳〉稱：「衛律為單于謀『穿井築城，治樓以藏穀，與秦人守之。』」秦人，《漢書》卷九十六〈西域傳〉云：「匈奴縛馬前後足，置城下，馳言『秦人我匄若馬』。」師古注曰：「謂中國人為秦人，習故言也。」又《史記》卷一二三〈大宛列傳〉有「宛城中新得秦人」，故秦人亦即漢人之謂也。築城、穿井、治樓皆農業社會之特技，非遊牧民族所能為者，故此等工藝，皆假秦人之手，此批秦人為降人，或為俘虜留散胡地者，其餘必皆經甌脫逃至匈奴者，《漢書》卷九十四〈匈奴傳〉云：

> 邊人奴婢愁苦，欲亡者多，曰「聞匈奴中樂，無奈候望急何！」然時有亡出塞者。

傳又云：「(中國)乃造設四條：中國人亡入匈奴者不得受。」又《居延漢簡》：「匿界中書到遣都吏與縣令以下，遂捕搜索部界中，驗亡人所隱匿處，以必得為最……」(一七九、九)此索捕逃之簡也，界中即甌脫中之謂，故知當時經此逃往匈奴者甚夥，此批漢人亡入匈奴，助匈奴穿井築城，傳佈農業文化於漠北之野。蘇俄考古學者，曾於外蒙之巴干城與色楞河左岸哈刺勒赤城附近，分別掘得漢代匈奴城，有城牆、四城門、宮殿等，為典型之漢城也。《漢書》卷四十九〈鼂錯傳〉記錯之言曰：「今匈奴地形技藝與中國異。上下山阪，出入溪澗，中國之馬弗與也；險道傾仄，且馳且射，中國之騎弗與也。」乃建議訓練「飲食長技與匈奴同」之軍隊，以適應對草原作戰，故自甌脫逃亡入漢界之匈奴人，亦貢獻草原民族牧馬騎射之特技，為漢所用。《漢書》卷二十四下〈食貨志〉云：「天子為伐胡故，盛養馬」。如淳注引《漢儀》「太僕牧師諸苑三十六所，分布北邊、西邊。以郎為苑監，官奴婢三萬人，養馬三十萬疋。」是知馬苑皆設於邊郡地區，奴官三萬人，應多為匈奴人，蓋養馬之術，亦非中國人所熟稔者。武帝置八校尉，其中有三萬掌胡騎者，《漢書》卷十九上〈百官公卿表〉云：「長水校尉掌長水宣曲胡騎。又有胡騎校尉，掌池陽胡騎。」胡騎者，匈奴人入中國為兵者也。

及漢取河南甌脫，開朔方之郡，闢新秦之野，乃置田官，領田卒從事屯墾，《漢書》卷九十四〈匈奴傳〉云：「漢度河自朔方以西至令居，往往通渠置田官，吏卒五六萬人，稍蠶食，地接匈奴以北。」此軍屯也。蓋守塞之卒，一歲而更，往來調發，費用繁浩，仍須仰給京師郡國，且補給運輸亦感困難，故《文獻通考》卷二十五〈國用考〉云：「天下飛芻輓粟，起於黃、腄、琅琊負海之郡，轉輸河北，率三十鍾而致一石。」〈匈奴傳〉載嚴尤諫王莽伐匈奴亦云：「發三十萬眾，具三百日糧，東援海代，南取江淮，然後乃備。計其道里，一年尚未集合，……計一人三百日食，用糒十八斛，非牛力不能勝；牛又當自齎食，加二十斛，重矣。」又《漢書》卷六十四上〈主父偃傳〉：「輕兵深入，糧食必絕；運糧以行，重不及事。」此皆運輸補給之困難也。故於邊疆屯田，既可補運輸之不足，又可對新控制之甌脫，作防衛性之佔領，且可作深入草原攻擊之準備。

屯田成功，乃置縣邑，徙民實邊，此亦文化之移殖也，蓋農業社會之生活方式、風俗習慣、宗教信仰，隨遷徙之民，移至塞外，與留居甌脫之匈奴人，雜居相處，久之，則化外之地，亦阡陌縱橫，雞犬相聞矣。《漢書》卷六〈武帝紀〉：

（元朔二年）募民徙朔方十萬口。……（元狩）四年冬，有司言關東貧民徙隴西、北地、西河、上郡、會稽凡七十二萬五千口，……（元狩五年）徙天下姦猾吏民於邊。……（元鼎六年）分武威、酒泉地置張掖、敦煌郡，徙民以實之。

可知當時徙民實邊人數之眾，且皆由政府資助，《漢書》卷二十四下〈食貨志〉云：「（武帝時）山東被水災，……乃徙貧民於關以西，及充朔方以南新秦中，七十餘萬口，衣食皆仰給於縣官。數歲，貸與產業，……費以億計。」此可謂鼂錯實邊計劃之擴大實施也。《漢書》卷四十九〈鼂錯傳〉云：「要害之處，通川之道，調立城邑，……先為室屋，具田器，……募民之欲往者。……予冬夏衣，廩食，能自給而止。」

鼂氏所言，立城邑，為室屋，具田器，皆農業社會建立之基礎也。塞北之地，雖非佳壤，而通渠灌溉，亦成沃野，《史記》卷二十九〈河渠書〉云：「朔方、西河、河西、酒泉皆引河及川谷以溉田」。是知漢曾於邊塞發展水利也。

漢於開發塞外之初，雖胡漢雜處，仍以發展農業為主，並未強迫原居該處之匈奴人，接受中國文化，渾邪王之降漢也，漢以五屬國處之。《史記》卷一一一〈衛將軍驃騎列傳〉云：「乃分徙降者邊五郡故塞外，而皆在河南，因其故俗，為屬國。」《正義》云：「以降來之民徙置五郡，各依本國之俗而屬於漢，故言『屬國』也。」《居延漢簡》有「屬國百長千長」之殘簡，現有之漢匈奴官印中有「漢歸義胡千長」，「漢歸義胡百長」之小印，《史記》卷一一〇〈匈奴列傳〉稱：「諸二十四長亦各自置千長、百長、長。」前後相互印證，知此時居於甌脫之匈奴，仍保持其原有之遊牧習慣也。

後呼韓邪既降，漢割并州北界以安之，《晉書》卷九十七〈北狄傳〉云：「匈奴五千餘落入居朔方諸郡，與漢人雜處。」呼韓邪率其眾，於近塞八郡之內，當是時，漢仍未迫其放棄原有之習慣，僅令「其部落隨所居郡縣，使宰牧之，與編戶大同，而不輸貢賦。」（同上）此後，居於甌脫之居民，漸放棄遊牧而定居，「戶口漸滋，彌漫北朔。」（同上）此為匈奴遊牧轉為農耕之始，故至三國時，有匈奴人為漢人田客者，《晉書》卷九十三〈外戚・王恂傳〉：

魏氏給公卿已下租牛客戶數各有差，……又太原諸部亦以匈奴胡人為田客，多者數千。

其數多至數千，頗為可觀。《三國志・魏書》卷十五〈梁習傳〉謂習領并州刺史，匈奴跋扈，習興兵致討，平之，於是「邊境肅清，百姓布野，勤勸農桑。」至此時，塞北亦頗似江南矣。

綜觀居於甌脫中之匈奴華化過程，前後可分兩階段，初則與漢人混居雜處，互相來往，再則因了解而仰慕農業社會之生活方式，遂漸放棄牧畜，而定居農耕，則其原有之遊牧經濟與社會結構解體，盡習華俗，亦變為中國人矣。其後五胡十六國期間，匈奴遺緒十九種，所建之國家，若屠各種劉氏所建之前趙，羌渠種石氏所建之後趙，及後來屠各種之赫連氏所建之夏，此可謂農業文化於塞外發展之結果，非異族之入主中原也。

文明叢書 2

粥的歷史

陳元朋／著

一碗粥，可能是都會男女的時髦夜點，也可能是異國遊子的依依鄉愁；可以讓窮人裹腹、豪門鬥富，也可以是文人的清雅珍味、養生良品。一碗粥裡面有多少的歷史？喝粥，純粹是為口腹之慾，或是文化的投射？粥之清是味道上的淡薄，還是心境上的淡泊？吃粥的養生之道何在？且看小小一碗粥裡藏有多大的學問。

文明叢書 3

佛教與素食

康　樂／著

雖說「酒肉穿腸過，佛祖心中留」，但是當印度的素食觀傳入中國變成全面的禁斷酒肉，肉食由傳統祭祀中重要的一環，反成為不潔的象徵。從原始佛教的不殺生到中國僧侶的茹素，此一演變的種種關鍵為何？又是什麼樣的力量左右了這一切？

文明叢書 4

慈悲清淨——佛教與中古社會生活

劉淑芬／著

你知道嗎？早在西元六世紀的中國，就已經出現了有如今日「慈濟功德會」一樣的民間團體。他們本著「夫釋教者，以清淨為基，慈悲為主」的理念，施濟於貧困中的老百姓，一如當代的「慈濟人」。透過細膩的歷史索隱，本書將帶您走入中古社會的佛教世界，探訪這一道當時百姓心中的聖潔曙光。

文明叢書 7

流浪的君子——孔子的最後二十年

王健文／著

周遊列國的旅行其實是一種流浪，流浪者唯一的居所是他心中的夢想。這一場「逐夢之旅」，面對現實世界的進逼、理想和現實的極大落差，注定了真誠的夢想家必須永遠和時代對抗；顛沛流離，是流浪者命定的生命情調。

文明叢書 11

奢侈的女人——明清時期江南婦女的消費文化　巫仁恕／著

「女人的錢最好賺。」這句話雖然有貶損的意味，但也代表女人消費能力之強。明清時期的江南婦女，經濟能力大為提升，生活不再只是柴米油鹽，開始追求起時尚品味。要穿最流行華麗的服裝，要吃最精緻可口的美食，要遊山玩水。本書帶您瞧瞧她們究竟過著怎樣的生活？

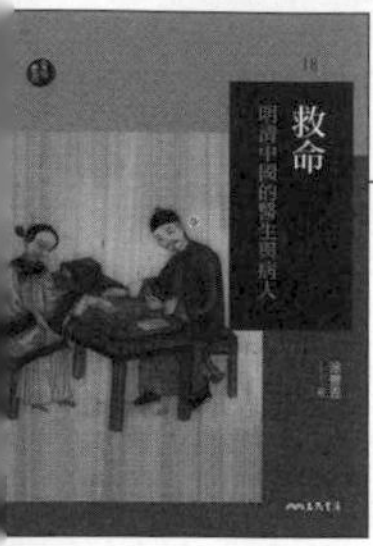

文明叢書 18

救命——明清中國的醫生與病人　涂豐恩／著

這是三百年前的世界，人們同樣遭受著生老病死的折磨。不同的是，在那裡，醫生這個職業缺乏權威，醫生為了看病必須四處奔波，醫生得面對著各種挑戰與詰問。這是由一群醫生與病人共同交織出的歷史，關於他們之間的信任或不信任，他們彼此的互動、協商與衝突。